Introdução à Economia

uma abordagem crítica

FUNDAÇÃO EDITORA DA UNESP

Presidente do Conselho Curador
Mário Sérgio Vasconcelos

Diretor-Presidente
Jézio Hernani Bomfim Gutierre

Superintendente Administrativo e Financeiro
William de Souza Agostinho

Conselho Editorial Acadêmico
Danilo Rothberg
João Luís Cardoso Tápias Ceccantini
Luiz Fernando Ayerbe
Marcelo Takeshi Yamashita
Maria Cristina Pereira Lima
Milton Terumitsu Sogabe
Newton La Scala Júnior
Pedro Angelo Pagni
Renata Junqueira de Souza
Rosa Maria Feiteiro Cavalari

Editores-Adjuntos
Anderson Nobara
Leandro Rodrigues

Wilson Cano

Introdução à Economia

uma abordagem crítica

3ª edição

editora
unesp

© 2012 Editora Unesp

Direitos de publicação reservados à:
Fundação Editora da Unesp (FEU)
Praça da Sé, 108
01001-900 – São Paulo – SP
Tel.: (0xx11) 3242-7171
Fax: (0xx11) 3242-7172
www.editoraunesp.com.br
www.livrariaunesp.com.br
feu@editora.unesp.br

CIP – Brasil, Catalogação na fonte
Sindicato Nacional dos Editores de Livros, RJ

C229i
3.ed.

Cano, Wilson, 1937-
Introdução à Economia: uma abordagem crítica / Wilson Cano. – 3.ed. – São Paulo:
Ed. Unesp, 2012.
294: il.

Inclui bibliografia
ISBN 978-85-393-0228-4

1. Economia. I. Título.

12-1302. CDD: 330
CDU: 330

Editora afiliada:

Asociación de Editoriales Universitarias
de América Latina y el Caribe

Associação Brasileira de
Editoras Universitárias

SUMÁRIO

9 Apresentação

13 Prefácio à 2ª Edição

17 Capítulo 1
A economia de mercado
(Visão simplificada de seus principais elementos)
17   1.1 Complexidade do sistema econômico capitalista
22   1.2 A produção
28   1.2.1 O elemento humano
35   1.2.2 Os recursos naturais
36   1.2.3 O capital
41   1.3 O aparelho produtivo
46   1.3.1 Os fluxos do aparelho produtivo: o produto e a renda

49 Capítulo 2
A economia de mercado
(Origem e destino da produção)
49   2.1 O processo de produção
58   2.2 O destino da produção

65 Capítulo 3
A circulação em uma economia de mercado
66 3.1 O processo circulatório
70 3.2 O condicionamento quadridimensional nos mercados

83 Capítulo 4
As relações econômicas internacionais
84 4.1 A economia nacional e sua inter-relação com o "restante do mundo"
87   4.1.1 Os principais tipos de transações econômicas internacionais e seu registro
92   4.1.2 Os mecanismos de controle
96   4.1.3 Os efeitos do inter-relacionamento na economia nacional
107 4.2 Principais determinantes das relações econômicas internacionais
113 4.3 As relações econômicas internacionais e o "Terceiro Mundo"
119   4.3.1 O período atual: globalização e políticas neoliberais

129 Capítulo 5
O setor público
130 5.1 Atuação do setor público na economia de mercado
141 5.2 A atividade produtora do setor público
146 5.3 Apropriação e utilização de rendas pelo setor público
147   5.3.1 As rendas do setor público
152   5.3.2 O gasto público
156 5.4 Estado e desenvolvimento
157   5.4.1 O Estado desenvolvimentista: da "Crise de 1929" à "crise da dívida" (1979-1982)
162   5.4.2 O surgimento e a atuação do "Estado desenvolvimentista"
164   5.4.3 O mito da estatização
167   5.4.4 O fim do Estado desenvolvimentista?

175 Capítulo 6
Moedas, bancos e sistema financeiro
175 6.1 Introdução
182 6.2 Os meios de pagamento: sua formação e expansão
196 6.3 Os mercados financeiros e as entidades intervenientes
202 6.4 Algumas particularidades do sistema
monetário-financeiro no mundo subdesenvolvido

207 Capítulo 7
A unidade produtora e sua inserção no sistema econômico
211 7.1 Projeção e instalação da unidade produtora
212   7.1.1 O condicionamento institucional
213   7.1.2 O condicionamento dos mercados
227   7.1.3 Condicionantes do processo produtivo
231   7.1.4 Investimentos e recursos financeiros
233   7.1.5 Produção, custos, receitas e lucros financeiros
237 7.2 A inserção da unidade produtora no sistema econômico
238   7.2.1 Interdependência estrutural: oferta e demanda intermediária da empresa
241   7.2.2 A tecnologia e a geração de empregos
244   7.2.3 Efeitos sobre o balanço de pagamentos
244   7.2.4 Efeitos sobre o sistema monetário-financeiro

247 Capítulo 8
Repartição e a propriação do produto social
249 8.1 Repartição e relações econômicas internacionais
254 8.2 Repartição e disparidades regionais
261 8.3 Repartição funcional: trabalhadores e proprietários
272 8.4 Repartição pessoal da renda e apropriação pessoal do produto
273   8.4.1 Repartição pessoal da renda
280   8.4.2 Apropriação pessoal do fluxo real de bens e serviços

APRESENTAÇÃO

Este texto, que compreende oito capítulos, teve sua primeira versão elaborada pelo autor em 1970. Destinava-se ao primeiro curso de graduação em ciências humanas da Unicamp, e tinha como objetivo central possibilitar uma visão crítica da Economia, das diferenças que marcam os países subdesenvolvidos dos desenvolvidos e, em especial no caso do Brasil daquela época, tentar preparar um "antídoto" para a ideologização e alienação que o regime militar tentava impor ao país, notadamente por meio dos cursos de Economia.

Em contrapartida, necessitava ser um texto acessível a iniciantes de um curso de graduação. Por decisão do então Departamento de Economia e Planejamento Econômico (DEPE) do Instituto de Filosofia e Ciências Humanas (IFCH), fui incumbido de prepará-lo, tendo como base a visão estruturalista da Cepal, sem que isso, contudo, significasse uma "camisa de força" teórica, isto é, o texto deveria comportar também visões teóricas compatíveis com a boa doutrina keynesiana, marxista ou schumpeteriana.

Dado que Antonio B. Castro e Carlos Lessa – professores dos cursos da Cepal – bem como alguns dos docentes do DEPE haviam editado um livro[1] com os mesmos propósitos, o Colegiado do DEPE sugeriu que esse mesmo livro fosse tomado como base, mediante adaptações necessárias.

Realizei o esforço de reescrevê-lo, atualizando-o no que pude, inserindo, ao longo do novo texto, algumas informações e análises sobre a economia brasileira e ampliando um pouco mais algumas passagens que, a meu juízo, deveriam ser mais bem esclarecidas.

O novo texto permaneceu como apostila oficial dos cursos do DEPE durante alguns anos, e tenho notícia de que foi também usado em outros cursos de Economia fora da Unicamp. Passado aquele momento, outros textos substituíram-no. Passei, então, a dar aulas exclusivamente na pós-graduação; o antigo DEPE transformou-se no atual Instituto de Economia e, dos nove docentes que éramos, chegamos a pouco mais de cem. Não é difícil entender que uma instituição, tendo crescido dessa forma, depois de 25 anos queira rever, mais profundamente, a estrutura de seus cursos. Não que nunca o tivesse feito. Por várias vezes, ao criar novos cursos, transferir docentes de um curso para outro, ou, burocraticamente, a cada quatro anos, muitas revisões alterando programas e bibliografia foram feitas.

Em 1996, propusemo-nos a fazer novas alterações na graduação, tentando ampliar o espírito crítico dos estudantes, em parte um tanto quanto "acomodado" nesses tempos de abertura neoliberal, e lembrar – não só a eles como também a alguns de seus mais jovens docentes – que "este ainda é um país subdesenvolvido – e não apenas injusto" como disse nosso neoliberal ex-presidente Fernando Henrique Cardoso.

Assim é que, mais uma vez, fui incumbido de rever aquele texto de 1970 e atualizá-lo no que coubesse. Essa tarefa não é simples, não apenas porque há muitos fatos novos e dados estatísticos a introduzir, mas porque, fundamentalmente, "estamos vivendo outros tempos". Tempos duros e difíceis, em que, nova-

---

[1] *Introdução à economia* – uma visão estruturalista. Rio de Janeiro: Forense, 1967.

mente – agora não mais sob a égide de um regime militar – tentaram impor às nações subdesenvolvidas ideias neoliberais que só "fazem bem" às nações desenvolvidas, ao dito Primeiro Mundo, já que é a elas que sempre convém a abertura dos mercados dos outros, ou seja, dos nossos, é claro.

Para tentar manter uma artificiosa e "inteligente" política de estabilização, as nações desenvolvidas estão minando as finanças públicas e desestruturando o aparelho produtivo nacional. Os maiores exemplos disso são as grandes reduções de capacidade produtiva já ocorridas em muitos setores, notadamente nos da agricultura, indústria têxtil, confecções, brinquedos, componentes eletrônicos e autopeças.

Nesses anos de práticas de políticas neoliberais – já abandonadas em alguns países – os efeitos sociais nefastos já se fazem sentir também aqui: drásticos cortes nos gastos públicos sociais, aumento do desemprego aberto e do de longa duração, desmedido crescimento da violência urbana e grave deterioração dos padrões éticos, políticos e sociais.

Por outro lado, torna-se ainda mais difícil a redação de um texto de introdução à Economia, haja vista a crise pela qual passa a teoria econômica (as "novas" e as "neos") e a "financeirização" criada pela crise financeira internacional, que cresce, justamente, a partir da década de 1970 e parece não ter solução pacífica.

Ainda, mas sem ser novidade – pelo menos para aqueles que leram algo das finanças internacionais da década de 1920 –, a liberdade do tráfego (e do tráfico) dos capitais internacionais de curto prazo estão pondo "de pernas para o ar" a desarrumada cabeça dos "nouveaux economistes"...

O que se pede, em suma, aos alunos e demais leitores desta nova versão, é atenção redobrada, crítica arguta e certa paciência.

PREFÁCIO À 2ª EDIÇÃO

Transcorreram dez anos desde que, em 1996, concluí o texto final da 1ª edição deste livro, o qual veio a público em 1998, da qual se seguiram quatro reimpressões. Antes disso, o texto anterior (de 1970, na forma de apostilas) circulou em fotocópia, por 38 anos, em várias escolas deste país. Penso, assim, que o material foi bastante experimentado, sobretudo com base em sua primeira edição em livro, tendo sido adotado por diversas escolas de vários estados brasileiros.

É um livro crítico, embora seu nascimento (1970) tenha-se dado em pleno "milagre brasileiro", quando o Produto Interno Bruto (PIB) crescia "a 10% ao ano" e, portanto, não deveria haver, aparentemente, razões para uma visão crítica e razoavelmente pessimista. Contudo, não seriam os "10% ao ano" que iriam me desviar das ideias críticas centrais sobre o subdesenvolvimento econômico, magistralmente formuladas por Prebisch e Furtado. Seu objetivo, além de introduzir os conhecimentos básicos de Economia a seus leitores, também é o de desnudar nossa problemática e nossas estruturas subdesenvolvidas.

A visão crítica não só se manteve, mas até mesmo aprofundou-se, vinda a década de 1980 (a da dívida, a "perdida") e o início deste infausto período neoliberal, que lhe seguiu. Assim, depois do milagre, convivemos com o medíocre crescimento médio anual do PIB, com o elevado desemprego aberto – novidade para nós, do Brasil – e com profunda corrosão política e social que descambou também para o aumento da violência. O texto, assim, tanto se prestou a ser um antídoto contra a euforia irresponsável, quanto para o pífio crescimento e a regressão de algumas de nossas estruturas. Uma espécie de luta "contra a corrente", contra o *mainstream*.

Chega a ser desolador para mim, que também sempre fui um *desenvolvimentista*, olhar para trás, para ver o tamanho e a profundidade da lenta e corrosiva crise brasileira, que já dura 26 anos, e tentar vislumbrar uma nesga de luz para o futuro, que, ao que parece, está ainda distante...

A duração e a dimensão da "crise da dívida" e o *Pensamento Único* neoliberal, além dos estragos já apontados, causaram amplo embotamento à sociedade, fazendo-lhe perder a noção de desenvolvimento, de nação, de justiça, de ética e de violência. No plano da Economia, a maioria passou a acusar uma nova sintomatologia, a do *curto prazismo*, a da permanente aflição oportunista diante da conjuntura – do câmbio, do preço, do juro – em detrimento da reflexão de longo prazo, da mudança (positiva e progressista) estrutural.

Da visão geral, nacional, regional e setorial do desenvolvimento, passou-se à *focalização econômica*, das metas da inflação e do déficit público, em detrimento da visão do crescimento e do desenvolvimento. Antes, os economistas, o Estado e as elites empenharam-se pelo crescimento alto e pelo avanço da industrialização. Hoje, fingem não se dar conta de que várias de nossas estruturas produtivas regridem: a indústria já não é o setor mais dinâmico e guarda grande atraso tecnológico; a agricultura aumentou sua participação no PIB, contrariando as trajetórias econômicas históricas dos países desenvolvidos (e dos nossos principais, da América Latina); a renda *per capita* tem aumento pífio, não despertando preocupação no empresário que depende da expansão do mercado.

Embora a maior parte de nossas elites jamais tenha-se debruçado com seriedade sobre a questão da justiça social, antes dizia serem necessários melhor distribuição da renda, aumento persistente do emprego, substancial melhoria na infraestrutura de habitação e de saneamento básico. Hoje se aceita (se tolera) o gasto público com nossa "renda mínima" – o Programa Bolsa Família –, quiçá porque envolve apenas o equivalente a 5% do gasto público com os juros das dívidas públicas, e "contempla muitas bocas"...

Embora hoje contemos com um aparelho de informação estatística melhor e maior, nossos problemas metodológicos cresceram, notadamente quando tentamos encadear séries históricas, feitas antes com critérios metodológicos distintos dos de hoje. Por outro lado, nas décadas de 1960 e 1970 o debate econômico e político estimulou a realização de várias pesquisas importantes, por organismos nacionais e internacionais, sobretudo sobre distribuição de renda e da propriedade, que hoje "saíram de moda", impedindo-nos de fazer certas comparações – sobretudo internacionais – com a situação de hoje. Ao leitor atento não escaparão as dificultosas adaptações feitas no texto.

Por último, é preciso alertar que certa dose de pessimismo não significa derrotismo, e sim a constante preocupação pela reflexão crítica necessária, que deve se despojar do ufanismo e da adoção apressada de certas "novas ideias". Afinal, como disse o poeta, *navegar é preciso*.

Campinas, outubro de 2006

CAPÍTULO 1

A ECONOMIA DE MERCADO (VISÃO SIMPLIFICADA DE SEUS PRINCIPAIS ELEMENTOS)

1.1 Complexidade do sistema econômico capitalista

Dada a complexidade que atingiram as relações econômicas do sistema capitalista – a chamada economia de mercado –, iremos paulatinamente, neste e nos demais capítulos, definir e apresentar o inter-relacionamento de suas peças fundamentais e, sempre que possível, utilizar imagens extraídas da observação e da vivência prática de atos e fatos econômicos dos quais participamos ativa ou passivamente.

É tão grande a heterogeneidade das atividades humanas (produção, compra, venda, transporte, armazenagem etc.), de seus compartimentos produtivos (agricultura, indústria, educação, comércio etc.) bem como de suas instituições (unidades produtoras, famílias, governo, mercados etc.) que os homens precisam classificar essas relações, compartimentos e instituições, organizando-os e dando-lhes um sentido e uma funcionalidade dita (e pretensamente) racional.

Tomemos um exemplo prático: a satisfação de uma necessidade fundamental do homem, que é o uso de uma vestimenta. Em sociedades pretéritas, o próprio homem (ou um membro de sua família) criava o carneiro, extraía-lhe a lã, fiava-a, tecia os fios e confeccionava sua própria roupa. Em outros termos, esse mesmo homem realizava todos os atos fundamentais à satisfação de sua necessidade: a produção e o consumo. Nesse tipo de sociedade, portanto, as atividades econômicas tinham uma coincidência temporal (o "momento" de produção e de consumo) e espacial (o local de produção e o de consumo). Era esse homem o responsável direto, mediato e imediato pela satisfação de suas necessidades básicas.

A humanidade, na Pré-história, vivia de forma muito distinta da atual. Se aceitarmos que suas grandes transformações podem ser catalogadas como *formações sociais*, teríamos uma primeira, como a do estado *Selvagem*, ou *Comunismo Primitivo*, que compreenderia um longo caminho durante o qual o homem desce da árvore, aprende a falar, a viver em bandos, a caçar, a coletar frutos e raízes e a guerrear contra outros bandos. Mais tarde, dominando cada vez mais a natureza, começa a trabalhar a pedra, depois a madeira e descobre o fogo, atingindo um estágio "superior".

A evolução da humanidade leva-a à formação da *Barbárie*, com o domínio da cerâmica e dos metais, e a radicar-se em determinados locais, onde pratica certa agricultura e, mais adiante, a pecuária, aumentando o poder dos homens. Em um estágio superior, a fundição de ferro aumenta-lhe o poder; com novas armas e instrumentos auxiliares em sua produção, desenvolve a escrita, avança na navegação e na construção residencial. Aqui já constitui a família patriarcal, e as terras ainda são usadas de forma comunal. Não há propriedade privada de *meios de produção*, como terra, sementes, arado etc. Mas as grandes transformações históricas que antecedem o surgimento pleno do capitalismo encarregar-se-ão de desatar um processo de separação dos homens, de seus meios de produção comunais ou privados.

Por exemplo, guerras e conquistas vão gerando novos problemas: a submissão de perdedores, que se convertem em escravos e perdem suas terras comunais. O crescente domínio sobre a natureza e a descoberta de novos espaços amplia as trocas de bens entre os homens, mas essa troca é uma troca de *valores de uso*, pois não há ainda o objeto mercantil.

A expansão das trocas, a perda de terras comunais e da liberdade (escravidão e servidão) e a acumulação de *riquezas* para alguns homens vão ampliando a diferença entre eles, o que alcança também as atividades que exercem: vai surgindo alguma divisão do trabalho, com alguns homens se especializando em certas atividades (pesca, agricultura, comércio, produção de armas etc.). Com a expansão crescente das trocas, a diferenciação entre os indivíduos aumenta ainda mais, ampliando também a vida nas embrionárias cidades.[1]

Tais alterações exigirão novas instituições, normas e legislação, aparelho de repressão ao crime e para a manutenção da ordem, surgindo, enfim, o Estado.[2] Para mantê-lo, entretanto, seria necessária a criação de uma finança pública: *impostos* e *dívida pública*. Passamos, assim, entre 5.000 e 300 a.C., para o período das *Grandes Civilizações Clássicas (a grega e a romana)*, que se estende até meados de 450 d.C. Nessa altura, o conceito de propriedade comunal já está se deteriorando, cresce a produção privada agrícola e artesanal e aumenta a população das cidades.

O espaço deste texto não nos permite discutir a crise dessas formações, mas tão somente afirmar que ela foi uma "crise definitiva", com a invasão dos bárbaros, que irá fortalecer outra formação social que já vinha se criando: o *Feudalismo*. Neste, homens – salvo a nobreza, o clero, a burguesia nascente e o artesanato – foram ungidos pela *servidão*. Assim, é crescente o número de homens que perdem suas terras comunais, que fogem ou abandonam suas glebas em direção à cidade (ou se abrigam sob a proteção do feudo); esses homens, todos eles escravos, servos ou trabalhadores livres, precisam trabalhar para alguém, e será esse alguém que lhes proverá o sustento, pela servidão, pelo escravismo ou pelo salário.

Já aqui, as trocas perderam seu sentido de valor de uso e passam a representar o *valor de troca*, isto é, têm como objetivo a

---

[1] Sobre o tema ver: MARX, Karl. *Formaciones económicas precapitalistas*. 2. ed. Barcelona: Ed. Crítica, 1984.

[2] Para uma visão desse processo evolutivo ver: ENGELS, Friedrich. *A origem da família, da propriedade privada e do Estado*. Rio de Janeiro: Vitória, 1964.

satisfação do capital mercantil em busca do lucro, e não apenas a satisfação da necessidade do homem que produziu a mercadoria trocada.[3] O regime de trocas deixa de ser o anterior, em que **mercadorias** eram trocadas por **dinheiro** para que se pudesse adquirir outras **mercadorias** (**MDM**). Agora, o objetivo do lucro mercantil ditava o jogo: era o **dinheiro** que adquiria **mercadorias** para serem vendidas com lucro, trazendo um **dinheiro** *maior* (**DMD**). Assim, os homens passam a produzir coisas sem saber para quem, nem para que, nem por que o fazem.

Da expansão mercantil, o capitalismo saltaria para a Revolução Industrial – o que destruiria o feudalismo já em ruínas e criaria outras instituições, sobretudo com o fortalecimento do Estado.[4] Tal processo era necessário para a proteção do capital nascente e crescente, para as trocas em expansão, para a cobiça de terceiras pessoas ou países, para a tentativa de ociosidade de pessoas, agora repressivamente perseguidas e obrigadas a trabalhar. Muita dor e muito sangue foram o adubo dessa semeadura.

Assim chegamos à *Civilização Moderna,* a partir do século XVI, atravessando um tormentoso período de transformação, até o século XX, quando a industrialização reinou, mas quando também o mundo conheceu outras rupturas, como as duas Guerras Mundiais e a Revolução Soviética de 1917, que fez aumentar sobremodo o socialismo em grande parte do planeta. Até sua ruína, ao final da década de 1980 (mas não completa, dada a manutenção desse regime, em vários países), a antiga URSS foi um anteparo ao capitalismo, pressionando-o sempre, razão pela

---

[3] Smith, ao dizer que o selvagem "tinha uma propensão natural para a troca", comete grave erro histórico, pois trata de forma igual a troca para a satisfação imediata de uma necessidade (pelo valor de uso) e a troca mercantil, cujo objetivo maior é o lucro (valor de troca). Ver a respeito: SMITH, Adam. *A riqueza das nações.* São Paulo: Abril Cultural, 1983. Livro Primeiro, cap.1, v.1. Fez-lhe a crítica contundente: POLANYI, Karl. *A grande transformação.* 3. ed. Rio de Janeiro: Campus, 1980. cap.1.

[4] Para o sentido da mudança desses sistemas e dos padrões de acumulação, ver MARX, Karl. *O capital.* México: Fondo de Cultura Económica, 1973. v.1, caps. XXIII e XIV.

qual este foi obrigado a conceder melhores condições sociais e de trabalho, a chamada política de *Welfare State*.

Após tal período, o mundo vive atualmente, perplexo, com a crescente redução de direitos sociais e trabalhistas, graças às *políticas neoliberais*. É da economia desta atual *Civilização*, ou seja, do *Sistema Capitalista de Produção*, que trataremos neste livro. Estas notas de abertura do capítulo tiveram somente a pretensão de advertir que o mundo de hoje "nem sempre foi assim", bem como que a propriedade privada e o Estado nem sempre existiram. Que os homens eram livres em suas comunidades, tornaram-se escravos ou servos, e depois foram *libertados para o capital, assalariando-se*.

Vejamos que nível de complexidade atinge esse ato de satisfazer a necessidade de vestuário.

A roupa feita atualmente tem características bastante distintas daquela de épocas pretéritas, e, uma das principais, é a de que os tecidos em geral utilizados em sua produção são fibras sintéticas mescladas às fibras naturais. Acompanhemos então as etapas de transformação dessas matérias-primas, desde suas fontes produtoras até a loja vendedora de confecções:

Quadro 1.1

Atividades	Agentes	Produtos
1. produção de fibras	ovinocultura	fibras de lã
	ind. química	fibras sintéticas
2. fiação	ind. de fiação	fios
3. tintura	ind. de tinturaria	acabamento de fios
4. tecelagem	ind. de tecelagem	tecidos
5. comercialização	com. atacadista	distribuição aos confeccionistas
6. confecção	ind. de vestuário	roupas feitas
7. comercialização	com. varejista	distribuição aos consumidores

Restaria ainda citar outros agentes que intervêm nesse processo: empresas de transporte, seguradoras, governo, bancos etc. O que se depreende de imediato é que, na sociedade, tende a desaparecer a produção para consumo próprio, ocorrendo uma divisão de atividades na produção, ganhando grande importância a distribuição dessa produção.

Neste capítulo faremos duas grandes abstrações, supondo que:

- esse sistema é autárquico, não mantendo nenhuma forma de relação com outros países; em linguagem econômica, tratar-se-ia de um "sistema fechado".
- inexiste a entidade "governo", o que nos leva a ignorar – neste instante – importantes atuações do chamado "Setor Público", como: legislação, tributação, distribuições de justiça, política econômica etc.

1.2 A produção

Na sociedade antiga, as necessidades humanas praticamente restringiam-se ao mínimo essencial, sem o qual o homem deixaria de existir. Com o decorrer do progresso e da civilização, as *"necessidades humanas"* passaram a ter caráter ilimitado. Assim, o homem atual deseja alimento, roupa, abrigo, transporte, saúde, educação, lazer etc. e sempre em crescente diversificação e sofisticação.

Por exemplo, em um primeiro plano o homem deseja a habitação como abrigo; depois, almeja uma casa de campo ou na praia. Idêntica situação se passa com respeito ao automóvel: inicialmente um carro para si, depois um para a mulher e, em seguida, outro para os filhos. Não bastasse isso, ele ainda procura substituir periodicamente o carro velho por um novo.

Os professores Aníbal Pinto e Carlos Fretes[5] classificam as necessidades humanas em:

---

[5] *Curso de Economia*. CEPAL: 1962. (mimeo.)

A) *necessidades individuais*
 - corporais   i – *absolutas (biológicas)*
                ii – *relativas (sociais)*
 - espirituais
 - luxo ou consumo suntuário
B) *necessidades coletivas*

As necessidades corporais dizem respeito àquelas fundamentais, como alimentação, reprodução, abrigo e vestuário. Entre elas, no entanto, podemos distinguir as que não têm caráter absoluto, mas relativo, e estão condicionadas ou induzidas pela chamada existência social do homem. Dito de outra forma, é o meio social (ou o estágio da civilização) que, podemos dizer, *cria* certa obrigatoriedade na diversificação do atendimento a essas necessidades. É o que se conhece pelo nome de "conforto". As influências da moda e da publicidade são notórias nesse caso, convertendo coisas e serviços supérfluos em "necessidades". É o filme na TV mostrando o novo carro do vizinho...

No que se refere às necessidades *espirituais*, estas são inerentes ao psiquismo do indivíduo, e podem ser classificadas genericamente em termos de obtenção de conhecimento e criação artística – ou seja, a educação e a cultura.

O *luxo* ou *consumo suntuário* tem caráter mais relativo que absoluto. Historicamente serviu (e continua servindo) para marcar de modo nítido as diferenças de classe e de renda entre os homens. Exemplifiquemos: para uma família de "classe média", o fato de passar anualmente suas férias na praia poderia ser considerado a satisfação de uma necessidade "normal"; no entanto, uma família de operários não qualificados ou de lavradores, dado seu baixo nível de rendimento, consideraria isso um luxo. Contudo, esse caráter de luxo pode se alterar à medida que as condições sociais mudem. Por exemplo, a própria **mídia** e o maior acesso a financiamento alteram o padrão de consumo. O aumento do nível de renda, a longo prazo, também o modifica.

Na década de 1960 cerca de 95% dos assalariados (na indústria, no comércio e na agricultura) recebiam mensalmente no máximo até três salários mínimos, o que fazia que numerosos itens do consumo nacional, para a maioria do povo brasileiro, constituíssem um luxo: automóvel, televisão, rádio, sapatos (cerca de 40% da população andava descalça), cinema, teatro, educação média e superior, férias, viagens etc. O conceito de luxo muda historicamente, à medida que o desenvolvimento econômico e social dos povos atinge níveis mais altos. Também o desenvolvimento tecnológico da produção (novos métodos, novas máquinas, novos materiais etc.) pode reduzir os custos de produção, barateando alguns produtos e, assim, tornando-os mais acessíveis à população. É o caso dos Estados Unidos, por exemplo, onde, ao final da década de 1950, havia em média um automóvel para cada 3,2 habitantes; no Japão, a média era de 1:500 enquanto no Brasil e no México era de, respectivamente, 1:142,9 e 1:83,3. O luxo pode ainda ser visto do ponto de vista coletivo de uma sociedade: no passado, a construção de pirâmides; atualmente, a construção de edifícios ou monumentos suntuosos, sacrificando recursos que poderiam ser canalizados para a construção de casas populares, hospitais e escolas públicas, por exemplo.

Atualmente, graças ao crescimento da renda e do emprego (e, evidentemente, da publicidade) ocorrido entre as décadas de 1960 e 1990 e da expansão do sistema de financiamento ao consumo, aqueles níveis sofreram importantes modificações. Hoje aquela relação veículos/habitantes nos Estados Unidos já é de 1:1,4; no Japão é de 1:2 e no Brasil é de 1:10.

Ainda que 71% da população trabalhadora ganhassem em média até 5 salários mínimos (44,5% só ganhavam até 2!), 79,3% dos domicílios brasileiros tinham TV, embora só 71,1% tivessem geladeira, e apenas 57,2%, filtro de água... Decorridas quatro décadas, o Censo Demográfico de 2000 mostrava que a distribuição da renda piorara: 43,8% da população só recebia até 2 salários mínimos e os que recebiam até 5 somavam 68,3%, mas, segundo o PNAD 2004, os que tinham TV eram 90,3%, mais do que os que tinham geladeira (87,4%) e muito mais do que os que tinham filtro de água (51,3%).

As *necessidades coletivas* são aquelas derivadas da vida em comunidade, as quais só podem ser satisfeitas pelo esforço e pela colaboração de toda a coletividade.[6] São exemplos os serviços de educação, de saúde, de justiça, as redes de transporte, os planos de urbanização, os serviços de comunicação etc.

Para satisfazer a essas necessidades, o homem é obrigado a produzir uma série de coisas. Estas, quando se apresentam com características físicas, são denominadas *bens*. Quando não as têm, são chamadas *serviços*. Como exemplo de bens podemos citar o algodão, os sapatos, as máquinas, as estradas, as pontes, os alimentos, as bebidas, o fumo etc.; no segundo grupo encontram-se serviços de saúde, de educação, de seguros, de transporte, financeiros, imobiliários, de diversões, de distribuição de água, de gás e de energia, de saneamento, de justiça, de defesa nacional etc.

Os bens e serviços podem ser classificados em:

a) *livres*: quando não implicam qualquer sacrifício ou esforço à sociedade para sua obtenção: ar, água,[7] luz, calor solar, mar etc.

b) *econômicos*: têm a característica fundamental de requererem, para sua obtenção, certo *esforço humano*, apresentam-se com o caráter de *relativamente escassos*, são objetos de *propriedade* e de *posse* e seu *valor* se expressa mediante os *preços*.[8]

A escassez relativa de bens pode ser explicada por várias razões:

---

[6] No capítulo referente ao setor público, as necessidades coletivas serão mais bem explicadas, mostrando-se o papel fundamental exercido pelo Estado para supri-las, por meio dos chamados *investimentos de infraestrutura*.

[7] Em regiões onde a água é naturalmente escassa, ela pode vir a ser objeto de preço e controle particular. Por exemplo, no Peru, a agricultura se faz sobretudo na região costeira, que é desértica. Ali, o problema da água assumiu tais proporções em termos de custo e distribuição que o governo peruano instituiu o controle e a propriedade pública de todas as fontes de água.

[8] Esta última afirmação não deve fazer entender que certos bens e serviços que não são (ou não devem ser) objetos de preços (educação e saúde pública, por exemplo) não tenham valor, uma vez que para sua produção foram utilizados recursos escassos.

- a quantidade e a qualificação (adestramento e conhecimento) dos homens são limitadas;
- a quantidade de instrumentos auxiliares de produção (máquinas, ferramentas etc.) é limitada;
- os recursos naturais (solo, água, clima etc.) são igualmente limitados, não só pela própria natureza, mas também, artificialmente, pelo regime de propriedade e de seu uso privado; e
- os conhecimentos técnico e científico também se constituem em sério fator limitativo quando, por exemplo, sua disseminação é contida, entre outras, pelas seguintes causas: i) tempo de translado e assimilação; ii) preços e custos de sua obtenção; e iii) monopólio de seu uso (patentes e outras formas de direitos).

Dissemos anteriormente que os homens, para satisfazer suas necessidades, são obrigados a produzir bens e serviços. Vimos também que os atos de produzir e consumir estão, na sociedade moderna, distanciados no tempo e no espaço. Observamos também a existência de grande número de produtores e distribuidores entre o início e o destino da produção. Na sociedade pretérita, o homem produziu para autoconsumo; quando surgiu uma incipiente divisão de tarefas ou um embrionário comércio ele *produzia* coisas e *permutava* por outras de que necessitava, ou seja, ele *trocava coisas*.

Nas sociedades modernas a característica básica é a separação espaço-tempo entre o ato de produzir e o de consumir e isso implica, no capitalismo, dois atos distintos:

- como obter dinheiro (vendendo bens e serviços, alugando casas, emprestando dinheiro a juros, alugando a própria força de trabalho etc.); e
- como gastar e empregar o dinheiro (comprando bens e serviços e guardando ou aplicando o que sobrou, em um banco).

Ou seja, como a troca em espécie na economia atual não é mais possível, os homens precisam obter dinheiro e com ele comprar o que necessitam: há, portanto, um *ato de venda e de compra*.

Para que efetivamente se realizem esses atos, é necessário, antes, organizar o *ato da produção*. Alguns homens organizam a produção e são chamados de empresários ou *organizadores da produção*. Outros, a executam.

Na sociedade pretérita a produção tinha um objetivo diretamente vinculado à satisfação de uma necessidade, para o consumo (alimentos, vestuário etc.), para a guerra ou caça (armas) ou para auxiliar o homem na própria produção (anzóis para a pesca, arado para a agricultura, ferramentas para a manufatura etc.). Na sociedade moderna e capitalista, o ato de produzir está desvinculado do de consumir. Os empresários produzem algo para ganhar (lucros), com o que podem consumir e investir (comprando e aplicando sobras). Os trabalhadores ganham seus salários, fundamentalmente, para poder comprar aquilo que necessitam consumir.

Na sociedade capitalista, portanto, o ato de produção pode ser entendido como *a execução de atividades que tenham como finalidade o lucro e, indiretamente, a satisfação de necessidades, por meio da troca*.

No início deste capítulo, frisamos que os homens organizam as atividades econômicas tentando com isso dar-lhes certa funcionalidade; acrescentaríamos, agora, que eles tentam também dar-lhes uma eficiência máxima possível, *organizando e executando a produção*.

Essa organização da produção, ao manipular ou transformar matérias-primas de toda ordem, vale-se de três elementos básicos, chamados, pela teoria convencional, de "*Fatores*" da Produção, e são: i) o *trabalho*, representado pelo esforço humano na organização e na execução do processo da produção; ii) os *recursos naturais*; e iii) o *capital*, representado pelo conjunto de instrumentos que têm por finalidade diminuir o esforço e aumentar a eficiência do homem no processo produtivo.

Sendo a produção a interação dos elementos anteriormente assinalados – comandados sempre por alguns homens –, poderíamos dizer que a disponibilidade desses elementos em um dado sistema econômico, associada a um determinado nível de conhecimento técnico-científico, revela o *potencial produtivo* do sistema, ou seja, sua capacidade teórica de produção. Detenhamo-nos um pouco na análise desse potencial.

1.2.1 O elemento humano

O estudo da *população* envolve aspectos muito importantes para a análise de um sistema econômico. O mais elementar de todos, talvez, é o estudo da *densidade* populacional de um país, explicitada pela relação média "número de habitantes por quilômetro quadrado". Ela explicita a ocupação territorial de um país pelo seu contingente humano. Entretanto, tal coeficiente deve ser analisado com cuidado, pois reflete tão somente uma "média estatística", encobrindo peculiaridades de um dado território. Por exemplo, a densidade média para o Brasil, em 1960, era de 8,2 hab/k^2. Observadas, no entanto, nossas dimensões continentais e particularidades regionais teríamos: 33,0 para o Sudeste, 20,4 para o Sul, 14,2 para o Nordeste, e para o Centro-Oeste e Norte, respectivamente, 1,8 e 0,7. No caso do Chile, a média nacional era de 2,7 mas, se eliminássemos desse cômputo suas regiões mais frias e praticamente inabitáveis do sul, aquele indicador passaria a 28,0.

O explosivo crescimento demográfico por que passou o Brasil e o processo de integração do mercado nacional alteraram em muito aquelas cifras, as quais, conforme o Censo Demográfico de 2000, passaram a ser: Brasil (19,9), Norte (3,3), Nordeste (30,7), Centro-Oeste (7,2), Sudeste (78,3) e Sul (43,6). Como a presença humana em uma área geográfica significa, em primeiro plano, a execução de alguma atividade produtora, esse coeficiente de ocupação territorial deve ser analisado com cautela.

Como consequência do exposto, uma segunda abordagem passa a ser requerida: a da *distribuição espacial* do estoque humano segundo uma "divisão" regional do território nacional, em áreas que espelhem uma diferenciação econômica, geográfica ou cultural. Assim, países de pequena dimensão territorial quase sempre têm sua área distribuída entre "região norte e região sul" ou "interior e litoral". Países com grandes dimensões e diversidade de clima, solo e, eventualmente, cultura carecem de estratificação regional mais cuidadosa que leve em conta seus aspectos políticos, sociais, econômicos, geográficos etc. Dada nossa dimensão territorial e diversidades regionais, a análise regional do Brasil ganhou melhor compreensão de nossa problemática e tem sido objeto, nos últimos 45 anos, de vários e importantes estudos.

Outra análise importante é a que estuda as *condições de saúde e de educação* de um povo, pois são elas – a capacidade física e intelectual humana – que constituem a *força de trabalho* de uma nação, capacitando, portanto, o exercício do *trabalho*. A análise de alguns indicadores nesse tipo de abordagem nos conduz a um tema muito maior que é o da problemática do subdesenvolvimento e do desenvolvimento econômico.

Com efeito, a comparação desses indicadores evidencia algumas das principais diferenças entre os países "ricos e pobres". Por exemplo, por volta de 1960, enquanto o homem em um país desenvolvido atingia uma expectativa média de vida em torno de setenta anos, essa expectativa era violentamente reduzida para quarenta anos nas economias mais subdesenvolvidas. Da mesma forma, em cada mil crianças nascidas vivas, 25 morriam antes de completar um ano naqueles países, enquanto tal cifra se situava em cerca de 180 para os últimos. Há mesmo uma diferenciação bem marcada em tipos de morbidade: nos primeiros países, as doenças típicas são decorrência do sistema nervoso ou do aparelho circulatório, nos segundos, são típicas: tuberculose, gastrite, sarampo, disenteria e outras. Enquanto o consumo diário de calorias situava-se em torno de 3.200 nos primeiros, nos segundos os níveis eram de aproximadamente 2 mil calorias.

A melhoria do nível de renda, o progresso científico e, principalmente, o saneamento básico (água e esgoto) são ações e fatos que melhoram a saúde e reduzem as taxas de mortalidade infantil. Contudo, no que se refere à educação, são necessárias ações decisivas de políticas governamentais para ampliar o acesso e melhorar a qualidade. Na América Latina, o quadro é muito grave, em face da perversa distribuição de renda, e tem piorado nas últimas décadas. O Quadro 1.2 mostra isso claramente:

i. enquanto Cuba tem renda média 6 a 12 vezes menor do que Portugal e Itália, apresenta indicadores próximos aos destes países;

ii. Costa Rica, que tem renda pouco maior do que a do Brasil, tem indicadores muito melhores que os brasileiros. No Brasil, as diferenças regionais mostram-se principalmente nesses indicadores: no Nordeste, a mortalidade infantil é 50% maior do que a do país, e a taxa de analfabetismo, quase o dobro. As baixas taxas argentinas decorrem muito mais de seu passado, quando havia um nível de renda relativamente alto, e de suas políticas públicas;

iii. já a Índia e a maior parte dos países africanos, embora tenham diminuído seus perversos indicadores, ainda ostentam taxas inaceitáveis.

Quadro 1.2 Taxas de mortalidade infantil e de analfabetismo(a)

	Mortalidade			Y/H(b)	Analfabetismo		
	1965	1990	2004	2004	1970	1990	2004
Índia	150	92	62	620	66	52	39
Gana	120	85	68	380	70	45	42
Costa Rica	72	16	11	4200	14	7	5
Cuba	50 c	12	6	2280	24 c	6	0
Colômbia	86	37	18	2020	27 d	13	7
Brasil	104	57	32	3000	34	19	11
Argentina	55	16	16	3000	7	5	3
Portugal	65	12	4	14220	29	15	8 e
Itália	36	9	4	26300	6	3	2

Fonte: CEPAL, BIRD. (a) População de 15 anos e mais; (b) Renda *per capita*, US$ correntes; (c) 1958-59; (d) 1960; (e) 1998.

O contingente humano de um país pode também ser examinado de acordo com sua *localização rural ou urbana*. Essa distribuição indica uma certa nuança do desenvolvimento, uma vez que os países desenvolvidos, por já terem atingido alto grau de industrialização e urbanização, apresentam menores contingentes humanos no "setor rural": essas cifras, em 1960, estavam em torno de 20% ou menos de sua população, ao passo que nos demais países tal cifra ascendia a cerca de 50% ou mais e, no Brasil, era de 55%. Hoje, para os desenvolvidos, a cifra varia entre 5 e 10%, mas ainda se encontra muito alta e diversa para os subdesenvolvidos. O Brasil teve explosivo crescimento urbano, com a industrialização e a modernização rural, apresentando em 2000 taxa de urbanização de 81,2%, que varia de 90% no Sudeste a cerca de 69% no Norte e no Nordeste.

Examinemos agora a *estrutura sexo-etária* da população, uma vez que a distinção entre homens e mulheres, bem como entre jovens, adultos e idosos, tem grande importância no potencial produtivo de uma nação. A distinção relativa ao sexo se faz mais necessária nas economias subdesenvolvidas, graças à qual certos "tabus", costumes e hábitos impediam que o elemento feminino participasse de forma mais marcante no processo produtivo. Na América Latina e no Brasil, em 1960, apenas cerca de 25% das mulheres potencialmente capacitadas a trabalhar exerciam atividades remuneradas, enquanto os restantes 75% dedicavam-se a atividades não remuneradas (sobretudo como "donas de casa") ou eram inativas.

Com a urbanização, a industrialização e a necessidade de a mulher complementar a renda familiar, aumentou consideravelmente a participação feminina na força de trabalho. No Brasil de 2000, 44,1% das mulheres em condições de trabalhar o fazem, enquanto a cifra é de 69,6% para os homens, sendo de 56,6% a relação População Economicamente Ativa (PEA)/População de dez anos e mais, de ambos os sexos.

Quanto à distribuição etária, os países subdesenvolvidos caracterizam-se por uma população "jovem", ao passo que as economias maduras apresentam maior contingente "adulto" em sua população, o que se deve à menor esperança de vida e às altas taxas de crescimento demográfico. Assim, enquanto na América Latina o contingente com menos de vinte anos de idade em 1960 abarcava pouco mais de 50% do total e o contingente com mais de 65 anos totalizava não menos do que 2%, nos países desenvolvidos a população com menos de vinte anos não superava a marca dos 30% e a com mais de 65 anos atingia pouco mais de 10%.

Que significa essa diferença, em termos de potencial produtivo? Significa que os desenvolvidos são dotados de maior estoque relativo de pessoas em idade de produzir, ao passo que nos países subdesenvolvidos o volume de população jovem se constitui em um grande "peso" para o sistema, uma vez que, em sua maioria, são basicamente pessoas mais consumidoras do que produtoras. Entretanto, nessa faixa etária figuram os elementos que estão em preparo para uma futura participação na produção, ou seja, aqueles que estão adquirindo educação e habilitação profissional.

Contudo, os últimos 45 anos também alteraram significativamente esse quadro. Primeiro, porque o progresso científico e a mudança nos costumes, com o aumento da urbanização, ampliaram o uso de anticoncepcionais e diminuíram a taxa de crescimento demográfico no mundo subdesenvolvido. Segundo, pelo aumento da expectativa de vida. Assim, no Brasil de 2000 os jovens com menos de vinte anos representavam 40% da população (eram 53% em 1960) e as pessoas com mais de 65 anos já eram 5,8% (eram apenas 2,7% em 1960). Entretanto, essas porcentagens sobre a redução relativa dos jovens ocultam um aumento de 31 milhões deles, entre 1960 (eram 37,1 milhões) e 2000 (eram 68,2 milhões), e o aumento absoluto dos idosos mostra que eles passaram de 1,9 milhão em 1960 para 9,9 milhões em 2000.

Se isso amplia o potencial produtivo, ao mesmo tempo nos traz novos problemas: ao longo do período pós-1980, educamos pouco e mal nossos jovens e não nos preparamos para dar aos idosos a atenção médica e social necessária. Assim, o fantasma do desemprego, já presente em nosso país, com as políticas neoliberais, nos causa mais preocupação do que euforia com aquelas mudanças. Os dados sobre desemprego na Região Metropolitana de São Paulo mostram claramente isso: em 1985, enquanto a taxa média era de 11,4% da PEA, a dos jovens de 15-17 anos era de 29,0% e a dos de 18-24 anos era 15,1%; já em 2003, um dos piores anos do desemprego recente, a taxa média subiu para 19,9%, mas a da faixa etária de 15-17 foi de 51,8% e a de 18-24 subiu para 30,1%, mostrando que essas foram as faixas mais afetadas.

Até aqui, vimos apenas um "instantâneo fotográfico" da estrutura populacional; entretanto, o estudo da *dinâmica da popu-*

lação reveste-se de fundamental importância. O estoque humano pode alterar-se de maneira quantitativa por várias razões:

a) *mortalidade*;
b) *natalidade*; e
c) *migração*.

A taxa de mortalidade (relação entre o número de óbitos e o estoque da população) vem declinando na maioria dos países, como consequência do desenvolvimento econômico e, sobretudo, pelas melhores condições de serviços de higiene e saúde. No caso brasileiro, ela era de 3,02% em fins do século XIX, 2,64% entre 1900-1920, 2,01% entre 1940-1950 e de 1,15% na década de 1950. No entanto, a taxa de natalidade apresentou-se com o seguinte desenvolvimento: 4,65%, 4,50%, 4,35% e 4,15% para os mesmos períodos. A taxa de natalidade, ao contrário da de mortalidade, não apresenta um comportamento igual em todos os países; entretanto, as maiores taxas são observadas entre os subdesenvolvidos, por várias razões (religiosas, nupcialidade, fecundidade, desenvolvimento socioeconômico, urbanização etc.).

No período 1970-2000 a acentuada queda da mortalidade infantil repercutiu fortemente na queda da taxa geral de mortalidade, enquanto a maior urbanização e o maior uso de anticoncepcionais (inclusive de esterilização) fizeram que a taxa de natalidade caísse abruptamente. No início da década de 2000 elas passaram, respectivamente, a 0,67% e a 1,99%. Dessa forma, passamos da elevada taxa de crescimento da população de 3,0% na década de 1950 para 1,9% na de 1980, e as estimativas para a década atual situam-na em torno de 1,3%.

As migrações são deslocamentos humanos de um país para outro (ou de uma região para outra) e são classificadas em dois sentidos: *emigrações*, que significam a *saída* de pessoas, e *imigrações*, que significam a *entrada* de pessoas. A diferença entre mortalidade mais emigrações, de um lado, e natalidade mais imigrações, de outro, nos fornece a variação líquida do estoque populacional, expressa pela *taxa geométrica de crescimento da população*. No Brasil, o significado atual do movimento líquido migratório internacional tem sido bem menor do que no passado, ficando portanto o aumento populacional nacional diretamente dependente da diferença entre natalidade e mortalidade.[9] Examinadas essas características da população, podemos agora analisar o potencial produtivo humano de uma nação. Assim, da população total, consideramos como *população inábil economicamente* as pessoas compreendidas na faixa etária de: i) entre 0 e 14 anos; ii) maiores de 60 anos; e iii) os incapazes física ou mentalmente com idade entre 14 e 60 anos (no Brasil, o Censo Demográfico subtrai, exclusivamente, os menores de dez anos). O saldo denomina-se *população economicamente hábil*. Desta última, deduzimos ainda: i) as donas de casa (não remuneradas); ii) os estudantes; iii) todas as pessoas que, embora exercendo atividades econômicas, não recebam qualquer remuneração; e iv) todas as pessoas que não desejam trabalhar, o que nos conduz a um agregado de pessoas denominado *população economicamente ativa* (PEA), ou seja, o volume proporcional efetivamente voltado para o mercado de trabalho. Como sempre há certa quantidade de pessoas *desempregadas*, mas em busca de emprego, estas devem ser subtraídas para se quantificar a *ocupação efetiva*.

Por último, cabe distinguir o aspecto de *qualificação* do trabalho, o qual, muito embora compreenda enorme grau de diferentes aptidões e capacitações, será aqui tratado da seguinte forma: i) *trabalho qualificado* e ii) *trabalho não qualificado*. Em uma comparação simplificada entre ambos diríamos que um trabalhador é não qualificado quando as atividades por ele exercidas não exigem um aprendizado técnico regular e demorado. Essa tentativa de definição é bastante arbitrária e deve se ajustar às condições

---

[9] O Censo de 2000 contava cerca de 600 mil imigrantes estrangeiros no Brasil, enquanto informações não oficiais davam conta de que, com o aumento do desemprego e o baixo crescimento da economia desde 1980, em 2006 viviam no exterior cerca de 3 milhões de brasileiros (800 mil nos Estados Unidos, 442 mil no Paraguai e 225 mil no Japão), dos quais 2,4 milhões ilegais (http://ezine.tiosam.com/www/opiniao/6_1/brasileiros-que-vivem-no-.shtml em 20/7/2006; Comissão Parlamentar Mista de Inquérito, Câmara Federal 7/2006).

específicas de cada tipo de sociedade ou aos diferentes tipos de atividades; historicamente essa definição muda em face das exigências impostas pelas mudanças técnicas e sociais.

1.2.2 Os recursos naturais

É a natureza, em primeiro plano, a fonte de todos os bens. É dela que o homem obtém todos os bens naturais – animais, vegetais e minerais –, e dela provêm as fontes primárias de energia: a luz e o calor solar, o vento, as quedas-d'água, as marés etc. Entre os principais recursos da natureza utilizados pelo homem, destacamos:

- *solo e subsolo*, que fornecem os vegetais (alimentos e matérias-primas) e os minerais (carvão, ferro, petróleo etc.);
- os *recursos hidrológicos*, que fornecem água e energia (quedas-d'água, barragens, marés), alimentos, matérias-primas e vias de transporte; e
- o *clima*, que propicia e condiciona a cultura de determinadas espécies vegetais e animais.

Da mesma forma que, ao analisarmos o elemento trabalho, fizemos a distinção entre hábeis e inábeis, ao definirmos recursos naturais como "fator" de produção, devemos ter em conta que nem todo recurso natural é passível de exploração econômica pelo homem.

Contudo, a dotação e o emprego econômico de recursos naturais devem ser vistos em termos dinâmicos, e não estáticos. Certos recursos podem passar a ter uso econômico, substituindo outros (que entram em desuso), por várias circunstâncias. O próprio avanço do conhecimento científico pode alterar para mais ou para menos a adoção de certos recursos.

Vejamos alguns exemplos:

- baixa densidade demográfica que impede plena ocupação territorial;
- a propriedade ociosa de terras agriculturáveis;
- a inacessibilidade a determinadas fontes de recursos, causada por dificuldades de transportes, relevo etc.;

- a descoberta de um produto novo, geralmente sintético, tornando menos racional o uso de um determinado recurso (p. ex., a descoberta de nutrientes químicos, "substituindo" o guano e outros adubos naturais);
- para uma sociedade eminentemente agrária, a existência de quedas-d'água pode ter menor significação como fonte energética moderna;
- o avanço que já se pode sentir na biotecnologia que lentamente promoverá importantes diminuições do uso da terra e da água (além de produtos químicos) nos cultivos agrícolas, como os conhecemos hoje;
- a descoberta e/ou o dimensionamento de jazidas minerais (o manganês e a cassiterita na Amazônia, o cobre, o sal-gema e o petróleo no Nordeste, ferro e outros minerais em Carajás etc.);
- a exploração carbonífera no sul, possibilitada pela implantação do parque siderúrgico nacional;
- a descoberta de novos processos de industrialização da madeira (chapas de diversos tipos), possibilitando a exploração de numerosas espécies de madeira preexistentes na Amazônia, no Nordeste e no Sul, bem como induzindo o reflorestamento; e
- o esforço de pesquisa efetuado pela Petrobras, com tecnologia para prospecção em águas profundas, que provocou grande aumento na produção petrolífera nacional.

1.2.3 O capital

A palavra capital (assim como a palavra investimento) permite várias acepções. Para o cidadão comum, seu depósito em caderneta de poupança ou outras formas de "economias" são entendidos como se fossem seu "capital", assim como a compra de sua casa (preexistente) própria, de um terreno, de ouro, de outras moedas ou valores (títulos, ações etc.) são quase sempre por ele chamados de "investimentos". Note-se que, seja como dinheiro, depósito bancário, metal, imóvel ou título, ou seja, na forma de "papel" ou em uma forma real, esses ativos continuam sendo chamados de "capital".

Para uma empresa, o conceito abarca seus edifícios, máquinas, instalações, estoque de bens e de valores, os recursos empregados no financiamento corrente da produção (capital de giro) e até mesmo uma coisa tão intangível quanto sua marca comercial (Petrobras, Ford, Toyota, Xerox etc.).[10]

Contudo, para o conjunto da economia nacional (*macroeconomicamente*), nem toda propriedade privada ou pública pode ser considerada capital. Para o conjunto da economia, capital tem sentido real, dos instrumentos auxiliares da produção e dos bens que ampliam a capacidade produtiva da nação: ferramentas, máquinas, instalações, edifícios destinados à produção (terra produtiva, edifícios da fábrica e dos escritórios), novas residências, portos, aeroportos, estradas, comunicações, escolas, hospitais etc.

Embora as novas construções sejam contabilizadas nos investimentos anuais do país e, assim, passem a fazer parte do capital nacional, o problema da construção de novas residências pelos particulares é metodologicamente complexo, uma vez que nos esquemas teóricos da Contabilidade Social as famílias são apenas "consumidoras", e, portanto, seus ativos reais não são geradores de bens ou serviços, atividade "exclusiva" das unidades produtoras.

O automóvel do dono de uma empresa é um bem de consumo, mas o do taxista ou de uma empresa locadora de autos é um bem de capital. No âmbito da propriedade pública, o conceito também incorpora os meios de transporte, de comunicações, geradores de energia e outros elementos da chamada infraestrutura, à qual nos dedicaremos em outros capítulos.

Este conceito real de capital está aqui sendo apresentado despojado – por enquanto – de seu sentido social, dado que a apropriação privada de capital (físico e financeiro), se este for posto em produção, enseja uma *relação social de dominação*, pois é por meio dela que seu proprietário contratará trabalho para submetê-lo ao processo produtivo. Por outro lado, cabe aqui pelo

---

[10] *Estoque e Fluxo*. É importante, neste momento, que o aluno fixe esses conceitos: o saldo que tínhamos na conta bancária em 31/12/06 (p. ex.: R$ 1.300) constitui um *Estoque*, isto é, o acúmulo de *Fluxos* periódicos de depósitos e saques efetuados durante certo período.

menos advertir que, na economia primitiva e até o advento do capitalismo, o homem possuía (individual ou comunitariamente) seus próprios instrumentos auxiliares de produção, isto é, seu "capital", e vai sendo deles despojado, à medida que esse homem vai sendo incorporado pelo capitalismo. Na sociedade contemporânea, apenas alguns trabalhadores autônomos ("por conta própria") ainda os possuem, no todo ou em parte, como pedreiros, marceneiros, artesãos, médicos em seus consultórios particulares etc. Assim, na sociedade capitalista, a propriedade daqueles instrumentos e dos demais meios de produção passou ao capitalista. (Essas complexas questões, contudo, serão objeto de outras disciplinas constantes na graduação de Economia).

Na sociedade primitiva, o homem desde cedo preocupou-se em criar certos instrumentos que lhe permitissem subsistir no meio ambiente em que vivia: basicamente as armas para a caça e a proteção; portanto, essa fase se constituía praticamente em uma simples "coleta" na natureza. Entretanto, para produzir esses instrumentos, esse homem era obrigado a dedicar parte de seu tempo disponível. Com o desenvolvimento da sociedade, o homem vai se apercebendo que quanto mais instrumentos auxiliares de produção tiver mais fácil será produzir.

Na sociedade moderna o homem continua a usar parte de seu trabalho no aprimoramento dos instrumentos preexistentes bem como na descoberta de novos. A diferença é a de que, sendo hoje a atividade de produção especializada e dividida em tarefas específicas, uma parte da população ativa se dedica à produção de bens auxiliares à produção e outra à produção de bens e serviços destinados à satisfação imediata da comunidade.

Assim, agora podemos destacar, na produção, três tipos distintos de bens e serviços, segundo seu destino ou finalidade:

- *bens e serviços de consumo*, com o destino de satisfazer, diretamente, necessidades do homem, como alimentos, vestuário, medicamentos, bebidas, fumo, educação, turismo etc.
- *bens e serviços intermediários*, ou também denominados *matérias-primas e insumos*, que ainda não atingiram uma

característica de utilização final, destinando-se portanto a sofrer certas alterações em processos produtivos futuros, para então se transformarem em bens finais.[11] O algodão destinado à produção de tecidos; o trigo e a farinha destinados à produção de pães; o minério de ferro, o carvão e o aço, destinados à produção de utensílios domésticos, máquinas, automóveis ou armas; serviços de propaganda prestados a um fabricante de um bem qualquer, por exemplo.

- *bens de capital*, que são produtos finais – como os bens de consumo – mas que têm uma característica peculiar: seu destino não é o da satisfação imediata das necessidades, mas sim a *produção futura de outros bens*. São, portanto, os bens destinados à produção de outros bens. Os bens de capital representam, pois, a *acumulação de trabalho humano passado*, "o trabalho morto", segundo Marx.

Definida a noção de capital econômico, vejamos agora de que se constitui o capital acumulado em uma economia, ou seja, o *estoque de capital* de uma nação. Complementaremos aqui a noção de bens de capital, com duas características adicionais: a de serem *bens materiais* e, portanto, passíveis de *renovação*. Este é um conceito que se aproxima do termo *Riqueza Tangível Renovável*, utilizado em Contabilidade Social. Os principais itens de que se compõe o estoque de capital são:

- máquinas, veículos e equipamentos em geral, adotados na atividade produtiva;
- instalações industriais, agrícolas, comerciais etc. (a terra, como vimos, é um recurso natural e não um bem de capital);
- estradas de rodagem, ferrovias, aeroportos, portos, canais etc.;

---

[11] Contudo, certos bens podem ter – dependendo de sua utilização imediata – duas ou três das características apresentadas: a laranja, que pode ser consumida *in natura* ou como suco industrializado; o boi, que pode ser matéria-prima para a indústria da carne ou bem de capital como meio de transporte.

- edifícios públicos, moradias, escolas, hospitais, diques, barragens etc.

Cumpre agora dizer que o desgaste sofrido pelo capital durante o tempo do processo produtivo implica um sacrifício à coletividade, pois diminui aquele estoque; portanto, tornam-se necessários sua reposição e a atribuição de um custo que represente esse desgaste: são os chamados *custos de depreciação do capital*.

Visto o potencial produtivo de uma comunidade, ou seja, sua *disponibilidade de fatores*, analisemos agora – simplificadamente – de que forma esses fatores se integram no chamado processo produtivo.

Dissemos antes que os homens organizam e executam a produção. Efetivamente, alguns homens (ou grupos de homens) organizam-se na forma de entidades de direito privado ou público, contratando e utilizando fatores de produção e bens intermediários, com o objetivo de produzir bens ou serviços, mediante uma técnica de produção preestabelecida (processo de produção). Esses homens serão doravante denominados *organizadores da produção*.

Essa atividade de produção é exercida pelas chamadas *unidades produtoras*, que se diferenciam no sistema pelo tamanho (grandes, pequenas e médias), pela forma jurídica (públicas e privadas, cooperativas, sociedades anônimas etc.), pela atividade (escola, tecelagem, cinema, barbearia etc.), pelo setor de produção (agricultura, indústria etc.) e por outras razões que aqui não consideraremos.

Já vimos que na sociedade moderna produção e consumo ficam bastante distanciados no tempo e no espaço. Vimos também que a atividade de produção é hoje distribuída em várias tarefas específicas. Esse fenômeno da especificação e da especialização da atividade produtiva recebe, em Economia, o nome de *divisão social do trabalho*. A atividade de produção de roupa, por exemplo, que na sociedade antiga era completamente feita por um só homem, atualmente requer a especificação de cerca de vinte atividades distintas, apenas na etapa de fabricação do fio e do tecido. Essa especialização e divisão de tarefas possibilitam ao homem a produção em larga escala, o aumento de sua eficiência produtora, a evolução da técnica e o barateamento dos custos de produção.

O universo formado pelas unidades produtoras do sistema recebe o nome de *Aparelho Produtivo*, cuja estrutura e funcionamento veremos em seguida.

1.3 O aparelho produtivo

Sendo o aparelho produtivo o conjunto de todas as unidades produtivas do sistema, e dada a grande diversidade destas, tais atividades podem ser agregadas e classificadas, segundo o grau de processamento e elaboração de seus produtos, em três setores produtivos:

i) *setor primário*: engloba as atividades que estão em contato direto com a natureza e cuja produção se caracteriza como de bens primários. Dele fazem parte: agricultura, pesca, silvicultura, pecuária e extração vegetal e animal.
ii) *setor secundário*: compreende a modificação ou a transformação de bens, por meio de processos físicos ou químicos. Dele fazem parte: indústria extrativa mineral, manufatureira ou de transformação, da construção civil e de geração de energia elétrica, produção de gás e tratamento de água e esgoto (os "serviços industriais de utilidade pública").
iii) *setor terciário*: também chamado setor de serviços, não compreende a produção física propriamente dita, mas sim a prestação *de serviços*: atividades comerciais, transportes, seguros, serviços financeiros, previdência social, educação, saúde, serviços governamentais etc.

A estrutura produtiva de um país, vista na ótica acima, presta-se à análise do grau de desenvolvimento econômico atingido por esse país, quando confrontada com a de outros, de maior nível de renda. Assim, essa análise se faz tanto em um dado momento como, principalmente, em uma trajetória de longo prazo, quando então se estudam as mais relevantes modificações estruturais ocorridas na economia. Essa estrutura, todavia, é evidenciada por meio da participação setorial na geração do produto, no emprego e nos níveis de produtividade relativa.

À medida que um país aumenta seu nível de renda, passa a ocorrer diminuição notável do peso relativo do setor primário na geração da renda e do emprego, uma vez que a industrialização aumenta, fazendo que as produtividades setoriais se alterem, provocando ainda aumento e alterações qualitativas importantes no setor terciário.

Com as inovações técnicas que se processam na economia, e com o aumento de oportunidades de emprego no setor industrial – a longo prazo –, passa a ocorrer o chamado êxodo rural, ou seja, o translado de pessoas da agricultura para o setor urbano da economia.

Vejamos, de início, como se estruturava o aparelho produtivo até a década de 1950, quando a industrialização já amadurecera em muitos países (no quadro, Estados Unidos, Japão e Itália), enquanto em alguns ainda se encontrava em processo, implantando, reconstruindo ou atualizando a Segunda Revolução Industrial, ou havia dado passos ainda incipientes, como era o caso dos países marcadamente "primário-exportadores". Os dados do Quadro 1.3 são ilustrativos desse fenômeno.

Observa-se que, quanto maior o grau de desenvolvimento de uma nação, mais as atividades primárias já haviam liberado apreciável contingente humano para as demais, perdendo importância relativa na geração do produto. Era esta, aliás, uma das principais razões pelas quais os países desenvolvidos importavam matérias-primas e alimentos dos subdesenvolvidos, exportando-lhes basicamente produtos manufaturados.

No tocante à absorção dos três "fatores" de produção, cada um dos setores apresentava, naquela época, uma composição bastante diferenciada dos demais. O primário emprega fundamentalmente recursos naturais e trabalho não qualificado, utilizando-se de pouco capital e trabalho qualificado. O pouco emprego de capital, associado à baixíssima qualificação de sua mão de obra, implicava, em média, um uso extensivo dos recursos naturais – terra, basicamente –, obtendo-se por conseguinte menor eficiência por homem ocupado e por unidade de recurso natural.

O secundário, constituindo-se no "compartimento moderno" do aparelho produtivo, caracteriza-se ainda por emprego maciço de capital, apreciável contingente de trabalho qualificado, proporcionalmente, grande quantidade de trabalho não qualificado e pequena quantidade de recursos naturais (na indústria de transformação). Como é este o setor em que as inovações técnicas penetram mais rapidamente, é ele também o responsável por alto nível de produtividade, relativa aos demais setores. Pelo fato de que as inovações técnicas se fazem presentes de forma bastante acentuada, implicando maior absorção de capital do que mão de obra, o secundário nos países subdesenvolvidos não se tem mostrado capaz de aumentar seu nível de emprego de acordo com o aumento relativo das populações urbanas destes países. Este, aliás, constitui um dos maiores problemas com que se defronta o mundo subdesenvolvido.

O terciário no mundo subdesenvolvido não se presta a uma análise comparativa com os países de maior nível de renda. Isso se deve ao fato de, no mundo desenvolvido, as atividades terciárias serem condizentes com a produtividade média da economia. Vale dizer: acompanharam de perto a evolução técnica dos demais compartimentos. Nos países subdesenvolvidos este setor se compõe de atividades modernizadas, como as de comunicações, computação eletrônica, supermercados e outras, bem como de atividades de baixa eficiência e produtividade.

Na realidade, o volume de mão de obra aqui empregado constitui-se não só de homens com produtividades satisfatórias, mas também de homens com ocupação que se pode considerar "marginal", ou seja, atividades nas quais a contribuição produtiva do homem é muito baixa, atingindo às vezes grau nulo de produtividade, como certos tipos de vendedores ambulantes, trabalhadores domésticos etc. Sua composição estrutural caracteriza-se por grande emprego de capital, razoável emprego de trabalho qualificado, poucos recursos naturais e uma grande quantidade de trabalho não qualificado.

Contudo, após o auge da industrialização da década de 1970, a latente crise internacional é explicitada (tanto com manifestações reais quanto financeiras) e se inicia um movimento de reestruturação produtiva (a Terceira Revolução Industrial), que alteraria as proporções "fatoriais" de cada setor. Os dados para o início da década de 1990 já apontavam não só esse fenômeno, como também a considerável expansão do peso produtivo do terciário, graças à maior urbanização e elevação dos níveis de renda pessoal que se manifestaram após os anos 1960. Contudo, isso é mais marcante para os países desenvolvidos.

Com maior e crescente introjeção técnica, o setor primário liberou ainda mais trabalho não qualificado e passou a usar mais capital. A indústria passou e ainda passa por radicais transformações: automatização e informatização crescentes, eliminando muito trabalho não qualificado, reduzindo fortemente o emprego total e aumentando de modo acentuado suas necessidades de capital.

Com a abertura, as políticas neoliberais implantadas a partir de 1990 afetaram sobremodo nosso parque industrial, aumentando as importações de bens finais e o conteúdo importado de bens nacionais. Ainda, causaram destruição de elos de várias cadeias produtivas e encerramento de muitas empresas, destruição de muitos postos de trabalho e de algumas atividades produtivas.

O setor de serviços também sofreu esse impacto tecnológico, poupando trabalho menos qualificado nos setores tecnicamente mais avançados, como o de finanças e telecomunicações. Entretanto, a precarização das relações de trabalho e sua informalização crescente permitiram que se expandisse o uso de trabalho não qualificado, em segmentos como o comércio e "serviços pessoais", graças à expansão urbana e ao baixo crescimento da renda. Em que pese isso, esse setor não foi capaz, como no passado, de compensar a liquidação de postos de trabalho no primário e no secundário, mesmo nos países desenvolvidos. Dessa forma, diminuiu a formalização dos contratos de trabalho e aumentou sua informalidade. O crescimento maior do emprego, a partir de 1990, deu-se, fundamentalmente, nos serviços domésticos e no comércio informal.

Os dados do Quadro 1.3 merecem alguns comentários. O leitor pode observar que as tendências entre os dados de 1991 e de 2002 são semelhantes:

i. quanto ao PIB: em todos os países a participação da agricultura diminui, mas em menor intensidade no Paquistão (em face de sua precária industrialização) e no Brasil, em

Quadro 1.3 Participação setorial no PIB e no emprego

	PIB (%)									EMPREGO (%)								
	1960			1991			2002			1960			1991			2002		
	I	II	III	I	II	III	I	II	III	I	II	III	I	II	III	I	II	III
EUA	4	39	57	2	33	65	1	22	77	8	34	58	3	29	68	2	22	76
Japão	13	43	44	3	42	55	1	31	68	30	29	41	6	34	60	5	29	66
Itália	13	41	46	4	33	63	3	28	70	33	37	30	10	31	59	5	32	63
Brasil	20	32	48	10	39	51	8	28	64	52	13	35	23	23	54	15	20	65
México	17	31	52	9	30	61	4	27	69	54	19	27	27	23	50	18	25	57
Paquistão*	40	20	40	26	25	49	24	23	53	57	17	26	47	20	33	42	21	37

Fonte: ONU-Cepal, OECD, BIRD, OIT
(*) PIB 1965; emprego: 1973

face da grande retomada das exportações primárias e da quase estagnação de sua indústria. Nos desenvolvidos, essa trajetória é a normal, histórica, de uma longa redução relativa desse setor. Mas, no que se refere à redução da indústria, ela resulta, em parte, do grande avanço da produção e diversificação de serviços modernos, e, em menor parte, de uma má performance industrial. O aumento da participação dos serviços, nos subdesenvolvidos, decorre da redução efetiva do peso da indústria e da proliferação de atividades de baixa produtividade, a maioria informais;

ii. quanto ao emprego: na agricultura, a revolução tecnológica absorvida e o predomínio de culturas que requerem pouco trabalho fizeram avançar ainda mais sua queda. Na indústria, nos desenvolvidos a redução é explicada pela forte introjeção tecnológica e pelo já referido aumento da produção de serviços. Nos subdesenvolvidos, tanto pela tecnologia moderna quanto, principalmente, pela adoção de políticas neoliberais, que constrangeram o crescimento industrial. O crescimento em serviços decorre das razões já mencionadas, diferentes entre os desenvolvidos e os subdesenvolvidos. Nestes, o aumento da participação se explica pelo fato de o setor terciário ter-se convertido em verdadeira válvula de escape para o desemprego e o subemprego, com o grande aumento de ocupações domésticas e de serviços informais, compensando a enorme redução do emprego agrícola e industrial.

Assim, as políticas neoliberais implementadas com esta Terceira Revolução Industrial trouxeram um fato novo para os países subdesenvolvidos mais industrializados (Brasil, México e Argentina, na América Latina): o do desemprego aberto em escala crescente e da retomada do subemprego.

1.3.1 Os fluxos do aparelho produtivo: o produto e a renda

O aparelho produtivo gera um montante de bens e serviços que, como já vimos, constitui-se de bens intermediários e de bens finais (de consumo e de capital). A este *fluxo real* de produção de bens finais denominamos *produto*, não se computando, nessa produção, a utilização de bens intermediários.[12] Como contrapartida a esse fluxo real, o aparelho produtivo gera também um *fluxo nominal*, que constitui a *renda* do sistema. Tal fluxo compreende o pagamento que o aparelho produtivo faz aos proprietários dos "fatores" produtivos utilizados durante o processo de produção: *salários e ordenados* aos proprietários do "fator" trabalho, que são os próprios *trabalhadores* (organizadores e executores da produção); *juros, lucros e aluguéis* aos proprietários do capital e dos recursos naturais. Os dois fluxos encontram-se finalmente no *mercado*, no qual os detentores de renda tentarão satisfazer suas necessidades adquirindo a corrente de bens e serviços finais produzidos pelo aparelho produtivo. O *fluxo nominal* nada mais é do que a *demanda*, e o fluxo real é a *oferta*.

---

[12] Estamos aqui fazendo mais uma abstração: a de que toda a produção de bens intermediários foi utilizada no processo produtivo e, portanto, não houve "sobras", isto é, não houve acumulação de estoques desses bens.

CAPÍTULO 2

A ECONOMIA DE MERCADO
(ORIGEM E DESTINO DA PRODUÇÃO)

No Capítulo 1 fizemos certas abstrações, algumas das quais explicitadas. Manteremos também neste capítulo a simplificação da "não existência" do governo, bem como da "não abertura" da economia. Todavia, incluiremos algumas variáveis e relações – como os preços e a inversão líquida –, sem, contudo, abandonar a abordagem estática que estamos adotando nessas primeiras incursões à análise do sistema econômico.

Por questões meramente didáticas, algumas definições e conceitos mais complexos não serão apresentados aqui, mas deverão ser explicados em aula, pelo professor. Já neste capítulo, o estudante passa a ter contato com os chamados "agregados" e "médias" macroeconômicos: a Renda, o Produto, o Dispêndio, a Inversão etc., bem como se inicia no estudo das relações de interdependência estrutural do sistema, mediante uma visão rápida e bastante simplificada da matriz de insumo-produto.

2.1 O processo de produção

Nas páginas anteriores vimos *quem* organiza e executa a produção, mediante a interação dos "fatores" produtivos nas unidades produtoras. Aqui estudaremos *como* se desenvolve esse processo produtivo e analisaremos algumas de suas principais implicações. Em sociedades mais antigas, o "como fazer" era um "dado" no sistema. As inovações técnicas ocorriam em períodos muito longos e era muito reduzido o acervo de instrumentos auxiliares – bens de capital – de que dispunha o homem. Portanto, o conhecimento técnico-científico – ou seja, a *tecnologia* – de que o homem dispunha, em sendo precário e reduzido, não lhe oferecia muitas *alternativas de produção*.

Em fins do século XVIII a invenção da máquina a vapor de Watt e no início do século XIX o navio a vapor de Fulton seriam os principais indicadores da Primeira Revolução Industrial que então se processava no mundo, e, na segunda metade desse século, o motor à explosão, a eletricidade, o telégrafo e o maior uso de ciência na produção marcaram a Segunda Revolução Industrial, abrindo imensas perspectivas aos métodos de produção, transportes e comunicações. De lá para cá, as inovações técnicas ocorreram mais rapidamente, em todos os campos da produção, e, o que é muito importante, o período entre suas descobertas e suas aplicações econômicas vem diminuindo rapidamente, fazendo que os homens tenham sempre diante de si uma gama cada vez maior de alternativas de produção, com o que buscam atingir o *máximo de produto* com o *mínimo de custo*.

O quadro a seguir é elucidativo dessa defasagem.

Desde 1957 se dá a "corrida do espaço", com o lançamento do primeiro *Sputnik* (o primeiro satélite colocado no espaço pela URSS), cujo feito foi ampliado pelo primeiro voo espacial de Gagarin em 1961. Desde 1959 se conhece o circuito integrado; a fibra ótica e o laser se desenvolvem em 1969 e o microchip se dissemina a partir da década de 1970.

A partir de meados da década de 1970 nova bateria de novidades foi sendo introduzida nos processos produtivos e no consumo, sobretudo por meio da microeletrônica e da informática, com os novos circuitos integrados, que dão a base para a Terceira Revolução Industrial, da qual podemos citar as fibras ópticas e os satélites nas telecomunicações, o controle numérico e a automação em bens de capital, o videocassete, o fax, o forno de micro-ondas etc.

Quadro 2.1

Invento	Ano da descoberta	Ano da aplicação	Nº de anos
Motor elétrico	1821	1886	65
Tubo de vácuo	1882	1915	33
Rádio	1887	1922	35
Tubo de raios X	1895	1913	18
Reator nuclear	1932	1942	10
Radar	1935	1940	5
Bomba atômica	1938	1945	7
Transistor	1948	1951	3
Bateria solar	1953	1955	2
Matérias plásticas	1955	1958	3

Fonte: OCDE – *The Requirements of Automated Jobs*, 1965.

Tais inventos e aperfeiçoamentos proporcionaram a "revolução da microeletrônica". O tempo de disseminação das novas invenções só não é ainda menor do que tem sido pelo fato de que a maior parte delas, na verdade, não é estritamente de produtos novos, mas sim de produtos que substituem antigos, embora esta substituição sempre implique sucateamento dos velhos, o que significa destruição de capital. Entretanto, à medida que decorre certo tempo desde a invenção, o aperfeiçoamento desta e o aumento de sua demanda (e da própria produção) tendem a diminuir os custos, o que torna os produtos mais acessíveis a novos consumidores.

As inovações tecnológicas, ao alterar a produtividade média (relação entre as quantidades de produto que se pode fazer e o emprego de uma unidade de trabalho, de capital, de terra ou de qualquer outro meio de produção) dos elementos constitutivos do processo produtivo, modificam as proporções do uso daqueles "fatores", liberando quantidades de trabalho não qualificado e requisitando cada vez mais maior inversão de capital.

Desse modo, põem-se novamente em confronto as nações subdesenvolvidas, uma vez que estas, em geral, contam com abundância de mão de obra e escassez de capital e difícil acesso às modernas tecnologias, o que as torna ainda mais dependentes do grupo privilegiado dos países ricos, que são os maiores criadores e detentores de tecnologia. Este crucial tema, entretanto, não pode aqui ser discutido em maior profundidade, estando inserido na chamada Teoria do Desenvolvimento Econômico.

As quantidades de "fatores" e o tipo e a quantidade de matérias-primas a serem utilizados na produção de um determinado bem ou serviço podem variar, sempre que, para a produção de um bem "x", existam alternativas técnicas de produção. Exemplifiquemos com o caso da produção de pães: muito embora o processo de produção de pão utilize sempre a combinação farinha/água/sal, ele pode, p. ex., empregar: a) distintas matérias-primas, isoladas ou misturadas: trigo, batata, mandioca, milho etc.; e b) diferentes graus de utilização de capital: forno a lenha ou elétrico, modernas máquinas para preparação da massa ou modestos recipientes de operação manual.

O transporte ferroviário, por exemplo, poderá ser de bitolas largas ou estreitas, elétrico, diesel ou a vapor. A siderurgia pode utilizar lenha, carvão, eletricidade, gás etc. Um banco, para seus serviços contábeis, poderá valer-se de utilização maciça de mão de obra (como o fazia até a década de 1950), ou simplesmente reduzi-la mediante a instalação de um computador eletrônico e de intensificada automação de processos, como atualmente. Semelhante afirmação pode ser feita sobre as atividades primárias, em que a aplicação de fertilizantes, irrigação, eletrificação rural, silos e armazéns, equipamento frigorífico etc. permite uma série de combinações de produção.

Dada determinada técnica de produção, dela deriva de imediato a chamada *função de produção*, que nada mais é do que a "receita" para a produção de um determinado bem. Essa função especifica as quantidades de fatores e insumos necessárias à produção de certa quantidade de um determinado bem, em razão de dada técnica. Simbolicamente, seria: P = f (TQ, TNQ, RN, K, matérias-primas...)

Tomada, por exemplo, a produção siderúrgica, ela expressaria: horas/homem de TQ, horas/homem de TNQ, horas/máquina, litros de água, quantidades de minério, quantidades de carvão etc. por tonelada de aço produzido. Essa seria uma função de produção expressa em termos *físicos* ou *materiais*; se multiplicássemos, entretanto, as quantidades de insumos por seus respectivos preços ou custos, obteríamos então uma expressão também quantitativa, não mais em termos físicos, mas em valores, em custos. Dada função de produção revela, pois, implícita ou explicitamente, a tecnologia adotada no processo produtivo.

Os organizadores da produção, escolhendo determinada técnica, contratam os fatores de produção e adquirem de outras unidades produtoras os bens intermediários – ou *insumos* – de que necessitam. Assim, a siderurgia adquire das unidades produtoras de mineração o minério e o carvão de que necessita, da mesma forma que vende às unidades produtoras metalúrgicas os lingotes de aço ou as chapas laminadas que produz. As unidades produtoras, portanto, ensejam a existência de uma *demanda e de uma oferta intermediária* no seio do aparelho produtivo, que agregadamente se denominam *transações intermediárias*.

Ao contratar o uso dos fatores de produção, os organizadores adquirem o que se denomina "*serviços de fatores*", ou seja, a prestação de serviço de trabalho e a utilização do capital e dos recursos naturais. Essa prestação de serviços pelos fatores de produção – o *fluxo real de serviços de fatores* – tem como contrapartida nominal o pagamento aos detentores desses fatores, ou seja: *salários e ordenados* ao trabalho, "*aluguéis*" aos recursos naturais e juros e lucros ao capital.[1] A soma desses rendimentos constitui o *fluxo nominal de renda* da comunidade.

Contudo, a corrente de bens e serviços *finais* produzidos pelo aparelho produtivo denomina-se *Produto* ou fluxo real de bens

---

[1] Os lucros, tal como figuram, comportam parcela chamada *depreciação*, que na realidade não se constitui em um rendimento líquido aos proprietários do fator capital (ou dos recursos naturais, como no caso das parcelas de esgotamento de jazidas), pois se destina a repor o desgaste sofrido durante o processo produtivo.

e serviços que, calculado de outra forma, nada mais é do que a soma dos valores de todos os bens e serviços (finais ou não) produzidos pela nação – ou seja, o *Valor Bruto da Produção* –, *deduzidos* os gastos totais com a aquisição de *insumos*.[2]

Simbolicamente: P = VBP – insumos

O fato de não se computar como produto os bens intermediários tem como escopo a eliminação da chamada "dupla contagem" na produção de um país. Exemplifiquemos isto supondo que em um hipotético país se produzisse apenas um só bem: pão. Em seguida, suporemos que a produção de pão está dividida em etapas distintas (agricultura, moagem e panificação) exercidas por três unidades produtoras: a fazenda, o moinho e a padaria. A fazenda produz trigo, utilizando como insumos apenas sementes; o moinho usa trigo como insumo, que lhe é vendido pela fazenda, e fabrica farinha, que é vendida à padaria; finalmente, o padeiro produz o pão e o vende aos consumidores. Poderíamos quantificar essas atividades atribuindo valores hipotéticos a cada uma delas:

Quadro 2.2

Atividades	Gastos com insumos	Pagamentos a fatores de produção	Valor das vendas
Fazenda	10	20	30
Moinho	30	40	70
Padaria	70	90	160
Gastos e vendas totais	110	150	260

---

[2] Chamamos a atenção para o fato de que estamos tratando de um modelo fechado e estamos abstraindo a acumulação (e suas variações positivas ou negativas) de bens intermediários, ou seja, a *Variação de Estoques* de insumos.

Somadas as etapas dos três estágios, como computaríamos o Produto e a Renda da comunidade? Se tomássemos o valor das vendas, obteríamos $ 260. Entretanto, observe-se que as vendas do moinho (70) incluíram duplamente o valor das vendas da fazenda (30) e, portanto, ele gerou uma Renda e um Produto de apenas 40. Da mesma forma, no valor das vendas (ou valor bruto da produção) da padaria, o trigo e a farinha estão computados duas vezes cada um. Eliminadas, portanto, as transações intermediárias, teríamos: VBP − insumos = P = 260 − 110 = 150.

Estamos agora em condições de explicar que o valor do Produto é igual ao da Renda não por uma simples coincidência, mas porque, na realidade, a Renda nada mais é do que a contrapartida nominal do Produto. Visto de outra forma, a *soma dos pagamentos aos fatores da produção, ou seja, o valor agregado*, constitui o esforço produtivo adicionado em cada atividade de produção, não contendo, portanto, contagem duplicada de valores gerados em outras atividades. Chamando a Renda de Y, temos agora:

Renda = Soma dos rendimentos (salários, ordenados, lucros, juros, aluguéis): Y = SO + L + J + A

e de outra forma: Renda = Produto: Y = P

Essa avaliação do esforço produtivo de uma nação torna-se mais evidente se nos valermos da chamada matriz de insumo-produto. Suponhamos agora um exemplo também hipotético, porém envolvendo todos os compartimentos produtivos tratados neste capítulo.

Quadro 2.3

    I. Setor primário
        a) gastos com insumos
- sementes   5
- produtos químicos   15   20

b) pagamentos a fatores
- salários e ordenados 25
- juros 3
- aluguéis 30
- lucros 22   80

valor das vendas = VBP   100

II. Setor indústria

a) gastos com insumos
- matérias-primas agrícolas 25
- insumos industriais 20
- transp., seguros 15   60

b) pagamentos a fatores
- salários e ordenados 20
- juros 5
- aluguéis 5
- lucros 30   60

valor das vendas = VBP   120

III. Setor serviços

a) gastos com insumos
- insumos industriais 5
- transporte, seguro, publicidade 5   10

b) pagamentos a fatores
- salários e ordenados 30
- juros 7
- aluguéis 10
- lucros 23   70

valor das vendas = VBP   80

Com os dados apresentados já nos é possível fazer um cálculo da Renda e do Produto, bem como ter uma primeira noção de como se inter-relacionam os setores produtivos e, portanto, avaliar o grau de interdependência estrutural do sistema. Somados os valores de vendas setoriais (100 + 120 + 80) totalizamos o valor bruto da produção do sistema: 300. Se, desse valor, deduzirmos o total de gastos de insumos (20 + 60 + 10) encontraremos o Produto: 300 – 90 = 210. Todavia, somados os pagamentos efetuados aos fatores da produção (80 + 60 + 70) encontraremos 210, que é o montante da Renda gerada.

O gasto com a compra de insumos permite-nos analisar o impacto exercido por um setor sobre os demais. Assim, o setor industrial, por exemplo, para gerar uma produção bruta de 120, adquiriu 25 da agricultura (algodão, lã, gado, madeiras etc.), demandou 20 dele mesmo (chapas de aço, produtos químicos, borracha, materiais de construção, lâmpadas etc.), adquirindo ainda 15 de serviços vários (transporte, publicidade, seguro etc.).

Restaria ainda mais uma indagação: que parte do Valor Bruto da Produção, de cada um dos setores, se constitui de bens e serviços finais? A compra que o setor I faz ao setor II equivale à venda que o setor II faz ao setor I. Assim, façamos a soma dessas vendas setoriais. O setor I, por exemplo, vendeu: a ele mesmo, 5 de sementes; ao II: 25 de matérias-primas, e nada vendeu ao setor III, totalizando, pois, em 30, suas *vendas intermediárias*. Deduzidas essas vendas do total da produção bruta, encontraremos (100 – 30) 70, que significa suas vendas de bens para Consumo final ou Investimento. O mesmo cálculo daria-nos vendas intermediárias de 40 e 20 e vendas finais de 80 e 60 dos setores II e III, respectivamente.

Cabe agora uma advertência: o valor agregado (soma dos pagamentos aos fatores de produção) *de um setor somente por coincidência numérica seria igual a seu produto final*. Comparemos os dados de nosso exemplo hipotético entre o valor agregado e as vendas finais: Setor I: 80 e 70, setor II: 60 e 80, setor III: 70 e 60. Isto se explica pelo fato de que existem atividades produtivas que se apresentam, mais do que outras, como produtoras de bens e serviços finais. Por exemplo, se o setor primário produzisse apenas trigo utilizado pelos moageiros, não apareceria como vendedor de produto final (vendas finais iguais a zero), apresentando, entretanto, uma renda gerada pelo pagamento aos fatores da produção utilizados na produção de trigo.

Assim sendo, falar-se de *produto setorial* não tem maior significação econômica e, portanto, isso só passa a ter sentido quando falamos de *valor agregado setorial*. De outra forma, *o conceito de produto somente é válido para o conjunto da economia*, quando, e só então, se dá a identidade do Produto e da Renda.

Para concluir nosso exemplo, suponhamos que a produção de bens finais de cada setor esteja dividida em bens e serviços de consumo e de capital, com os seguintes valores, segundo os setores: setor I: 70 e zero; setor II: 50 e 30; setor III: 60 e zero. Completados esses dados, vamos agora colocá-los em uma representação matricial como a figura anexa, supondo finalmente que os gastos com depreciação dos equipamentos foram de 2 para o setor I, 5 para o setor II e 3 para o setor III. Isso nos obriga a deduzir do montante de lucros setoriais e totais essas parcelas de depreciação, com o que os lucros passarão a ter o caráter de *lucros líquidos*, ou seja, lucros brutos menos depreciação.

O esquema gráfico apresentado compreende, na realidade, três matrizes distintas: a *matriz de transações intermediárias*, representada pelas compras e vendas de insumos; a *matriz de rendimentos*, representada pelos pagamentos aos fatores da produção, e a *matriz da demanda final*, compreendendo o produto, ou, ainda, a produção final de bens e serviços de consumo (C) e de capital para investimento (I). Assim, distinguimos agora três agregados significativos do esforço produtivo nacional:

i) a *Renda Interna Bruta*: ou *valor agregado bruto*, ou somatório dos pagamentos aos fatores da produção, inclusive a depreciação;
ii) o *Produto Interno Bruto*: a produção física de bens e serviços finais avaliada aos preços vigentes no mercado; e
iii) a *Despesa Interna Bruta*: significando o dispêndio que a comunidade faz ao utilizar a renda na aquisição do produto (compras de bens de consumo e de bens de capital).

2.2 O destino da produção

O *fluxo real* de bens e serviços finais, distribuído agora em dois grandes itens – bens e serviços de consumo e bens de capital –,

Quadro 2.4 Matriz de insumo-produto de uma economia hipotética ($%)

Vendas ou "saídas" \ Compras ou "entradas"	Demanda intermediária (transações intermediárias)				Demanda final — Vendas de serv., de consumo e de capital			Valor bruto da produção
	Setores			Total D	Consumo (C)	Capital (I)	Total DF (C+I)	VBP
	I	II	III					
Setor I	5	25	–	30	70	–	70	100
Setor II	15	20	5	40	50	30	80	120
Setor III	–	15	5	20	60	–	60	80
Total Di	20	60	10	90	180	30	210	300
Salários e ordenados	25	20	30	75				
Juros	3	5	7	15				
Aluguéis	30	5	10	45				
Lucros líquidos	20	25	20	65				
Depreciação	2	5	3	10				
Total do valor	80	60	70	210				
VBP	100	120	80	300				

é enviado pelas unidades produtoras ao mercado, com a finalidade, de um lado, de vender a produção e com isso obter um montante de receitas monetárias capaz de saldar os gastos gerais da produção e remunerar os fatores, e, de outro, atender à demanda existente no mercado.

Como os bens e os serviços de consumo têm finalidade distinta da dos bens de capital, uma vez que eles se destinam à satisfação imediata de necessidades humanas, enquanto os outros se prestarão à produção futura de outros bens (de consumo, intermediários, ou mesmo de capital), o fluxo real se divide em dois – o de consumo (C) e o de capital (I), dirigindo-se o primeiro ao *mercado de bens e serviços de consumo, e o segundo ao mercado de bens de capital*. Tais mercados, repetimos, são marcadamente diferenciados quanto à natureza dos produtos, à tipologia do comprador (consumidores e inversionistas), às formas de comercialização e distribuição etc.[3]

Por se tratar de uma demanda bastante atomizada, no que diz respeito a unidades compradoras (número de consumidores), os preços vigentes no mercado de bens e serviços de consumo são, fundamentalmente, determinados pelas unidades produtoras, seja por fixação pelas empresas-líderes, seguida pelas demais, por um acordo entre as principais, ou por outras formas derivadas do conhecimento e do "poder de mercado". Nunca serão, contudo, produto das decisões dos "votos dos consumidores" representados por suas compras, que explicitariam o que a teoria convencional chama de "preferência do consumidor", refletida no resultado da intersecção de curvas de oferta e de demanda.[4]

Os preços, basicamente, refletem os custos de produção e o montante esperado (ou desejado) de lucros pelas unidades produtoras. Sofrem ainda importante influência decisória por parte

---

[3] A análise de mercados, reações dos compradores e vendedores, formação dos preços e tipos de concorrência são temas tratados pela Teoria Microeconômica. Aqui e em outros capítulos, discutiremos apenas os problemas mais relacionados ao objetivo deste curso.

[4] Em capítulos seguintes, retomaremos esse assunto.

de grupos manipuladores da oferta, que controlam o mercado. No entanto, cumpre ainda adicionar que é no mercado de bens e serviços de consumo que a publicidade e a propaganda têm seu campo mais fértil para a orientação e canalização da demanda.

No tocante ao mercado de bens de capital, o destino desse fluxo, como já dissemos, é a sua reincorporação ao aparelho produtivo, primeiro para repor a parte desgastada do capital (a depreciação), o que se denomina *investimento de reposição*, a parte restante destinando-se a ampliar o estoque de capital da comunidade, aumentando, portanto, a capacidade produtiva do sistema: trata-se do chamado *investimento líquido*. A soma dessas duas parcelas constitui o total das inversões do sistema[5] e se denomina *investimento bruto*. Assim, IB = IR + IL.

Examinemos agora o destino do *fluxo nominal*. Como vimos, ele é constituído de diferentes formas de renda que correspondem a diferentes formas de propriedade. Podem elas ser agrupadas sob a forma de *rendas do trabalho* (salários e ordenados) e *rendas da propriedade* (lucros, juros e aluguéis). Esse agrupamento de rendas assim classificadas é o que se denomina *repartição funcional da renda*.

Uma parte dessas rendas é imediatamente dirigida ao mercado de bens e serviços de consumo, no qual, de acordo com os níveis absolutos e relativos de rendas, e em decorrência dos preços estabelecidos nesse mercado, os consumidores buscarão a satisfação de suas necessidades, segundo um critério de prioridade – alimentação, vestuário, saúde etc. Satisfeitas suas necessidades fundamentais, podem ainda dedicar uma fração (grande ou pequena, na razão direta de seus volumes de rendimento) dessa mesma parcela de renda à aquisição de bens e serviços de luxo, diversificando, portanto, seu consumo.

A parcela restante da renda – a que não é dedicada ao consumo – denomina-se *poupança* (S). A poupança compreende, de um lado, o fluxo de rendimentos não dedicados ao consumo e outros tipos de rendimentos que, embora pertençam às famílias

---

[5] Mais uma vez chamamos a atenção para o fato de que estamos abstraindo a existência dos estoques e de suas variações.

(proprietárias de capital e de recursos naturais), permanecem retidos nas unidades produtoras: referimo-nos às chamadas *reservas para depreciação* e ao montante de lucros gerados mas não distribuídos, ou seja, os chamados *lucros retidos pelas empresas*.

Assim, pela ótica de sua utilização a renda pode ser dividida em duas partes: consumo (C) e poupança (S), do que se pode enunciar: Y = C+S.

Satisfeitas suas necessidades de consumo, os detentores de poupanças tentarão aplicar essa fração sobrante em títulos de propriedade (ações de empresas, p. ex.), títulos de empréstimo público ou privado, depositando em bancos e outras entidades financeiras etc. No caso dos proprietários-administradores de suas empresas, podem ainda, diretamente, aplicar parte de seus lucros na aquisição de novos equipamentos e instalações.

Nem toda poupança, como vimos, estará em poder do público, permanecendo em poder das unidades produtoras. A fim de que possam então adquirir os bens de capital que necessitam para reposição e acréscimo de capacidade produtiva, os organizadores da produção dirigem-se aos intermediários financeiros (bancos, bolsas de valores, caixas econômicas etc.) vendendo títulos de propriedade (ações) ou tomando empréstimos, fazendo que, desta forma, a parte da poupança que estava em poder das famílias se canalize, via intermediários financeiros, aos organizadores da produção.

De posse do total poupado pela comunidade (isto é, da poupança que circula das famílias aos intermediários financeiros mais as rendas retidas nas próprias unidades produtoras), os organizadores da produção dirigem-se finalmente ao mercado de bens de capital, adquirindo o fluxo real de bens de capital, ou seja, dando início ao chamado processo de inversão.

Retomando agora as equações do Produto e da Renda, fica ressaltada a identidade *Poupança = Investimento:*[6]

---

[6] Essa identidade, contudo, como realçou Keynes, só se dá *ex post*, isto é, após a realização plena de "um período de produção-realização de renda". Em aula o professor deverá esclarecer mais os alunos, sobre esse crucial assunto.

1) P = Y
2) P = C + I
3) Y = C + S
4) S = I

Dissemos, quanto ao investimento líquido, que ele aumenta a capacidade produtiva do sistema. Convém agora esclarecer que tal aumento de capacidade não se traduzirá apenas em um crescimento do produto e da renda em período futuro, mas, provavelmente, provocará algumas modificações qualitativas de importância, a longo prazo: modificações na estrutura produtiva, nos níveis setoriais e médios de produtividade, no emprego etc.

Contudo, cumpre também mencionar o fato de que, nos países subdesenvolvidos, algumas partes de seu território permanecem "à margem" da economia de mercado, não sendo, portanto, tão afetadas pelo uso da moeda. Assim sendo, não há em tais compartimentos uma circulação única de fluxos nominais e reais, traduzindo-se parte da poupança também em termos de horas de trabalho que não são dedicadas à produção para consumo, mas sim para produção ou manutenção de capital: conservação e reparos de cercas, moradias, pastagens, implementos agrícolas etc. Esse fato hoje é menos frequente, graças à maior monetização das trocas, ampliação de meios de circulação de bens, serviços e finanças etc. Finalizando, a despeito da identidade poupança/investimento apresentada, ela na realidade se constitui em um complexo problema discutido pela Teoria Econômica – mais especificamente, pela Teoria Keynesiana –, não havendo condições de discuti-la neste texto.

CAPÍTULO 3

A CIRCULAÇÃO EM UMA ECONOMIA DE MERCADO

A análise das atividades econômicas pode ser feita através de três prismas distintos, porém interconectados:

i) a *produção* de bens e serviços;
ii) a *circulação*, ou seja, a forma pela qual o fluxo real de bens e serviços – o *produto* – e o fluxo nominal de rendimentos – a *renda* – transitam pelo sistema, encontrando-se e interconectando-se com suas contrapartidas: o fluxo nominal de gastos, com a aquisição de bens e serviços – a *despesa* – e o fluxo real da prestação de "*serviços de fatores*" utilizados no processo produtivo;
iii) a *repartição*, que estuda a forma pela qual a renda se distribui entre os detentores dos "fatores produtivos" e ainda a maneira pela qual o produto social é apropriado pela comunidade.

Nos Capítulos 1 e 2 estudamos a forma pela qual é realizada a atividade produtiva; quanto à repartição, dada sua grande complexidade, será estudada mais adiante, em capítulo específico.

Da mesma forma como fizemos nos capítulos anteriores, raciocinaremos aqui utilizando as seguintes abstrações:

a) trata-se de um modelo de "economia fechada";
b) será ignorada a atuação governamental;
c) a economia é estacionária, não havendo expansão ou contração da capacidade produtiva.

Esta última simplificação implica basicamente que a produção de bens de capital compreende apenas o investimento de reposição, com o que daremos a essa produção o mesmo tratamento dispensado às matérias-primas, ou seja, seu uso significará, na realidade, um "insumo de capital" e sua compra e venda será nada mais do que uma transação intermediária. Assim, a renda será totalmente disponível para consumo, e a poupança (apenas para financiar o investimento de reposição) fica previamente nas mãos das unidades produtoras, mantendo-se assim a identidade poupança-investimento.

3.1 O processo circulatório

Dissemos anteriormente que a economia de mercado atinge hoje um alto nível de complexidade e, obviamente, o processo circulatório em tal sistema torna-se igualmente difícil de ser apreendido. Em face disto, usemos um "modelo abstrato" de uma economia primitiva na qual:

a) os recursos naturais são "livres", no sentido de não serem objeto de propriedade e de preço – seu uso é distribuído racionalmente entre todos os membros de tal coletividade;
b) os instrumentos auxiliares de produção – o capital – são igualmente objeto de uso comum, como em uma cooperativa;
c) essa sociedade não tinha até então descoberto a moeda, e, portanto, as trocas eram feitas em espécie, não entre indivíduos, mas sim entre grupos de indivíduos dessa comunidade;

d) por decisão institucional, a comunidade distribui as tarefas de produção entre seus membros;
e) a repartição do fluxo real de bens e serviços – decidida coletivamente – tem dois destinos:
e^1) o fluxo de bens de capital é incorporado ao estoque de capital da comunidade;
e^2) os bens e serviços de consumo são distribuídos entre todos os membros da coletividade, de forma a satisfazer as necessidades individuais e coletivas.

Assim sendo, vejamos o circuito do fluxo real em tal sistema: seu início dá-se precisamente junto às famílias, que, utilizando seus instrumentos de produção e os recursos naturais coletivos, utilizam sua força de trabalho no aparelho produtivo.

Neste, dá-se a chamada "materialização do trabalho", pela manipulação dos insumos, dos recursos naturais e do capital, gerando-se então um fluxo real de bens e serviços.

O terceiro "momento" da caminhada desse fluxo vai coincidir com a distribuição desses bens entre os membros da coletividade, "alimentando" não só os membros ativos mas também aqueles que, por quaisquer razões, não podem despender esforço físico ou intelectual na produção.

Esse último ato – o da "alimentação" – nada mais é do que o consumo e/ou utilização do resultado da materialização do trabalho, pois alimentando-se os homens ou provendo-lhes os instrumentos de produção, é possibilitada a essa comunidade a manutenção de sua força de trabalho e de todos os seus demais membros, com o que mantém-se a força produtiva da comunidade, podendo novamente o "fluxo real" caminhar em direção ao aparelho produtivo, para uma nova geração de bens e serviços.

O gráfico 3.1 tenta, sinteticamente, demonstrar o "circuito" do fluxo real nessa primitiva economia. Deixemos de lado agora esse modelo altamente simplificado e voltemos à concepção moderna da economia. De início, cabe mencionar duas variáveis importantes: os preços e a moeda. Na economia moderna, os preços e a moeda desempenham papel fundamental, os primeiros sendo o termo de relação de troca entre as mercadorias e o se-

Gráfico 3.1   Fluxo real da produção de bens e serviços de consumo

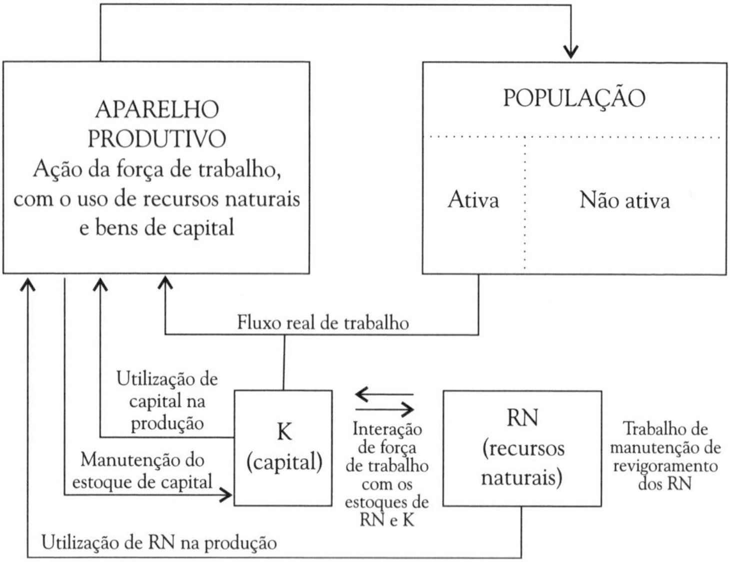

```
                              ┌──────────────┐
                              ▼              
┌─────────────────────┐   ┌──────────────────────┐
│   APARELHO          │   │     POPULAÇÃO        │
│   PRODUTIVO         │   │ ......................│
│ Ação da força de    │   │                      │
│ trabalho, com o uso │   │  Ativa  │  Não ativa │
│ de recursos naturais│   │         │            │
│ e bens de capital   │   │                      │
└─────────────────────┘   └──────────────────────┘
   ▲  ▲  ▲
   │  │  └──── Fluxo real de trabalho ────┐
   │  │                                    │
   │  │   Utilização de                    │
   │  │   capital na                       │
   │  │   produção      ┌─────┐  ⇄   ┌──────────┐
   │  │                 │  K  │Inter-│   RN     │  Trabalho de
   │  │  Manutenção do  │(cap)│ação  │(recursos │  manutenção de
   │  └──estoque de     │     │de    │naturais) │  revigoramento
   │     capital        └─────┘força │          │  dos RN
   │                           traba └──────────┘
   │                           lho
   │                           com
   │                           estoq
   │                           RN e K
   └─── Utilização de RN na produção ──┘
```

gundo, o *meio* pelo qual a economia deixa de trocar mercadorias, para trocar mercadorias por dinheiro e dinheiro por mercadorias, simplificando bastante o ato da troca econômica.[1]

Vejamos então como se dá a circulação na economia moderna. De início, cabe mencionar que a todo fluxo real corresponde um fluxo nominal, transitando em sentido inverso ao fluxo real; o ato da venda, por exemplo, significa um fluxo real (saída de mercadorias) e um fluxo nominal (entrada de dinheiro).[2]

---

[1] O papel desempenhado pela moeda no sistema econômico será discutido em capítulo específico, mais adiante.

[2] A afirmação de contrapartida é negada tão somente no tocante às chamadas "transações unilaterais", como os donativos e as transferências, que significam apenas um ato de redistribuição de renda e não um ato de geração de renda, ou de transação mercantil.

A comunidade como um todo será doravante chamada de "conjunto das famílias". As famílias, portanto, são os proprietários dos "fatores" de produção: os trabalhadores, como donos da força de trabalho, e os demais proprietários, que são os detentores de capital e recursos naturais. As famílias cedem, emprestam ou vendem os chamados serviços de fatores – a força de trabalho, o uso de capital e dos recursos naturais –, por meio do "mercado de serviços", às unidades produtoras, mediante o pagamento monetário que se estabelece por intermédio dos chamados *preços dos serviços dos fatores* que nada mais são do que: a taxa de salários, a taxa de juros, lucros, aluguel ou renda proveniente da cessão do uso dos recursos naturais.[3] Dá-se, já aqui, um fluxo real (prestação de serviços de fatores) e um fluxo nominal contrário – a renda –, representando o total dos pagamentos aos fatores da produção.

Já dentro do aparelho produtivo os serviços prestados pelos fatores de produção, ao manipular e transformar os insumos, geram um fluxo real de bens e serviços que será dirigido ao *mercado de bens e serviços de consumo*, no qual, mediante o sistema de preços existentes – preços esses estabelecidos pelas unidades produtoras, ao calcular seus custos de produção e sua taxa de lucro –, são trocados pela massa monetária que constitui o fluxo nominal pertencente às famílias (a renda), com o objetivo, de um lado, de atender à demanda da comunidade e, de outro, de obter recursos monetários suficientes para engendrar um novo ciclo produtivo: nova contratação de serviços de fatores e nova compra de insumos. Deve-se ter presente que estamos tratando de um sistema estacionário, não havendo, portanto, produção de bens de capital para inversão líquida, sendo o investimento de reposição tido como insumo de capital e não havendo assim um *mercado de bens de capital*.

Em outros termos, o aparelho produtivo executa três atividades inter-relacionadas: exerce a *demanda de serviços de fatores* (fluxo real e fluxo nominal), efetua compras e vendas de insu-

---

[3] O lucro não pode ser entendido como o "preço" do capital. Ele é, na verdade, resultado da produção, compra e venda de bens e serviços, no capitalismo. A Teoria Econômica tem várias versões sobre o conceito do lucro.

mos "que não vão a mercado", ou seja, as chamadas *transações intermediárias* (fluxos real e nominal) e ainda, depois de efetuar a produção, *oferta* o produto de bens finais no mercado de bens e serviços de consumo. As famílias, no entanto, *ofertam* seus serviços de fatores (ou o uso de suas propriedades) e *demandam* bens e serviços de consumo, gerando assim, respectivamente, um fluxo real e um nominal.

Estaticamente, a oferta de serviços de fatores poderia ser considerada o "início" da circulação e a demanda de bens e serviços o "fim" do processo; em uma visão dinâmica e real, entretanto, esse circuito nada mais é do que uma "órbita" contínua, modificada historicamente à medida que se processam alterações estruturais no sistema econômico.

Destacamos anteriormente as duas entidades bipolares do sistema, quais sejam, o aparelho produtivo, de um lado, representando o universo das unidades produtoras, e, de outro, as famílias, proprietárias dos fatores produtivos. Resta agora examinar duas outras entidades apenas mencionadas até então: o "mercado de serviços de fatores" e o "mercado de bens e serviços de consumo".

3.2 O condicionamento quadridimensional nos mercados

Antes de iniciarmos o estudo da circulação dos bens e serviços finais, cumpre ressaltar que, em razão do nosso modelo simplificado, ocultamos importante parte do circuito econômico, qual seja a das transações intermediárias, nelas incluídas, por simplificação, os "insumos de capital". Surgem, portanto, os *mercados de insumos* de matérias-primas e de capital, nos quais, entretanto, atuam apenas as empresas e não as empresas e as famílias, como no mercado de consumo. Todavia, e sob certos aspectos, essas empresas tanto exercem condicionamentos em seus mercados interiores quanto recebem condicionamentos interempresas.

Como regra geral, as determinações das condições de venda de insumos e principalmente das de bens de capital são mais rígidas, dadas as especificidades desses bens e serviços e o reduzido número de empresas que controla cada segmento desses mercados. No caso dos bens de capital, vale lembrar sua maior durabilidade e seus altos custos e a necessidade de financiamento de longo prazo para sua aquisição.

Assim, as unidades produtoras não só determinam preços, mas também se defrontam com um sistema de preços de insumos de toda ordem, em função do qual, cotejados também com os preços dos fatores – taxa de salários, taxa de juros etc. –, e com as possibilidades de determinação dos preços no mercado final, elas decidem *como* e *o que* produzir, fixando, outrossim, as *quantidades* a serem ofertadas. Em síntese, ao se defrontarem com um sistema anterior (insumos) e posterior (bens finais) de preços e com uma gama de possibilidades técnicas de produção – a tecnologia – elas escolhem, por critérios técnicos e econômicos, uma dada *função microeconômica de produção*, particular a cada unidade produtora ou a cada tipo de produto. O conjunto dessas funções, agregadas à totalidade do sistema, revelará uma (média) *função macroeconômica de produção*.[4]

Vejamos agora os condicionamentos existentes no processo circulatório.

3.2.1 Um primeiro condicionamento surge no próprio seio do aparelho produtivo, pela adoção de determinadas funções de produção. Vimos nos capítulos anteriores que a função de produção – em termos físicos – determina as quantidades de fatores a serem utilizados por unidade de produto. Estabelecem-se, pois, *coeficientes de utilização de insumos por unidade de produto*, os quais, multiplicados pelo volume físico de produto final, fixarão as necessidades fatoriais do sistema, ou, em outras palavras, determinarão a *procura de fatores*.

Até aqui, o leitor poderia imaginar que as ofertas dos diversos elementos que participam do processo produtivo são "automati-

---

[4] A análise do papel desempenhado pela unidade produtora no sistema econômico será vista no capítulo 7, "A unidade produtora e sua inserção no sistema econômico".

camente" adequadas – via mercado – às suas demandas efetivas. A partir de agora, destacaremos que isso é uma abstração da realidade, principalmente nas economias subdesenvolvidas. Com efeito, o contraste entre a disponibilidade de fatores (oferta) e suas necessidades (demanda), ditadas pelas funções de produção aplicadas no sistema, constitui o "ponto nevrálgico" socioeconômico do sistema, assunto esse, aliás, tratado pela Teoria do Desenvolvimento Econômico. Embora este texto se destine tão somente a uma iniciação à Economia, discutiremos um pouco mais esse tema.

Em um sistema econômico desenvolvido, a oferta e a procura de fatores situam-se – em condições normais de funcionamento do sistema – em uma posição, se não de "equilíbrio", pelo menos muito mais próxima dele.[5] Tal não ocorre, porém, com os países subdesenvolvidos, onde é flagrante esse desequilíbrio, principalmente no que se refere a um *excesso de mão de obra* e uma *escassez de capital*.

Entretanto, dado o atraso tecnológico vigorante nesses países, e também o regime e uso da propriedade, não raro o seu estoque de recursos naturais torna-se igualmente limitado. Se tomarmos um exemplo um tanto quanto extremado, em termos de bens absolutamente abundantes, como o ar, e bens com alto teor de escassez, como certos minérios, verificaremos que, quanto mais escassa for a oferta de um bem em um dado mercado, maior nível absoluto e relativo atingirá o seu preço, e, em sentido inverso, quanto mais abundante sua oferta, menor será seu nível de preço.

Façamos aqui um parêntese para melhor compreensão do sentido absoluto e relativo dos preços. O preço em si nada mais é do que a quantidade de moeda requisitada para a compra ou a venda de uma unidade de um bem qualquer (ou serviço) no mercado. Por exemplo, a quantidade de dinheiro necessária para comprar uma entrada de cinema, um maço de cigarros, um automóvel etc. Esta relação exprime o conceito de *preço absoluto*.

---

[5] Embora possa existir certo grau de desequilíbrio fatorial em países desenvolvidos, dado seu potencial de desenvolvimento, esse desequilíbrio pode ser superado, entre outras formas, pelas relações econômicas internacionais.

Quando, no entanto, cotejamos o preço de um bem em relação ao preço de outro bem, estamos tratando de *preços relativos*. Por exemplo, se o preço de um quilo de porco em pé é de $ 1,50 e o quilo de milho é de $ 0,50 pode-se tirar uma relação entre esses preços e dizer-se, por exemplo, que a relação de preços porco-milho é da ordem de 3:1. No exemplo citado, o criador de porcos sempre levará em consideração essa relação, ou seja, esse *preço relativo*, sobretudo quando houver alteração para mais nos preços do milho. Dito de outra forma, o preço do milho representa *custos* de produção e o preço do porco representa *receitas* que, deduzidas das despesas totais, revelarão um certo montante de *lucros*. Os preços relativos, portanto, traduzem-se em importantes indicadores para os organizadores da produção, em termos de decisões de escolha de produtos, processos técnicos, insumos e fatores a serem utilizados na produção.

Voltemos ao nosso problema da oferta e procura de fatores. Dissemos que, nos países subdesenvolvidos, há abundância relativa de mão de obra e escassez de capital. Se o sistema pudesse utilizar funções técnicas de produção que empregassem mais mão de obra e menos capital, talvez então se atingiria uma situação próxima do "equilíbrio". Entretanto, e na maioria dos casos, as funções técnicas de produção são criadas e desenvolvidas nos países mais adiantados e revelam, assim, uma dada disponibilidade de fatores, um nível tecnológico e um nível de preços relativos vigentes nos contextos desenvolvidos. Quando aplicadas em nossos países elas se defrontam com situações bastante diversas daquelas observadas nos países de origem: surge então uma grande disparidade entre o volume e a qualidade dos fatores requeridos pelo sistema e a disponibilidade dos fatores aí existente.[6]

Portanto, a utilização de tecnologias mais avançadas em uma economia subdesenvolvida, diante, principalmente, da escassez

---

[6] Esse fato é observado historicamente. Quando do domínio inglês na Índia, a fabricação de tecidos de algodão, que então utilizava uma função de produção artesanal, com maciço emprego de mão de obra, foi modificada passando a assumir um caráter mais fabril, empregando mais capital e menos mão de obra, fazendo que o excesso de mão de obra naquele país aumentasse ainda mais.

de capital nela observada, condiciona a quantidade e qualidade dos fatores de produção a serem utilizados, determinando, no que se refere ao fator trabalho, os tipos e a quantidade de trabalhadores – qualificados e não qualificados – que deverão ser empregados, sem considerar, por outro lado, se a aplicação dessa técnica gerará um grau maior ou menor de *desemprego aberto* de homens no sistema.

Isso pode ser assim resumido: a oferta fatorial do sistema, refletindo a disponibilidade existente, quando se dirige ao "mercado de serviços de fatores" se defronta com uma demanda fatorial pré-condicionada pela tecnologia e pelos preços relativos dos serviços de fatores. Esses últimos têm função condicional específica: como a existência de várias funções de produção para a obtenção de um mesmo produto oferece concomitantemente distintas combinações proporcionais de fatores, os organizadores da produção calcularão o valor econômico correspondente a cada técnica de produção e escolherão – sempre que possível – aquela função de produção que lhes dê o menor custo e, por conseguinte, o maior lucro possível. Assim sendo, a disponibilidade fatorial do sistema é relegada mantendo-se como objetivo fundamental a maximização dos lucros.

3.2.2 Estamos apresentando esses condicionamentos no mesmo sentido do trânsito do fluxo nominal que apresentamos anteriormente: seu "início" no aparelho produtivo, pelo pagamento aos proprietários dos fatores, seguindo até o mercado de bens e serviços finais e, posteriormente, seu retorno ao aparelho produtivo. Portanto, cabe aqui analisar as condicionantes que se apresentam no chamado *mercado de serviços de fatores*.

Nesse tópico, veremos tão somente o problema da formação dos preços dos fatores. Vimos anteriormente que os empresários defrontam-se com um sistema de preços relativos de insumos e de fatores, de um lado, e, de outro, com um rol de funções de produção. Assim, calculada a função mais conveniente para cada unidade produtora (ou ramo de atividade), fica predeterminada a demanda de serviços de fatores do sistema, tanto em termos quantitativos e qualitativos, como também por tipo de fator.

As famílias, ao se dirigirem ao mercado de serviços de fatores, apresentam uma oferta que corresponde à disponibilidade fatorial do sistema, mas que, estruturalmente, pode diferir daquela demanda preestabelecida. Se a economia funcionasse em um regime de livre concorrência, os preços dos fatores abundantes tenderiam a níveis muito baixos e os dos escassos tenderiam a preços muito altos.

Vejamos, na realidade, o que ocorre. Se o preço da força de trabalho fosse unicamente fixado pelas condições de oferta e procura existentes no sistema, esse preço estaria hoje, nos países subdesenvolvidos, a um nível bastante inferior ao de subsistência, o que equivale a dizer que a maior parte da força de trabalho (e também da população inativa) estaria em um verdadeiro *estado de pobreza*. Isso, embora ocorra com mais frequência em certas regiões de nossos países, tem sido contemporizado institucionalmente pelos governos, ao determinarem níveis mínimos salariais equivalentes a uma situação próxima à de subsistência.[7]

Contudo, muito embora a oferta total de trabalho seja excessiva em relação à demanda, cabe distinguir a fração dessa demanda que requisita uma qualificação maior do trabalho, para certas atividades específicas. Porém, como o nível médio e absoluto de qualificação da força de trabalho é bastante deficiente, passa a ocorrer uma inversão de situação, de modo que as taxas de salários de trabalho qualificado se elevam, criando um grupo "privilegiado" no interior da própria força de trabalho. Isso, porém, é contemporizado no tempo e no estado de subdesenvolvimento em que se encontra tal sistema.

Explicado de outra forma: à medida que um sistema subdesenvolvido instala compartimentos modernos e de alta produtividade – a industrialização, por exemplo –, cria-se uma demanda até então incipiente de trabalho qualificado, que passa então a

---

[7] Ainda assim, e principalmente graças às políticas neoliberais impostas a partir da década de 1990, os níveis de pobreza e de indigência da população latino-americana, entre 1980 e meados da década de 1990, saltam, respectivamente, de 25 e 9% para 35 e 12%!

ser disputado no mercado de trabalho, gerando pressões de alta em seus preços. O sistema, porém, tratará de criar mecanismos corretores de tal "anomalia": surgirá um enorme esforço por parte de governos e de organizadores da produção, no sentido de ampliar a oferta de educação técnica, para, a médio prazo, suprir sua escassez relativa. Decorrido, então, certo lapso de tempo, essa oferta se equilibrará, para, em seguida, superar a própria demanda, promovendo então uma volta à "normalidade" subdesenvolvida da baixa taxa de salários.

Isso pode ser mais bem compreendido se analisarmos a realidade do mercado de trabalho, no qual profissionais anteriormente requisitados a "alto preço" passam a uma condição de "excedente relativo", aceitando menores taxas salariais ou mudando suas atividades. Sem pretender provocar quaisquer desdouros a algumas categorias profissionais, dá-se uma precarização no mercado de trabalho, com economistas transformados em vendedores de computadores ou de máquinas de escritório ou ainda exercendo funções de contadores; advogados transformados em agentes de publicidade ou em corretores imobiliários; engenheiros agrônomos exercendo função de vendedores de fertilizantes etc.

Assim, no tocante ao fator trabalho, vemos, de um lado, a demanda pressionando os salários para baixo, e, de outro, a oferta amparada, primeiro, pelo *salário mínimo legal,* e segundo, pela legislação social e pelos sindicatos, como mecanismo de defesa dos trabalhadores.[8] Se, entretanto, esses trabalhadores qualificados têm uma "válvula de escape", isso não ocorre com os não qualificados. Estes, ao se encontrarem em excesso no mercado, não têm outra alternativa senão o desemprego, ou, na "melhor" das hipóteses, exercer atividades marginais em termos de salários ou

---

[8] Os sindicatos, na maioria dos países subdesenvolvidos, têm ação e poder político de pressão reduzidos, quer por suas tradições reivindicatórias, quer pelo papel paternalista exercido pelo Estado em relação aos sindicatos. Excetuam-se alguns casos, que, dada a natureza de sua atividade ou o número e organização de seus membros, conseguem efetivamente exercer seu papel: os sindicatos de mineiros e os dos estivadores e os do setor metal-mecânico são exemplos típicos.

ocupações, criando-se assim o chamado *desemprego "disfarçado ou oculto"*.⁹ Desemprego aberto e oculto são efeitos decorrentes da dinâmica do processo de acumulação de capital. Ambos compõem e amplificam o *exército industrial de reserva*, como explicou Marx.

Com o advento da atual reestruturação produtiva (a Terceira Revolução Industrial) e a imposição de políticas neoliberais, descortina-se um cenário tenebroso para o mundo do trabalho: terceirização, informalização crescente, alto desemprego de longa duração (grande parte dos 35 milhões de desempregados nos países da OCDE), diminuição da jornada de trabalho, perda de "peso" político e institucional dos sindicatos etc. Esse fenômeno, que tem sua maior manifestação a partir do início da década de 1980, nos países desenvolvidos, ganha força, a partir do início da década de 1990, nos subdesenvolvidos, ampliando perigosamente a crise social que já se manifestava ao final da década de 1970.

Vejamos agora a fixação dos preços dos demais fatores. No tocante ao capital, podemos classificar sua remuneração em duas taxas específicas: a de lucro e a de juros. A de juros ocupa papel de destaque na teoria econômica como determinadora do investimento, dos preços, de técnicas de produção etc. Ela aqui será tratada, simplificadamente, como simples remuneração fatorial. Suponhamos que uma determinada pessoa deseje instalar uma unidade produtora que necessitará de um investimento de $ 10.000; ela conta com um volume de rendimentos suficientes para adquirir esses bens de capital, os quais, portanto, serão de sua propriedade. Suponhamos que esse investidor estime que uma porcentagem de 15% sobre o investimento represente uma aceitável remuneração ao capital investido no negócio, o que lhe daria uma massa de lucros anuais de $ 1.500.

Imaginemos que esse investidor não dispõe, na realidade, de $ 10.000 e necessite tomar um empréstimo bancário de valor equivalente, e que o banco tenha fixado, como remuneração mínima ao seu capital, uma taxa anual de 10%, o que impõe um

---

⁹ O desemprego oculto pode compreender várias modalidades precárias de ocupações/atividades de baixa produtividade, salários abaixo do nível de subsistência, reduzido número de horas/dia trabalhadas etc.

pagamento ao banco de um montante de $ 1.000, a título de juros sobre o capital emprestado. Restaria, segundo os cálculos desse investidor, um saldo (1.500 − 1.000) de $ 500, que seria por ele apropriado e se denominaria *lucro*. Assim, o lucro e o juro são as remunerações pagas ao capital próprio e de terceiros, respectivamente. Cabe acrescentar que nenhum investidor − racionalmente falando − estará disposto a investir, se a taxa de lucro esperada dessa inversão for inferior à taxa de juros vigente no mercado.

Como nos países subdesenvolvidos o capital é relativamente escasso, seu preço − o juro − poderia atingir níveis muito altos. Para impedir isso, os governos podem atenuar a alta por meio de mecanismos legais que disciplinem o mercado financeiro e estabeleçam "tetos" para a taxa de juros. Contudo, as políticas neoliberais impostas a esses países pelas instituições internacionais (e referendadas por seus governos) têm feito que as taxas de juros atinjam níveis "estratosféricos", como incentivo à entrada de capital financeiro do exterior. Os banqueiros beneficiam a especulação e deprimem o investimento produtivo.

Muito embora não existam fixações legais de "mínimos" ou de "tetos" para as taxas de lucro, o sistema, por meio da tributação sobre os lucros, pode tentar contê-las, pela taxação progressiva de impostos sobre a renda. O lucro, pois, poderia de outra forma ser definido como a diferença entre as receitas provenientes da venda de bens e serviços e os custos totais de produção, neles compreendidos os gastos com insumos e remuneração dos demais fatores: juros, salários, aluguéis e depreciação.[10] A soma de todos os rendimentos pagos aos fatores da produção (lucros, juros, salários e aluguéis) nada mais é, portanto, do que a chamada *renda ao custo dos fatores*, que será renda *bruta* se nesse montante estiver incluída a depreciação, e *líquida*, em caso contrário.

Finalmente, resta uma breve discussão em torno da determinação dos preços dos "serviços" dos recursos naturais. Obvia-

---

[10] Não se entenda, do texto, que "os lucros são o resíduo, entre o preço e a subtração dos custos". Essa é uma visão muito simplória, pois as empresas, no cotidiano, tentam sobrepor aos custos a chamada "margem de lucro".

mente, somente serão objeto de preço e de valor aqueles recursos limitados quer pela sua existência – ou melhor, pelo seu estoque disponível – relativamente escassa ou pelo regime de propriedade. A terra, por exemplo, era um bem livre nos primórdios da civilização, mas, à medida que o homem foi delimitando e demarcando as áreas por ele ocupadas, ela passou a ter dono e a ser objeto de troca e, portanto, a ter um preço.

Todavia, países com imensas áreas aptas ao cultivo ou à criação estão condicionados por uma estrutura da propriedade da terra que cria uma limitação artificial desse recurso. O latifúndio improdutivo é exemplo desse caso, ao impedir que maior volume de homens trabalhe maior área de terra, limitando a posse e uso desse recurso, escasseando-o, e forçando portanto uma alta de seus preços. O fenômeno da urbanização pode também tornar mais escassas terras próximas aos centros urbanos, as quais, pela especulação imobiliária, sofrerão alta de seus preços.

Resumindo o que vimos nesses dois "polos" condicionadores – o aparelho produtivo e o mercado de serviços de fatores –, diríamos que eles estão em simbiose, gerando até aqui um efeito combinado pela discrepância entre a oferta e a procura de serviços de fatores, de um lado, e pela determinação dos preços – e portanto demarcação dos rendimentos de cada fator – do trabalho, do capital e dos recursos naturais.

Esse montante de rendimentos – a renda ao custo dos fatores –, já em poder das famílias, pode receber nesse instante uma classificação adequada ao tipo de função por elas exercida: ao trabalho, caberá a chamada *renda do trabalho*, e, aos proprietários, *a renda da propriedade*, classificação que se denomina *repartição funcional da renda*. Essa forma de repartição revela um primeiro elemento da diferenciação qualitativa que determina e define o chamado poder de compra ou poder aquisitivo das famílias.

3.2.3 O terceiro condicionamento se refere à própria *estrutura da propriedade*, que se apresenta com duas faces: de um lado, as famílias apresentam-se no mercado de serviços de fatores dotadas de um estoque de bens de capital, de posse dos recursos naturais, do volume da força de trabalho qualificado e não qualificado.

A propriedade desses fatores estabelece uma *tipificação das famílias*, segundo o tipo e a quantidade de fatores a elas pertencentes. Suponhamos figurativamente que, tomada uma pirâmide, nela estivessem dispostas as famílias segundo o grau de propriedade fatorial: teríamos, no alto da pirâmide, as famílias detentoras de enorme parcela do capital existente no sistema, da maior parte dos recursos naturais e de uma certa parte da força de trabalho qualificada (A); no meio da pirâmide estariam alocadas as famílias de classe média, proprietárias de parte significativa do capital, de apreciável parcela de recursos naturais, da maior parte da força de trabalho qualificado e de uma pequena porção de trabalho não qualificado (M); finalmente, na base estão inseridas as famílias de baixo nível de propriedade, que, fundamentalmente, detêm a propriedade de quase todo o trabalho não qualificado, tendo ainda pequenas parcelas de capital e de recursos naturais (B).

Essa propriedade fatorial, dirigida ao mercado de serviço de fatores, e cedida mediante os preços fatoriais nele determinados, traduz a massa monetária da renda, não mais do ponto de vista funcional, mas sim do ângulo pessoal da distribuição. Trata-se da chamada *repartição pessoal da renda*. Uma outra pirâmide refletiria agora não mais a estrutura da propriedade, mas sim os níveis absolutos e relativos da renda familiar. Teríamos a mesma disposição: no alto, as famílias detentoras de altos níveis de renda (A), no meio, a classe média (M) e, na base, as classes de baixos níveis de renda (B). Ora, como a renda define o poder aquisitivo da comunidade, a renda pessoal, especificada segundo níveis de renda, revela igualmente o poder aquisitivo das famílias, não mais em termos médios nacionais, mas sim, segundo classes de renda.

Esse terceiro tipo de condicionamento – a demarcação do poder de compra das famílias – nada mais é do que a combinação dos dois efeitos anteriores (aparelho produtivo e preços dos fatores) agindo em interconexão com a estrutura da propriedade e causando portanto uma terceira diferenciação entre as famílias, que se reflete na distribuição pessoal da renda. Ao se dirigirem agora ao mercado de bens e serviços de consumo, as famílias procurarão, primordialmente, satisfazer suas necessidades fundamentais, ou seja, adquirir primeiro os chamados bens de primeira necessidade, que compreendem os produtos alimentares, algumas bebidas, certos tipos de vestuário etc.

Porém, quanto maior for seu nível absoluto de renda, menor será o volume relativo dessa renda necessário à satisfação das necessidades fundamentais – ou seja, os bens de primeira necessidade –, sobrando portanto uma fração maior de renda que poderá ser utilizada na aquisição de bens de consumo médio e artigos de luxo. Por exemplo, enquanto uma família de renda média – digamos $ 1.000 – gasta cerca de 40% de seu orçamento em alimentação – portanto $ 400 –, uma família de alta renda – $ 10.000 por hipótese –, ainda que gaste, em valores absolutos, cinco vezes o gasto alimentar da família anterior, essa parcela representaria tão somente 20% de sua renda média ($ 2.000), sobrando-lhe ainda $ 8.000 para diversificação de consumo "mais nobre". Enquanto para a primeira família, seu orçamento de gastos se restringiria tão somente aos chamados bens de primeira necessidade, a última, satisfeitos os gastos alimentares, já em si diversificados, teria acesso aos bens e serviços de consumo médio e aos chamados suntuários ou de luxo.

Portanto, é a distribuição de renda de um sistema que estabelece a própria estrutura da demanda, a qual será ainda afetada pelas condições vigentes no chamado mercado de bens e serviços de consumo, que passamos em seguida a examinar.

3.2.4 Nesse mercado os produtores, de um lado, ofertam a corrente de bens e serviços de consumo – o fluxo real –, mediante preços preestabelecidos por eles mesmos, e as famílias, de outro, adquirem esse produto, mediante a utilização da renda, retornando assim o fluxo nominal das famílias ao aparelho produtivo, e, portanto, "encerrando-se" o circuito econômico.

Na teoria microeconômica, é estudado o comportamento do consumidor – quanto a preferências, gostos, preços e utilidades do consumo dos bens. Entretanto, ela também analisa o comportamento dos empresários e a determinação dos preços de mercado pela interação da oferta e da procura. Até o início do século XX, essa teoria configurava o mercado como de *livre concorrência*, supondo a existência de um grande número de produtores que tinham, portanto, uma atomizada produção e oferta, e assim sendo não tinham condições de manipular preços, submetendo-se pois à "soberania do consumidor", o qual, expressando no mercado suas "preferências", determinava ao aparelho produtivo o *que* e *quanto* produzir, resultando da interação da procura e das possibilidades da oferta a determinação dos preços, ditos de equilíbrio.

No entanto, essa teoria se revela inconsistente, pelo fato de que o sistema de livre concorrência não existe (salvo raríssimas exemplificações muito particularizadas), persistindo, isto sim, um sistema de concorrência "imperfeita", no qual efetivamente os produtores determinam não só os tipos e qualidades dos bens e serviços a serem consumidos, mas também, e o que é importante, seus preços.

Além disso, as modernas técnicas de mercadologia aperfeiçoaram grandemente a publicidade e a propaganda, por meio das quais os consumidores são "orientados" consciente ou subliminarmente em direção a determinados produtos, marcas, tipos, sabores, cores etc. Os gastos empresariais com propaganda e publicidade representam itens importantes nos custos das grandes empresas.

Mesmo quando existe grande número de produtores de um bem no mercado, alguns deles concentram altas frações dessa produção, sujeitando assim a oferta a manipulações de preços, pela ação do(s) produtor(es) dominante(s), ou pela ação conjunta de todos os produtores. Esses tipos de "imperfeições" concorrenciais têm características próprias, sendo os mais evidentes os monopólios (existência de um só vendedor), o oligopólio (existência de apenas alguns vendedores), o truste, o cartel, o *pool* etc. É por meio dessas formas que são estabelecidos preços, condições de pagamento, locais e tipos de distribuição, cotas de produção entre os contratantes, usos de marcas comerciais etc.

O sistema de preços, portanto, presta-se a "ajustar" a oferta à procura, constituindo-se, pois, no elemento básico da distribuição do fluxo real entre as famílias, não levando em consideração as necessidades individuais ou coletivas, mas tão somente o poder de compra individual.

CAPÍTULO 4

AS RELAÇÕES ECONÔMICAS INTERNACIONAIS

Nos três capítulos anteriores fizemos algumas simplificações, entre as quais a do funcionamento estático do sistema, a da "inexistência do governo" e a de que a economia era "fechada". Neste, daremos uma visão de uma economia aberta às relações com o exterior, permitindo breve e parcial compreensão do funcionamento dinâmico da economia e deixando transparecer – quando inevitável – algumas facetas da atuação governamental.

Como adverti na apresentação deste livro, ele foi escrito, em sua primeira versão, em 1970, tendo como quadro geral de referência a década de 1960, o avanço da industrialização na América Latina e a situação mundial daquele momento, em que predominava ainda a Guerra Fria e a Europa e o Japão assimilavam o "sistema industrial norte-americano".

Entre aquela data e hoje ocorreram vários fatos extremamente importantes: o endividamento externo da periferia internacional e sua subsequente crise, a exacerbação da crise financeira internacional, a ruptura do bloco socialista liderado pela URSS e, a partir da década de 1990, a imposição, pelo imperialismo, das políticas neoliberais e da "globalização".

Essas mudanças serão tratadas no tópico 4.3 mas, ao longo dos dois tópicos iniciais, muitos dados estatísticos e informações desse período estarão inevitavelmente presentes. Somos levados, contudo, a antecipar desde já que o Brasil (assim como alguns outros poucos países subdesenvolvidos) intensificou sua industrialização – sem perder sua condição de subdesenvolvido –, alterando muitos de seus dados estruturais da década de 1960.

4.1 A economia nacional e sua inter-relação com o "restante do mundo"

A análise das relações internacionais envolve, na atualidade, alta complexidade, uma vez que abarca não só o comércio internacional de mercadorias e serviços, mas também outras modalidades sociais e econômicas, tais como migrações populacionais, transferências de capital, ajuda militar, donativos econômicos etc.

Vimos, em breve passagem anterior, que as trocas em espécie evoluíram com a chamada divisão social do trabalho, introduzindo a moeda e os preços. À medida que se aceleravam as descobertas de novas técnicas de produção e dos transportes – o barco a vapor, por exemplo –, a divisão do trabalho caminhava a largos passos e o comércio exterior, que preteritamente se realizava apenas entre grandes cidades de alguns países, passava então a realizar-se entre quase todas as nações.

A teorização sobre esse fenômeno ganhou notável impulso a partir da expansão mercantil do século XVI e, notadamente, do grande aumento que o capitalismo impôs às trocas internacionais entre os séculos XVIII e XIX. As principais teorizações, obviamente, nasceram no cenário da economia dominante da época, a Grã-Bretanha.

Smith postulava que cada nação deveria se especializar na produção de mercadorias para as quais existissem maiores vantagens absolutas, ou seja, a produção que pudesse ser efetuada a custos mais baixos do que nas demais nações.[1] Se essa "lei econômica"

---

[1] SMITH, Adam. Op.cit.

fosse aplicada na atualidade, grande parte da moderna produção industrial somente seria efetuada em reduzido número de países.

Mais tarde, David Ricardo elabora a famosa *teoria dos custos comparados*, tentando demonstrar que as nações deveriam se especializar não na produção de bens que apresentassem apenas vantagens absolutas, mas sim naqueles que apresentassem vantagens relativas.[2] Conforme escreve Barre,[3] Ricardo tenta demonstrar sua teoria utilizando-se de uma comparação entre os custos de produção de vinho e de tecido, em Portugal e na Inglaterra:

Quadro 4.1

Produção de	Portugal	Inglaterra
vinho (x garrafas)	80 horas de trabalho	120 horas de trabalho
tecido (y metros)	90 horas de trabalho	100 horas de trabalho

sendo que: "x garrafas de vinho trocam-se normalmente por y metros de tecido".

Portugal, portanto, poderia produzir vinho e tecido em condições de vantagem absoluta em relação à Inglaterra. Entretanto, a teoria de Ricardo tenta demonstrar que, se Portugal se especializasse apenas na produção de vinho, obteria não só uma vantagem absoluta, como também uma vantagem relativa. A Inglaterra, por outro lado, especializando-se na produção de tecido, muito embora tivesse uma desvantagem absoluta, apresentaria uma vantagem relativa.

Vejamos numericamente o desenvolvimento do problema: "se compararmos a relação dos custos de produção de um bem (o vinho) nos dois países (80/120) com a relação dos custos de produção

---

[2] RICARDO, David. *Princípios de economia política e tributação*. São Paulo: Abril, 1974.

[3] BARRE, Raymonde. *Manual de economia política*. v.4, p.62-3.

do outro (90/100) veremos que Portugal tem uma superioridade, uma vantagem comparativa maior no vinho que no tecido (80/120 < 90/100). Os custos portugueses representam 66% dos custos ingleses no caso do vinho, mas 90% no caso do tecido".[4] Dessa forma, a relação de troca, para Portugal, terá como *limite inferior* uma unidade de vinho por 0,89 (ou seja, 80/90) unidade de tecido; a Inglaterra, entretanto, terá *limite superior* de troca na relação de uma unidade de vinho por 1,2 unidade de tecido. Quaisquer trocas entre os dois países serão para ambos vantajosas, desde que se encontrem acima de 0,89 e abaixo de 1,2 unidade de tecido.

Posteriormente, dois economistas suecos se preocuparam com o tema, investigando as causas da existência e da formação de diferentes custos entre as nações. Heckscher em 1919,[5] e Ohlin,[6] em 1933, concluiriam que essas diferenças têm origem nas diferentes dotações fatoriais existentes entre os países (abundância e escassez de terras, por exemplo) e nas diferenças entre os preços dos fatores abundantes e escassos. Assim, as trocas de mercadorias significariam, de outro modo, "uma troca de fatores abundantes por fatores escassos", provocando implicitamente uma tendência de equilíbrio entre os preços de fatores escassos e os de fatores abundantes.

Contudo, com a crise da década de 1970 e o neoliberalismo, os países mais industrializados – notadamente os Estados Unidos e o Japão – lançaram-se em busca de trabalho externo barato, ou simplesmente de condições externas de menores custos, via implantação de "plataformas de exportação" (México, América Central e Ásia) ou ampliação do comércio intrafirma, recompondo a produção das partes de seus produtos finais, com produções específicas em vários países, via terceirização ou não.[7]

---

[4] Ibidem, p.63.
[5] HECKSCHER, Eli. The effect of Foreign Trade on the Distribution of Income. In: *Readings in the Theory of International Rade*. Blakiston: Filadelfia, 1949. cap.13.
[6] OHLIN, Bertil. *Interregional and International Trade*. Cambridge, Mass.: Harvard University Press, 1933.
[7] Em disciplinas específicas de "Economia Internacional" deverão ser ministrados outros intentos de teorizações sobre as trocas internacionais, mais contemporâneos, que se afastam da noção de "fatores escassos por abundantes".

4.1.1 Os principais tipos de transações econômicas internacionais e seu registro

Já vimos que "a cada fluxo real corresponde um fluxo nominal", e esse conceito também se aplica às relações econômicas internacionais, com uma complicação adicional: a utilização de duas moedas: a nacional e a estrangeira.

Preliminarmente, diremos aqui[8] que a moeda é um "bem", com aspectos bastante particulares, que a diferenciam dos chamados bens e serviços. Se um automóvel "vale", em um dado momento, X unidades monetárias, a recíproca também é verdadeira, ou seja, a de que X unidades monetárias "valem" um automóvel, ou "valem" o mesmo que outros produtos existentes no mercado, a determinados preços e em determinadas quantidades. Suponhamos que o automóvel tenha um preço de $ 1.000, que uma passagem aérea vale $ 100, e um microcomputador tenha um preço de $ 200. Assim sendo, uma mesma quantidade de moeda pode adquirir um automóvel, ou dez passagens aéreas ou ainda cinco computadores.

Com a reestruturação mundial que ocorre no imediato pós--Segunda Guerra, os países membros do Fundo Monetário Internacional (FMI) fixaram oficialmente o valor de suas moedas nacionais, com base em suas reservas de ouro e de dólares americanos. Por outro lado, dada a hegemonia da nação norte--americana no mundo capitalista de então, cada moeda nacional passou a ter um valor referenciado ao US$. Assim, o valor de cada moeda nacional passou a ser expresso em termos de "x unidades de moeda nacional por um dólar americano", relação essa que deveria permanecer fixa, sendo permitidas reduzidas flutuações.

Suponhamos então que o país "X" tinha uma relação de 4x/US e nos Estados Unidos, naquele momento, os bens *a*, *b* e *c* tivessem o mesmo preço unitário, de US$ 2. Poderíamos disso inferir que esses bens, se produzidos no país "X" (ou por este

---

[8] Os vários aspectos e funções da moeda serão tratados em capítulo específico.

importado, dos Estados Unidos), teriam o mesmo preço, de 8$x? Certamente não, pois os preços de um mesmo bem podem ser diferentes, em diferentes países, por uma série de circunstâncias: diferença nos custos de matérias-primas ou nos salários, diferenças de produtividade, diferenças de tributação etc.

Por exemplo, se as tarifas de importação incidentes sobre aqueles bens fossem de (ou seus custos de produção fossem mais altos em), respectivamente, 10, 20 e 100%, seus preços, em $x, seriam de 8,80 (a), 9,60 (b) e 16,00 (c).

Contudo, a fixação daquelas relações (*taxas cambiais*), naquele momento, não garantiu que elas se mantivessem por muito tempo. Com efeito, a partir disso, alguns países atravessaram grande prosperidade enquanto outros sofreram crises. Quase todos tiveram variações (positivas ou negativas) significativas em seus estoques de reservas (ouro e divisas) e em seus saldos comerciais e financeiros com o exterior. Essas oscilações, dependendo de suas magnitudes, podem causar (como efetivamente causaram) sérias variações na relação entre cada moeda nacional e o ouro ou o US$.

As moedas das diferentes nações têm diferentes valores e podem ter diferentes graus de poder de compra. Existem moedas que, dado seu alto poder de compra, sua estabilidade e também sua importância relativa nas trocas internacionais, são tidas como "moedas fortes", e sua aceitação é corrente como meio de pagamentos internacionais.

O que ocorre com as moedas "fracas" ou com as "intermediárias"? Diríamos que sua aceitação, no mercado internacional de pagamentos, praticamente inexiste. Àquela época, poucas eram as moedas aceitas nessas transações: o dólar americano, a libra inglesa, o iene japonês e o marco alemão, em primeiro plano, seguindo-se-lhes, o dólar canadense e as moedas dos principais países europeus restantes. Na área asiática, dado o extraordinário crescimento econômico da China nos últimos trinta anos e de seus saldos comerciais e de reservas, também sua moeda parece ensaiar alguns passos rumo a uma circulação maior. Contudo, as moedas da maioria dos países subdesenvolvidos praticamente circulam apenas dentro de suas respectivas fronteiras.

Voltemos ao aspecto real das trocas. A economia internacional pode ser entendida como um mercado complementar, tanto para o escoamento de parte da produção gerada pelo aparelho produtivo nacional, como para complementar o atendimento às necessidades do mercado interno. No primeiro caso, dá-se uma *saída* de mercadorias e de serviços, denominada *exportações de mercadorias e serviços*; no segundo, *importações de mercadorias e serviços*, representando uma *entrada* de bens e serviços reais. A contrapartida necessária representa, no primeiro, uma entrada adicional de renda, e no segundo, uma saída de renda interna. Todas as transações econômicas internacionais de um país são registradas no chamado *Balanço de Pagamentos Internacionais*.

Entretanto, podem subsistir transações em um só sentido, ou seja, sem contrapartida real ou financeira: trata-se dos chamados *donativos* ou transferências unilaterais que um país (ou uma pessoa ou instituição desse país) concede a outro (ou a outras pessoas ou instituições desse país). Entre os *serviços* prestados por um país a outro, destacam-se: transportes, seguros, turismo, rendas derivadas de direitos de propriedade (juros, lucros, aluguéis, *royalties* etc.), serviços de trabalho (salários, ordenados, honorários), aluguel de filmes etc.

Toda saída (exportações) de mercadorias, de serviços e de donativos reais (p. ex. remessa de medicamentos a um país que sofreu uma catástrofe) significa uma diminuição real em sua disponibilidade interna de bens e serviços. Esse fluxo real tem como contrapartida um fluxo nominal de ouro, divisas ou financiamento concedido pelo país exportador ao importador (o que aumenta nosso crédito no exterior e o débito do "resto do mundo", para com nosso país).[9]

No entanto, toda entrada real (mercadorias e serviços) significa um aumento da disponibilidade nacional de bens e serviços e tem, como contrapartida, uma saída de um fluxo nominal (ouro, divisas

---

[9] Essa metodologia está contida no *Manual de La Balança de Pagos*, do FMI. Ver, a respeito: FIGUEIREDO, F. O. *Introdução à contabilidade nacional*. Rio de Janeiro: Forense, 1971.

ou títulos de crédito) na forma de pagamentos efetuados ao exterior. Essas transações reais são denominadas transações correntes. As transações bilaterais (exportações e importações) que implicam recebimentos (e financiamentos concedidos) e pagamentos (e financiamentos obtidos) internacionais são duplamente registradas: as reais, no balanço de transações correntes, e suas contrapartidas nominais, no balanço de capital.

Os donativos, por serem transações unilaterais, requerem uma imputação para o registro de sua "contrapartida":

- Os donativos em mercadorias são duplamente registrados em transações correntes, face à metodologia de "dupla entrada", como exportações (os concedidos) ou importações (os recebidos), registrando-se a imputação do segundo lançamento (no mesmo valor), nas mesmas rubricas (aos recebidos faz-se a imputação em Exportações e aos concedidos em Importações).
- Os donativos financeiros terão seu registro efetivo no Balanço de Capital e o segundo, imputado, no Balanço de Transações Correntes, com sinal contrário.

Resumidamente, as transações correntes podem assim ser apresentadas:

I. *Balanço comercial* – exportações de mercadorias, *menos* importações de mercadorias.
II. *Balanço de Serviços e Donativos* – exportações *menos* importações de serviços e donativos: fretes, seguros, aluguel de filmes, *royalties*, juros, donativos, turismo etc.
III. *Saldo do Balanço de Transações Correntes* – I + II = "poupança líquida do exterior".

Se a diferença entre as entradas (–) e as saídas (+) for negativa, significa que houve um aumento líquido real na disponibilidade do país, uma vez que o "resto do mundo" nos enviou mais bens e serviços do que recebeu de nós. Em outros termos, recebemos uma *"poupança líquida do exterior"*.

Contudo, embora esse saldo seja macroeconomicamente conceituado nas contas nacionais como "poupança", é preciso analisar as causas do déficit em transações correntes para se verificar se ele decorre de gastos excessivos de importações de bens e serviços de consumo. Nesse caso, há um conflito entre o conceito formal de "poupança" (que é a contraparte financeira do investimento) e o lado real que a gerou (acesso de importações para consumo).

Vejamos agora a contrapartida financeira. Ela é registrada no chamado Balanço de Capital, que contém as entradas de capital (com sentido positivo, representando débitos contraídos no exterior, ou ainda financiamentos concedidos pelo exterior) e as saídas de capital (com sentido negativo, representando créditos e financiamentos concedidos ao exterior).[10] Resumidamente:

IV. *Balanço de capital*

No Balanço de Capital são registrados: i) as transações financeiras bilaterais (empréstimos, amortizações, investimentos etc.), com duplo lançamento no ativo e no passivo; ii) as entradas e as saídas de capitais devido às exportações e importações; iii) os donativos especificamente financeiros. Os dois últimos apresentam suas contrapartidas no balanço de transações correntes.

A – Entrada de capitais: ouro monetário, divisas, investimentos diretos, empréstimos, financiamentos etc.

B – Saída de capitais: ouro monetário, divisas, investimentos diretos, empréstimos e financiamentos ao exterior, amortizações da dívida externa etc.

A diferença de A–B nos dá o saldo do balanço de capital, que mostra como foi financiado o saldo do balanço de transações correntes (item III). Assim, quando o saldo de transações correntes for positivo, representando uma diminuição real de bens e serviços, o saldo da conta de capitais será negativo, significando que

---

[10] A palavra capital tem aqui significado estritamente financeiro, e não real, como os chamados bens de capital, por exemplo.

estamos "financiando" o resto do mundo em montante igual ao superávit de transações correntes. Ao contrário, será positiva a conta de capital se o "restante do mundo" estiver financiando nosso déficit em transações correntes.

4.1.2 Os mecanismos de controle[11]

Dada a heterogeneidade dos agentes intervenientes nas transações internacionais (governos, bancos, famílias, unidades produtoras, instituições sem fins lucrativos, particulares etc.) bem como a diversidade de operações (aluguel de filmes, donativos, ajuda militar, exportações etc.), as relações internacionais de um país requerem uma complexa organização e controle de sua execução. Tal tarefa cabe ao governo, que a executa direta ou indiretamente, mediante autorizações ou concessões, reguladas por dispositivos legais, a bancos públicos e privados, empresas exportadoras, administradores de portos etc.

Alguns tipos de relações internacionais, dada sua maior importância, exigem maior controle, sendo assim executados, normalizados, fiscalizados, ou simplesmente orientados por organismos internacionais criados especialmente para esse objetivo. Assim, por exemplo, temos a ONU; a OMS, para assuntos de saúde; a Unesco, para assuntos de educação; a FAO, para assuntos de desenvolvimento agrícola; a OMC (ex-GATT) e a UNCTAD, para o comércio internacional de mercadorias e serviços; o FMI, para assuntos monetários, financeiros e cambiais; o BIRD, para financiamentos de projetos de desenvolvimento etc.

O comércio internacional teve impulso notável a partir da segunda metade do século XIX, com a Inglaterra liderando-o, seguida pela França e Alemanha. A liderança do desenvolvimento industrial pela Inglaterra tornou-a também a líder do comércio

---

[11] Inevitavelmente, somos obrigados neste capítulo a comentar, ainda que preliminarmente, certas atuações governamentais, que em outra parte deste texto serão mais aprofundadas.

mundial, com Londres se consolidando como o centro das finanças internacionais.

Esse comércio, que tinha forte conotação liberal, no sentido de um elevado grau de liberdade de movimentação de bens e serviços e de capitais, passou a sofrer controles restritivos, principalmente pela França e Alemanha, que instituíram então sistemas de impostos aduaneiros nitidamente protecionistas. Essa proteção era então invocada como mecanismo de defesa para os produtos agrícolas (França e Alemanha) ou industriais (Inglaterra, França, Alemanha e Estados Unidos, principalmente). Ou seja: à medida que outros países se aproximaram da eficiência produtiva britânica (e em muitos casos até a ultrapassaram), a concorrência se tornou voraz e obrigou-os a retomar políticas protecionistas.

O sistema de pagamentos que então vigorava no mercado internacional era o do chamado *padrão ouro*, com liberdade de movimentação do ouro ou de divisas (moedas nacionais fortes) bem como a livre conversão de ouro por moeda ou moeda por ouro. Esse sistema começa a ruir por volta da Primeira Guerra Mundial, destruindo-se totalmente com a grande crise mundial de 1929, e a partir de 1931 praticamente todas as nações já o tinham abandonado. A economia internacional, por força da crise mundial, e, poucos anos mais tarde, pela eclosão da Segunda Guerra Mundial, sofreria então grande desarticulação.

A tentativa de sua reorganização iniciou-se pela criação, em 1944 (Conferência de Bretton-Woods), de duas entidades: o Fundo Monetário Internacional e o Banco Internacional de Reconstrução e Desenvolvimento. O FMI foi criado com objetivos de facilitar a expansão do comércio internacional, assegurar a estabilidade cambial, conceder créditos e financiamentos para solucionar *déficits* de balanços de pagamentos etc. Foram seus subscritores iniciais 44 países,[12] dispondo cada um deles de 250 votos iniciais, mais um voto adicional a cada cota adicional de 100 mil dólares, o que conferia (e confere) aos países mais desenvolvidos o voto de maioria.

---

[12] O número de países-membros atinge hoje pouco mais de uma centena.

Paralelamente à criação do FMI, foi instituído o BIRD, subscrito pelos mesmos países e destinado a conceder empréstimos e financiamentos para projetos e programas de desenvolvimento econômico e para a reconstrução que se tornou necessária diante da destruição causada pela guerra. Em 1948 outra instituição entrava em funcionamento: o Acordo Geral de Tarifas e Comércio (GATT), com o objetivo de reorganizar o comércio e rebaixar os impostos aduaneiros para, com isso, liberar as trocas internacionais.[13] Mas, a despeito de que suas cláusulas são obrigatórias para todos os países subscritores, os mais desenvolvidos, dado que dispõem de maior poder político e econômico, valem-se de outras formas protecionistas (não previstas no Acordo).

Os países subdesenvolvidos, basicamente exportadores de produtos primários, sempre se defrontaram com o velho e conhecido problema da deterioração dos preços de suas exportações, os problemas do financiamento do comércio e do exercício de poder discricionário dos países ricos. Na década de 1960, realizaram (sobretudo os latino-americanos, apoiados pela Cepal) muitos esforços em prol da integração econômica regional e da criação de mecanismos de defesa para suas exportações. Conseguiram, em 1964, promover a criação da UNCTAD, organismo internacional que tenta intervir politicamente sobre esses efeitos perversos, mas com resultados modestos até hoje.

Em suas fronteiras políticas cada país estabelece, em maior ou menor grau, outros instrumentos e mecanismos de controle – restritivos ou fomentadores – de suas transações. A maior parte desses instrumentos, entretanto, só pode vigorar durante um certo período permitido pelos Acordos. Citaremos aqui tão somente alguns dos principais mecanismos utilizados.

Um primeiro mecanismo é o que se refere à instituição e manipulação das *tarifas aduaneiras*, ou impostos de importação. Podem ser elas instituídas na base *ad valorem*, que estabelece uma porcen-

---

[13] O GATT, em 1995, foi substituído pela Organização Mundial do Comércio (OMC).

tagem sobre o valor dos bens importados ou exportados; podem ser *específicas*, estabelecendo um valor específico de imposto para cada tipo de produto; ou podem ainda ser de base *mista*, compreendendo taxação *ad valorem* e específica. Elas têm grande importância, principalmente para os países em vias de desenvolvimento, ao permitir que a política econômica governamental possa estabelecer, se necessário, maior grau de proteção à produção interna.

O mecanismo clássico, depois da queda do padrão ouro, é a *taxa cambial*, que estabelece, como vimos, o preço nacional de uma moeda estrangeira. Sua manipulação está atrelada à estabilidade cambial e monetária de um país, e sua queda ou sua alta pode provocar, entre outros, os seguintes efeitos: deterioração das finanças públicas, inflação, deflação, contração ou expansão de exportações ou importações, alteração dos preços relativos etc. Ela pode ser *única*, quando se estabelece uma só taxa para toda transação efetuada, e *múltipla*, se, como instrumento seletivo de importações e exportações, remessas financeiras, entrada de capitais etc. forem instituídas distintas taxas para distintas transações ou diferentes produtos.

Certos acordos específicos ratificados por um país podem igualmente converter-se em importantes instrumentos de controle. Tal é o caso dos acordos firmados entre países produtores e importadores de *produtos primários*, como o Acordo Internacional do Café, do cacau, do algodão, do sisal e outros, por meio dos quais se estabelecem normas referentes a cotas de produção, exportação e importação, tipos de produtos, preços, tipos de transporte e de embalagem etc.

Contudo, os países podem ainda estabelecer, desde que não estejam submetidos às sanções internacionais – da OMC, por exemplo –, outros tipos de *controles quantitativos e qualitativos*: estabelecendo critérios seletivos para importações, regime de licenças para importar ou exportar, contingenciamento, cotas de mistura de insumos nacionais com insumos importados, maior rigor de controles fitossanitários, tempo mínimo de permanência de investimentos etc. Os Estados Unidos, por exemplo, usam, sempre que lhes convêm, "acordos de restrições voluntárias" sobre determinadas importações de alguns países.

4.1.3 Os efeitos do inter-relacionamento na economia nacional

Nenhuma economia nacional pode ser considerada autárquica em sentido absoluto. Seu grau de abertura para o exterior varia de acordo com suas possibilidades internas de produção, dimensão de seu território e de seu mercado, condições de solo e clima etc. Quanto maior for o território de um país e sua dotação de recursos naturais, suas necessidades de importação tendem a se reduzir à medida que se desenvolve, ficando, portanto, o aparelho produtivo voltado basicamente para o atendimento da demanda interna.

Para a maioria dos países pequenos, contudo, o comércio exterior pode constituir importante mecanismo de crescimento econômico, por meio de especialização e altos coeficientes de exportação e importação, desde que tais países consigam realmente produzir bens e serviços competitivos com os dos países desenvolvidos. Isso, contudo, esbarra em enormes obstáculos, no que se refere aos bens industriais não tradicionais.

Quadro 4.2 Coeficientes de abertura comercial

	De exportações (x/y)				De importações (m/y)			
	1965	1990	2000	2004	1965	1990	2000	2004
Guatemala	23,9	15,9	14,9	11,1	32,0	21,3	26,5	29,4
Colômbia	16,1	16,5	15,6	17,0	11,8	13,6	13,8	17,5
Áustria	10,2	26,6	35,0	37,3	18,2	31,7	37,4	37,2
Holanda	20,7	47,0	62,9	54,9	35,9	45,1	58,9	49,0
Índia	6,9	7,3	9,1	10,5	14,6	7,7	11,1	13,8
Brasil	6,4	7,2	9,2	16,3	8,1	7,6	9,7	11,1
Japão	4,8	9,7	10,1	12,1	8,4	7,9	8,0	9,7
EUA	4,1	6,9	8,0	7,0	4,3	9,6	12,9	13,0

Fonte: Para 1965-1990 BIRD – *Relatórios anuais*. (Valores a US$ de 1987), para 2000-2004, UNCTAD, US$ correntes.

Essa dependência de suprimento externo pode ser avaliada mediante o *coeficiente de abertura comercial* do sistema, que é a relação entre o montante das exportações (X) ou importações (M) e o PIB (Y). Assim, países grandes ou de grandes mercados, como a Índia, Brasil, Estados Unidos e Japão, apresentam coeficientes baixos (ver Quadro 4.2). Isso se deve à dotação mais diversificada de recursos naturais, maior dimensão de seus mercados internos e tamanho e diversificação da capacidade produtiva industrial.

Países pequenos e médios, ao contrário, apresentam coeficientes mais altos, pois sua dependência externa para completar sua oferta é muito mais alta e diversificada, exigindo elevadas importações e, obviamente, também elevadas exportações para pagá-las. Entre estes, contudo, os desenvolvidos, por terem atingido maiores níveis de renda e alto padrão industrial (com o que atingem alta eficiência e competitividade), podem não só importar muito mais do que os subdesenvolvidos, como também exportar muito. O Quadro 4.2 evidencia essa diferença, quando comparamos os dados de Guatemala e Colômbia com os de Áustria e Holanda.

Cumpre mencionar, por outro lado, que essa produção especializada compreende normalmente produtos manufaturados de alto valor no mercado internacional, como aviões, aparelhos e máquinas de alta precisão, eletrônicos, de informática etc. Com isso, eles passam a receber outra vantagem adicional do comércio internacional, derivada da troca de produtos manufaturados (de alto valor agregado) por alimentos ou matérias-primas, assunto que abordaremos mais adiante.

A disparidade de recursos naturais existente entre os países, como vimos, pode ser pelo menos parcialmente solucionada pelo comércio exterior, pela já aludida troca de "fatores escassos por abundantes". Quanto aos demais fatores de produção, cumpre destacar que o capital, para se deslocar no espaço econômico, pode estar submetido a restrições legais, políticas e a determinados objetivos econômicos. Entretanto, nesta época em que viceja o neoliberalismo, tais restrições foram consideravelmente minoradas.

O fator trabalho apresentou seu apogeu, no que se refere a mobilidade espacial, entre o fim do século XIX e as duas primeiras décadas do XX, quando cerca de 40 milhões de pessoas emigraram principalmente da Europa em direção ao "Novo Mundo" e, desse total, cerca da metade foi absorvida pela economia americana. As migrações podem ser interpretadas como transferência de "potencial produtivo" de um país a outro.

Nos registros do Balanço de Pagamentos não figurarão as "importações" ou "exportações" de trabalho humano ou de recursos naturais, mas, sim, a prestação de seus serviços, ou seja, do lado real, os serviços prestados por fatores de propriedade de residentes no exterior (entrada de serviço real), tendo ambos uma contrapartida financeira. No caso do fator trabalho, portanto, figurará tão somente o valor do serviço prestado e seu pagamento.

Os imigrantes em caráter definitivo não implicam qualquer tipo de pagamento por seus serviços, uma vez que, ao adotarem essa qualidade de imigrantes, incorporam-se à força de trabalho nacional. Comumente, porém, geram um tipo de ônus para o país, no tocante aos donativos (reais ou financeiros) remetidos a seus familiares no exterior.

No caso dos recursos naturais figurarão os valores dos serviços prestados e seus respectivos pagamentos (ou recebimentos). Caso típico de serviço de recursos naturais é a exploração de jazidas minerais em um país, por empresas estrangeiras.

No que se refere ao fator capital, cabe distinguir entre *o capital real e o financeiro*[14] (dinheiro, títulos etc.). O primeiro será aqui representado pelo conjunto de bens de capital e pelos serviços derivados da utilização de direitos de propriedade comercial (marca comercial, p. ex.), de ciência e tecnologia (técnicas de produção, processos produtivos etc.) e ainda pelos serviços prestados pela utilização de capital pertencente a residentes no exterior (entrada real) ou de nacionais prestados ao exterior (saída real).

Como no Capítulo 2, também aqui nos utilizaremos de uma matriz de insumo-produto para evidenciar a interdependência setorial e estrutural da economia, nela inserindo algumas dessas relações com o exterior.[15] Introduzimos uma linha representando

---

[14] Mais adiante, dissertaremos sobre o capital financeiro.
[15] Para uma discussão teórica e operacional do modelo matricial de "insumo-produto" ver: MIGLIOLI, J. *Técnicas quantitativas de planejamento*. Petrópolis: Vozes, 1976, e o citado texto de FIGUEIREDO, F. O.

as importações de insumos (matérias-primas, transportes, seguros etc.) – na matriz da demanda intermediária – continuando a linha até a matriz da demanda final, representando os bens finais de consumo e de capital importados. Incluímos uma coluna na matriz da demanda final, representando as exportações de bens e serviços finais ou intermediários. Vemos agora que o PIB do país sofreu modificações pela entrada de importações (M) e pela saída de exportações (X).

Quadro 4.3 A matriz de insumo – produto no modelo aberto

	\multicolumn{4}{c}{Demanda intermediária}	\multicolumn{5}{c}{Demanda final}	
	I	II	III	DI	C	K	X	DF	VBP	
I	5	25	–	30	50	–	25	75	105	
II	15	20	5	40	70	25	–	95	135	
III	–	15	5	20	55	–	5	60	80	
Produção nacional	20	60	10	90	175	25	30	230	320	
Importações (M)	5	15	–	20	5	10	–	15	35	VBP +
Subtotal	25	75	10	110	180	35	30	245	355	M*

SO	30	20	30	80	(*) Esse total computa
L	35	25	20	80	duplamente os insumos importados
J	3	7	10	20	
A	10	3	7	20	P = C + I + X – M
D	2	5	3	10	210 = 180 + 35 + 30 – 35
VAB	80	60	70	210	Y = SO + L + J + A + D
VBP+M	105	135	80	320	210 = 80 + 80 + 20 + 20 + 10

No modelo fechado, tínhamos: *oferta* = P = C + I e *demanda* = D = C + I

a equação da oferta nacional passa agora a ser: *oferta total* = P + M

e a *demanda total* = D = C + I + X

como, teoricamente, a oferta é igual à demanda, temos que:
P + M = C + I + X

o que nos permite afirmar que: P = C + I + (X − M)

No exemplo contido na matriz aqui inserida, vemos que foram importados: $ 5 de insumos primários e $ 15 de insumos industriais (totalizando $ 20 de bens intermediários), $ 5 de bens de consumo e $ 10 de bens de capital (somando $ 15 de bens finais), perfazendo um total de $ 35 os bens e serviços importados. Já o setor primário exportou $ 25 de sua produção bruta total, cabendo os restantes $ 5 ao terciário, perfazendo o total de $ 30 para as exportações de bens e serviços.

Vejamos agora as implicações reais que as trocas internacionais causam na economia. Em primeiro lugar, examinemos o papel das exportações. Elas fazem parte da produção total de um país, e, portanto, delas depende em boa medida (na razão do coeficiente de abertura do sistema) o nível de atividade da economia. Deve-se destacar, no entanto, que as exportações constituem uma variável externa à economia, uma vez que a atividade exportadora depende de demanda internacional, escapando portanto, em parte, às decisões internas de um país. Se a demanda internacional apresenta-se com crescimento dinâmico, isso significa, na economia nacional, um crescimento do "compartimento exportador", com aumento do nível de renda e do emprego interno.

No entanto, se a demanda internacional se apresentar estagnante ou mesmo cadente – caso de alguns produtos primários –, a economia nacional pode se defrontar com uma séria ameaça de retração econômica (queda da produção e do emprego), destacando-se que poderá ainda sofrer sérias limitações para manter seu fluxo de importações, uma vez que os recursos financeiros para pagá-las provêm, como regra geral, dos recursos em divisas gerados pelo fluxo de exportações.

Dadas as condições de seu desenvolvimento econômico – ou de subdesenvolvimento – e as oportunidades existentes no comércio internacional, pode um país dedicar uma parte de seu potencial produtivo interno para a produção exportável, diversificando sua atividade interna e complementando sua oferta com importações.

A análise da estrutura da pauta de exportações de uma economia pode dar uma primeira aproximação de seu grau de desenvolvimento. Assim, estruturada a pauta de exportações em: matérias-primas (a), alimentos (b) e produtos manufaturados (c), quanto maior for a participação relativa dos bens de tipo a e b, maior será o grau de subdesenvolvimento e menor o grau de industrialização. Ao contrário, se os bens de tipo c tiverem maior participação na pauta de exportações, isso pode ser um dos indicadores de maior desenvolvimento.

Em média, os bens de tipo a e b totalizavam, na década de 1960, cerca de 75% ou mais das exportações dos países subdesenvolvidos, enquanto, nos países desenvolvidos, esses itens giravam em torno de 30%. Para os países subdesenvolvidos que conseguiram avançar suas industrializações, aquela cifra diminuiu consideravelmente, e suas exportações de manufaturados já apresentam níveis em torno de 30 a 50%. Por exemplo, o Brasil, em 1965, tinha apenas 8% de suas exportações constituídas de manufaturados, cifra que passa a 55% em meados da década de 1980.

Dadas as condições de subdesenvolvimento, os países do "terceiro mundo" são importadores líquidos de serviços internacionais, sobretudo financiamentos, transportes e seguros, apresentando, com isso, situações permanentemente deficitárias em seus balanços de serviços. No que se refere às importações, a pauta dos países subdesenvolvidos, no início da década de 1960, apontava uma proporção de produtos a e b de cerca de 35 e de 65% para os manufaturados e, para os desenvolvidos, de 75 e 25%, respectivamente.

Assim, os países pobres são tipicamente importadores de bens manufaturados, e os desenvolvidos, de alimentos e matérias-

-primas. O exame da pauta de importações, vista em outra estruturação – bens de consumo, intermediários e de capital –, pode também identificar o estágio de industrialização alcançado por uma economia subdesenvolvida, em função da maior ou menor participação dos bens de capital e dos bens de consumo.

Deve-se esclarecer que, se as exportações são "comandadas" pela demanda internacional, as importações dependem fundamentalmente da demanda interna, seja da demanda final para consumo ou da derivada do nível de atividade interna. Essa última implica uma manutenção ou mesmo aumento das importações de insumos e de bens de capital.

Vimos a dependência comercial de uma nação representada pelo coeficiente de abertura. Entretanto, ele é uma medida geral e pouco analítica, requerendo, para uma interpretação mais acurada, um exame detalhado da estrutura das importações e de suas alterações no longo prazo. Por exemplo, a despeito de um país ter implantado apreciável parque industrial, é possível que seu grau de dependência relativa tenha aumentado, pelo menos no que se refere a certos insumos importantes que o país ainda não tenha condições de produzir.

É o caso típico de certos países que instalam uma "indústria" automobilística, deixando de importar automóveis prontos e passando a importar o carro desmontado ou, em outros casos, grande quantidade dos insumos necessários à sua fabricação. Passa-se a fabricar certas bebidas estrangeiras, mas depende-se agora da importação da matéria-prima básica. Isso implica que qualquer situação restritiva de importações – desde que se tenha atingido certo grau de industrialização – afeta direta e imediatamente o nível interno de atividade. Se essas restrições foram originadas de quedas de volume ou de valor das exportações, não só o compartimento exportador será afetado pela diminuição de sua renda e emprego, mas também o compartimento industrial, gerando-se então uma retração geral da atividade econômica do país.

Observadas as exportações e importações por um outro prisma – o tecnológico – marcadas diferenças se apresentam entre elas. Enquanto nas exportações dos países subdesenvolvidos predominam matérias-primas e alimentos, produzidos pelos compartimentos mais antigos da economia e, portanto, mais atrasados tecnologicamente, suas importações, incorporando mudanças tecnológicas criadas nos países de origem, introduzem maior inovação tecnológica no compartimento "moderno". Incorporando técnicas estabelecidas para economias desenvolvidas, criam novas disparidades na disponibilidade fatorial da economia. Nesse sentido, dá-se mais um tipo de dependência: a da importação tecnológica, que constitui um dos maiores problemas do mundo subdesenvolvido. Abordaremos novamente esses aspectos, mais adiante.

Vistas algumas das implicações pela ótica real, analisemos o lado financeiro. As importações são financiadas, basicamente, pelos recursos gerados pelas exportações. Contudo, esse financiamento depende dos preços de exportação e de importação e do volume das exportações. Os preços dos produtos primários sofrem "tendência secular" à queda ou estagnação, motivadas por situações de excesso da oferta internacional ou pela descoberta de produtos sintéticos que substituem os primários (algodão, por exemplo).[16]

Mantido um mesmo volume quantitativo de exportações, e havendo queda de seus preços, surge uma situação de desequilíbrio, pela diminuição do montante de divisas necessárias à economia. A queda ou estagnação do volume restringe igualmente essa capacidade de gerar divisas. Ainda, cabe destacar que os preços relativos dos manufaturados mantêm tendência inversa à dos primários, ou seja, normalmente são crescentes ou estáveis. A relação entre a evolução relativa dos preços dos produtos de exportação e a dos de importação é denominada *índice de relação de trocas*, que se expressa assim: IRT = IPX/IPM, tratados os preços aqui em termos relativos, mais precisamente, mediante a construção de índices de preços de exportação e de importação. Calculada a evolução ou tendência das relações de troca, pode-se avaliar o *poder de compra das exportações*, multiplicando-se a relação acima pelo volume das exportações (X):

---

[16] Para a comprovação dessa tese central da Cepal, ver OCAMPO, J. A.; PARRA, M. A. Los términos de intercambio de los productos básicos en el siglo XX. *Revista de la Cepal*, Santiago, n.79, abr. 2003.

PCx = IRT (X), o que nos dá o montante efetivo de divisas que poderão ser geradas com as exportações.

A fim de podermos continuar nesse raciocínio, voltemos às transações do Balanço de Pagamentos. No balanço de capital são registradas as *contrapartidas financeiras das transações reais*, bem como todas as *transações específicas de capital financeiro*, isto é, toda entrada e saída de ouro monetário e divisas, capitais de risco (investimentos diretos), empréstimos, financiamentos, amortizações e outros. Assim, no *ativo*, figurarão as variações do estoque de ouro monetário e de divisas, bem como de títulos e depósitos bancários do (ou no) exterior. Na conta do *passivo*, figurarão os empréstimos, financiamentos, investimentos e "atrasados comerciais", representando saldos comerciais negativos a descoberto.

Contudo, cabe distinguir os capitais financeiros *autônomos* dos *compensatórios*. Os primeiros representam movimentação de capitais, que independem do resultado mesmo do balanço de transações correntes; os compensatórios são aquelas operações realizadas especificamente com objetivo de regularizar uma situação de desequilíbrio no balanço de pagamentos, isto é, para equilibrar o *déficit* (ou o *superávit*) decorrente do saldo de transações correntes, não coberto por capitais autônomos.

Distingamos, agora, do total das transações correntes, aquelas derivadas da propriedade fatorial, ou seja, os rendimentos pagos aos serviços de fatores (salários de técnicos estrangeiros no país, aluguéis de filmes, juros sobre capitais estrangeiros, lucros de empresas estrangeiras etc.) inseridos na economia, mas pertencentes a *residentes no exterior*, bem como os rendimentos de igual natureza, vinculados à propriedade nacional, recebidos do exterior (lucros e juros de capitais nacionais investidos no exterior etc.). Somados os rendimentos recebidos e deduzidos os rendimentos pagos ao exterior, essa soma algébrica é denominada de "*renda líquida do exterior*", que representa sempre um ônus (excesso de pagamentos) para os países subdesenvolvidos e um acréscimo à renda interna, para os desenvolvidos.

Deduzida essa parcela da renda interna, chega-se ao agregado "*renda nacional*", que significa a renda efetivamente apropriada pelos residentes nacionais de um país. Assim, no caso dos países subdesenvolvidos, sua renda interna é diminuída pela saída líquida ao exterior, de parte de seu esforço produtivo interno.

Vimos o cálculo e significado do poder de compra das exportações, representando ele a capacidade de a economia fazer pagamentos ao exterior, a qualquer título. Esse montante é afetado positivamente pela entrada de capitais estrangeiros, e negativamente pela saída de capitais e pela dedução da renda líquida do exterior, o que nos permite, finalmente, calcular a efetiva *capacidade de importar* com que conta o país:

PCx *mais* entradas de capital estrangeiro
menos saídas de capital estrangeiro
menos renda líquida do exterior

= capacidade de importar bens e serviços (excluídos os serviços de fatores já computados na renda líquida do exterior).

Esse conceito tem grande importância para o mundo subdesenvolvido, uma vez que é a capacidade para importar que possibilita a manutenção do fluxo de importações prioritárias – bens de capital e intermediários – e, consequentemente, a própria manutenção e expansão do nível interno da renda e do emprego.

Examinemos, agora, o exemplo dado na matriz do modelo aberto. Em primeiro lugar, deve-se ressaltar que os serviços de fatores de propriedade nacional que estão sendo utilizados no exterior não estão contidos nessa matriz, pelo simples fato de que ela se refere à economia nacional. Já na matriz do valor agregado, estão especificados os pagamentos efetuados aos fatores da produção utilizados no esforço produtivo interno (isto é, na geração da renda e do produto interno), sem, contudo, se especificar quais pertencem a nacionais e quais a estrangeiros.

Não cabe aqui discutir as razões dessa não especificidade, mas tão somente advertir que só após a apuração da renda e do produto interno é que se pode – mediante o registro do Balanço de Pagamentos – quantificar a entrada e a saída de rendimentos de fator, para então se apurar a renda e o produto nacional. Assim sendo, o conceito de exportações e de importações (X e M) utilizado na matriz refere-se exclusivamente a mercadorias e serviços, não computando, portanto, os chamados serviços de fatores. Voltemos novamente às equações do produto e da renda. Pela abertura da economia, a equação do produto modificou-se, passando a ser:

P = C + I + (X – M) em que X e M *representam, agora, a soma de todos os pagamentos (e recebimentos) pelas saídas (e entradas) de mercadorias, serviços e serviços de fator*.[17]

A equação da renda inicialmente apresentada era:

Y = C + S em que a poupança era tida como igual ao investimento S = I. Entretanto, quando a economia é aberta, já vimos que essa identidade inclui a "poupança do exterior". Assim, temos que a poupança total da economia (S) tem agora dois componentes: S = Sn + Se, ou seja, a poupança nacional e a resultante do saldo do balanço de transações correntes, o que implica que:

Se = (X – M) e, no entanto, restaura-se a igualdade S = I, da seguinte forma: S = I + (X – M), onde X – M representa, na equação acima, o lado financeiro – a "poupança líquida do exterior" – e, na última equação, o lado real – o "investimento líquido do exterior".

Dito em outras palavras: sempre que o saldo de transações correntes for negativo, significa que o resto do mundo "desviou fatores e recursos produtivos" transformados em bens e serviços para a economia nacional, permanecendo esta como devedora internacional, uma vez que saldos negativos reais (transações correntes) têm como contrapartida saldos positivos financeiros (conta de capital). Ao contrário, quando o saldo de transações correntes é positivo, a poupança é igual ao investimento

---

[17] Quando agregamos algebricamente a *renda por serviços de fator* ao PIB Interno, este passa ao conceito de Produto Nacional Bruto (PNB).

nacional, *mais* o "investimento" que o país faz no exterior, representado este pelo excesso de bens e serviços reais exportados.

Finalmente, cabe apresentar mais uma variável desse inter-relacionamento: a *dívida externa*. Essa é representada pelo saldo (acumulado) devedor do país para com o resto do mundo, representado pelos empréstimos e financiamentos obtidos e não resgatados.

De conformidade com a capacidade de pagamento gerada pelas exportações, deduzidas as importações necessárias à economia e a renda líquida do exterior, o país obtém finalmente um saldo que, se positivo, lhe permite cobrir o *serviço anual da dívida externa* – as *amortizações e juros* – e, se negativo, obriga-o a contratar novos empréstimos e financiamentos, com o que aumenta sua dívida e crescem ainda mais as saídas anuais de pagamentos de juros e amortizações. Resta-lhe, entretanto, outra saída: saldar seus compromissos e, com isso, restringir sua capacidade de importar e, consequentemente, restringir as possibilidades de crescimento de sua economia.

4.2 Principais determinantes das relações econômicas internacionais

Não temos a pretensão, neste texto, de efetuar análise pormenorizada desses determinantes, mas tão somente dar uma visão panorâmica de alguns fatores que impelem as economias nacionais a se inserirem na "divisão internacional do trabalho".

- Um primeiro fator é a *necessidade de complementação de oferta e demanda nacionais*, motivada pelas diferenças naturais e econômicas existentes entre os diversos países. Seriam típicos exemplos: as trocas de produtos "tropicais" por produtos "temperados", de "zonas frias" etc., assim como as trocas entre países mais e menos industrializados
- A *escassez de recursos naturais* obriga da mesma forma os países a importar "recursos escassos", raramente na forma bruta em que a natureza os apresenta, mas sim na forma de matérias-primas, produtos semielaborados (lingote de aço,

p. ex.) ou mesmo produtos finais, como alimentos. Uma das principais razões pela qual o Império Britânico tentou expandir seu comércio exterior foi precisamente a escassez de terras férteis, o que o obriga, até os dias atuais, a importar apreciável quantidade de alimentos e matérias-primas naturais. O caso japonês constitui o melhor exemplo: poucos solos férteis, escassez relativa de jazidas minerais e grande contingente demográfico impeliram o Japão para a economia internacional, sem o que, seu desenvolvimento estaria seriamente ameaçado.

- O *tamanho do mercado nacional* revela-se igualmente como forte determinante de um país. Dadas as condições de avanço tecnológico e as necessidades técnicas de maiores escalas de produção (maiores do que a demanda interna), ele deverá, no que tange aos setores de maior complexidade tecnológica, especializar-se e exportar boa parte dessa produção.
- O *desenvolvimento econômico nacional* é também um fator básico de abertura, ao requerer para a economia nacional um aumento vigoroso de acumulação de capital, que exige grandes importações de equipamentos, financiadas com exportações, empréstimos ou investimentos estrangeiros.
- A *integração econômica regional*, advogando maior inter-relacionamento como meio para que os países-membros atinjam maior grau de desenvolvimento econômico, ganhou maior destaque a partir da década de 1960, com a instituição do Mercado Comum Europeu (MCE) em 1957. No início integrado por Alemanha Ocidental, Holanda, Bélgica, Luxemburgo, França e Itália, incorporou outros nove países entre 1976 e 1995, e mais dez recentemente, abarcando hoje 25. A participação mundial da União Europeia 25, em 2003, era de 7,2% com relação à população, 25% do PIB, 39% das importações e 42% das exportações.

Tal integração pode variar de acordo com os objetivos explícitos nos principais Tratados de Integração. Vejamos alguns dos principais:

- Tratado de Roma, em 1957, que instituiu o MCE (Mercado Comum Europeu), que evoluiu para uma completa integração econômica e possivelmente política (a atual UE – União Europeia).
- EFTA (Associação Europeia de Livre-Comércio): liderada pela Inglaterra, e também instituída naquela época, foi perdendo a maior parte de seus membros, à medida que estes passaram a fazer parte do MCE. Trata-se apenas de liberalização do comércio entre seus membros.
- Comecon (Conselho de Assistência Econômica Mútua): criado em 1949, compreendendo a cooperação econômica entre todos os países socialistas, terminou seus dias em 1991, com a desintegração do bloco socialista.
- Ceca (Comunidade Econômica Centro-americana) cujo tratado foi ratificado em 1962, tem objetivos mais modestos.
- Compreendendo todos os países da América do Sul (exclusive Guianas) mais o México, em 1960 foi assinado o Tratado de Montevidéu, instituindo a Associação Latino-Americana de Livre-Comércio (Alalc), com objetivos (apenas o livre-comércio) muito mais modestos do que os do MCE. Ainda assim, sucumbiu, sendo substituída em 1980 pela Aladi, que, além da liberação comercial, prevê acordos setoriais de integração. No período, também foi constituído o Grupo Andino (inicialmente Bolívia, Chile, Colômbia, Peru e Venezuela), que tem sofrido defecções.[18]
- Mais recentemente, com a Terceira Revolução Industrial, constituíram-se outros blocos, como: a Associação Norte-americana de Livre-Comércio (Nafta), formada pelos Estados Unidos, Canadá e México; a Associação das Nações do Sudeste Asiático (Asean). O do Mercosul, assinado em 1990, tem a ambiciosa pretensão de constituir um mercado comum e é constituído por Argentina, Brasil, Paraguai e

---

[18] Dada a recente assinatura entre o Peru e a Colômbia de tratados de livre comércio com os Estados Unidos, a Venezuela retirou-se do Grupo Andino, praticamente implodindo-o.

Uruguai, estando em processo de ingresso a Bolívia e a Venezuela, além do Chile como associado.

- A própria necessidade de *expansão do sistema capitalista internacional* conduz à conquista de novos mercados; busca-se assegurar o suprimento normal de matérias-primas; dissimina-se a produção em regiões que pagam baixos salários; buscam-se "paraísos fiscais e cambiais" (as chamadas plataformas de exportação, ZPEs, portos livres etc.). A busca de melhor aplicação e remuneração para o capital se constitui (desde meados do século XIX) no determinante maior da internacionalização das relações econômicas.
- Outros determinantes das relações econômicas internacionais se fazem presentes no mundo atual, mas, dada sua natureza, limitamo-nos, neste texto, apenas a citá-los: as guerras e suas indenizações; meio ambiente, cataclismos; "segurança continental ou regional"; políticos; fundamentalismo religioso etc. Mais adiante, retomaremos esse tema, apresentando, sucintamente, as recentes transformações que a Terceira Revolução tem induzido na chamada Ordem Internacional.

Da década de 1950 até hoje, o tempo decorrido nos permite refletir mais e melhor sobre o tema da integração, recolhendo experiências, das quais podemos receber ensinamentos. O processo mais avançado até hoje é o da União Europeia, cuja longa duração (50 anos) nos adverte que processos mais avançados (como a concepção de **mercado comum**) requerem um conjunto de complexos e demorados esforços de harmonização e eliminação ou diminuição de diferenças. Já a **união aduaneira** é uma forma mais avançada que a do simples **livre-comércio**, guardando também uma dificuldade, quando os países-membros apresentam diferenças muito acentuadas entre si, como é o caso do Mercosul. Ainda assim, e restringindo-nos apenas à América Latina, contamos com os experimentos das três associações centro-americanas e caribenhas, da Alalc, da Aladi, do Grupo Andino, do Mercosul e de vários acordos, como o do Grupo dos 3. É preciso examinar seus sucessos e insucessos para se poder corrigir uma rota difícil e longa de integração.

Quadro 4.4 Comércio intrabloco como porcentagem do total de exportações de cada bloco

Bloco Comercial	1980	1990	2000	2004
Europa				
Países Bálticos	–	–	12,0	
Associação Europeia de Livre-Comércio (Aelc)	1,1	0,8	0,6	0,6
União Europeia (com 15 países)	60,8	65,9	62,1	61,1
União Europeia (com 25 países)	61,8	67,9	67,2	67,0
Zona Euro da União Europeia	51,4	55,1	50,8	50,7
América				
Grupo Andino	3,8	4,1	8,5	7,5
Mercado Comum Centro-Americano	24,4	15,4	13,2	11,1
Comunidade do Caribe	5,3	8,1	14,4	12,5
Área de Livre-Comércio das Américas (projeto Alca)	43,4	46,6	60,8	59.2
Aladi	13,9	11,6	13,1	12,2
Mercosul	11,6	8,9	20,0	12,0
Nafta	33,6	41,4	55,7	55,2
Organização dos Estados do Caribe	9,0	8,1	10,0	8,9
África				
Comunidade Econômica dos Países dos Grandes Lagos	0,1	0,5	0,8	1,3
Mercado Comum da África Meridional e Oriental	5,7	6,3	4,9	6,3
Comunidade Econômica dos Estados da África Central	1,4	1,4	1,1	1,1
Comunidade Econômica dos Estados da África Ocidental	9,6	8,0	7,6	8,2
União do Rio Mano	0,8	0,0	0,4	0,4
Comunidade da África Meridional para o Desenvolvimento (Sadc)	0,4	3,1	9,3	8,8

Quadro 4.4 Comércio intrabloco como porcentagem do total de exportações de cada bloco (*continuação*)

Bloco Comercial	1980	1990	2000	2004
África (*continua*)				
Comunidade Econômica e Monetária da África Central	1,6	2,3	1,0	1,3
União Econômica e Monetária da África Ocidental	9,9	12,1	13,1	14,2
União do Magreb Árabe	0,3	2,9	2,3	2,4
Ásia				
Associação de Nações da Ásia Sudoriental	17,4	19,0	23,0	22,0
Acordo de Bangkok	1,7	1,6	8,0	11,0
Organização de Cooperação Econômica	6,3	3,2	5,6	6,4
Conselho de Cooperação do Golfo	3,0	8,0	4,9	4,6
Grupo Melanésio Ponta de Lança	0,8	0,4	0,6	0,8
Associação da Ásia Meridional para a Cooperação Regional	4,8	3,2	4,1	5,3
Inter-regional				
Cooperação Econômica Ásia-Pacífico	57,9	68,4	73,1	72,2
Cooperação Econômica do Mar Negro	5,9	4,2	14,2	15,6
Comunidade dos Estados Independentes	–	–	20,0	17,7

Fonte: UNCTAD *Handbook of Statistics* (*Manual de estadísticas de la* UNCTAD) (2002).

Contudo, a constituição de blocos de integração entre países subdesenvolvidos apresenta um problema estrutural crônico: suas possibilidades de ampliar o comércio entre seus próprios membros são reduzidas, por uma série de razões (notadamente a incapacidade financeira), como se pode constatar no Quadro 4.4. Assim, enquanto na União Europeia (dos 15 países) esses fluxos participam com 61,1% (67%, com a inclusão dos novos integrantes) das exportações totais do bloco, e no Nafta a cifra é de 55%.

Os blocos latino-americanos situam-se entre 5,6% para o do Caribe Oriental e 20,8% para o Mercosul (em anos de auge), o que põe a nu a necessidade de intensificar os fluxos intra e de avançar com outros acordos internacionais. Esses últimos, no caso brasileiro, deveriam buscar países com certa semelhança com o Brasil, como a Índia, a China e a Rússia. Observe-se, na mesma tabela, que os coeficientes africanos e asiáticos menos industrializados são muito baixos, distanciados dos 72,5% representados pelo grupo Ásia-Pacífico – Japão, NIC's, Canadá, Austrália, Nova Zelândia, China e outros.

Penso que as questões colocadas neste tópico (e as do tópico seguinte) nos ajudam a entender que o projeto de integração de todo o continente americano, a Alca, tão apregoado pelos Estados Unidos (a bem da verdade, desde a Conferência Panamericana de 1890), seria muito nocivo, principalmente ao Brasil, pois seria abrir completamente nosso mercado à oferta norte-americana, sem contar com uma estrutura produtiva brasileira em condições de competir com a deles.

4.3 As relações econômicas internacionais e o "Terceiro Mundo"

Já na época do Mercantilismo (entre os séculos XVI e XVIII) se dá notável expansão do comércio internacional – fase caracterizada como de expansão do "capitalismo comercial" – que toma enorme impulso com a Revolução Industrial e ingressa na fase do capitalismo industrial (séculos XVIII e XIX). Atinge o caráter imperialista-colonialista em fins do século XIX, para, na fase atual, após o colapso de duas guerras mundiais e da "crise de 1929", readquirir seu vigor e causar o impacto de sua presença em todos os países capitalistas. À Inglaterra coube esse domínio, até a Primeira Guerra Mundial, substituída a partir daí, como potência hegemônica, pelos Estados Unidos.

Com o advento da Revolução Industrial na Inglaterra, esse país passa a dedicar seu esforço produtivo interno fundamentalmente para a produção de manufaturas, praticamente destruindo sua base agrícola, passando a depender do exterior parte importante de seu abastecimento de alimentos e matérias-primas.

Mais tarde, com o aumento da produção em massa, tanto parte da oferta interna de manufaturas, quanto parte substancial da demanda interna (alimentos e matérias-primas, basicamente) exigiam considerável expansão de suas trocas internacionais.

No início, esse comércio se fazia por companhias inglesas que se instalavam nos territórios forâneos, com o objetivo primeiro de efetuar exportações e importações e de dar a esses fluxos segurança e continuidade. Com o avanço industrial de outros países – Alemanha, França e Bélgica, principalmente –, que estabelecem idêntico esquema internacional de trocas, surge uma ameaça concreta ao Império Britânico: esses países procuravam penetrar em territórios já "conquistados comercialmente" pelos britânicos. Os titulares de tais empresas reivindicavam, então, à Coroa proteção para seus empreendimentos, ou seja, uma ação mais enérgica do governo inglês em relação aos governos de tais territórios.

A Inglaterra, apoiada então em seus interesses industriais, e diante da ameaça dos parceiros do jogo internacional, concedia "proteção" a essas companhias, firmando tratados com povos nativos, criando postos de "missionários" ou simplesmente conquistando de fato o território, que passava então à condição de *colônia*. Essa política de colonialismo foi adotada pelos demais países e tem seu início próximo à metade do século XIX, fazendo que ingleses, franceses, alemães, belgas e italianos "loteassem" o território africano e grande parte da Ásia. Na mesma época, esses mesmos "representantes da civilização ocidental" conquistam a Indochina e ocupam finalmente a China.

Com essas conquistas, é imposta pelos países "centrais" uma política de trocas comerciais aos países da "periferia" – manufaturas por produtos primários –, com o que são estabelecidas as bases do chamado "modelo de crescimento primário-exportador". Nesse modelo, os países periféricos têm seu crescimento atrelado à demanda internacional de produtos primários, expandindo-se a economia à medida que se expandia o compartimento produtor de produtos exportáveis. Qualquer oscilação nos preços desses bens ou no nível da atividade dos países centrais refletia-se de imediato no nível de renda e de emprego da periferia.

Entretanto, com o interesse voltado para a continuidade do fluxo de comércio, bem como para o barateamento dos custos de produção primária, os países centrais passam também a exportar capitais, aplicando-os, no exterior, com objetivo de financiar essa produção, criar uma infraestrutura mínima de transportes e comunicações, financiar dívidas públicas etc.

Esse esquema vai vigorar até fins de 1929, quando eclode a grande crise econômica mundial, interrompendo a demanda internacional de produtos primários e desorganizando a oferta internacional de manufaturas, de um lado, e provocando ainda uma forte queda de preços. A redução das exportações da periferia, reduzindo drasticamente sua capacidade para importar, trunca o abastecimento de produtos que antes se fazia por meio de importações, o que representou forte estímulo para que os países periféricos tentassem satisfazer suas necessidades, com produção interna desses bens.

Alguns efetivamente conseguiram alcançar de forma marcante esse objetivo; outros, porém, encontram-se até hoje com uma base econômica produtiva eminentemente primária. A estrutura das pautas de exportação e de importação do período pré-crise apresentava-se assim:

Quadro 4.5 Estrutura do comércio exterior de 1928 (países escolhidos) (%)

		Importações	Exportações
Estados Unidos	alimentos	25	15
	mat.-primas	50	43
	manufaturas	25	42
Reino Unido	alimentos	45	11
	mat.-primas	33	14
	manufaturas	22	75
América Latina	alimentos	15	13
(países mineiros)	mat.-primas	19	85
	manufaturas	66	2
América Latina	alimentos	24	80
(países agrícolas)	mat.-primas	12	18
	manufaturas	64	2

Fonte: BARRE, R. *Manual de Economia Política.* Fundo de Cultura. v.IV, p.20.

Entre os países que efetivamente ingressaram em um processo de industrialização substituidora de importações, os mais bem-sucedidos, na América Latina, são o Brasil, Argentina e México. Esse processo – denominado "modelo de substituição de importações"[19] – pode ser entendido como o modo pelo qual os países subdesenvolvidos foram utilizando mais suas capacidades produtivas industriais previamente instaladas e ampliando seus parques industriais para produzir os bens que antes eram importados. No início de tal processo, apenas são produzidos aqueles bens de mais fácil manufatura, tipicamente representados pelos chamados bens "leves" ou pelos bens de consumo não durável: os tecidos, por exemplo.

À medida que avança o processo, a produção industrial penetra no nível de bens mais complexos, como certos insumos industriais (cimento, aço, alguns produtos químicos) e bens de capital. Para efetuar essa produção interna, os países são obrigados a poupar escassas divisas (deixando de importar bens de consumo), necessárias para importar os insumos e bens de capital que ainda não são produzidos internamente. Por exemplo, quando passam a produzir tecidos, estes deixam de figurar na pauta, passando esta a conter, entretanto, os insumos necessários àquela produção (fios, anilinas etc.) e os bens de capital utilizados em seu processo produtivo (teares e outras máquinas).

Assim, a pauta de importações vai sofrendo mudanças estruturais, perdendo importância relativa os bens de consumo e aumentando a dos intermediários e de capital, tornando-se rígida: antes, quando surgia um desequilíbrio na capacidade para importar, continham-se as importações de bens de consumo, até que a crise terminasse; atingida, porém, essa nova composição da pauta importadora, a rigidez apresenta-se quase absoluta, pois praticamente não há mais importações "supérfluas" que possam ser eliminadas. Como o processo caminha continuamente, a pauta torna-se cada vez mais rígida e o desequilíbrio externo se torna crônico, gerando pressões inflacionárias na economia.

---

[19] Para o caso brasileiro, ver o clássico trabalho: TAVARES, Maria da Conceição. *Da substituição de importações ao capitalismo financeiro*. Rio de Janeiro: Zahar, 1972.

No início da década de 1960, do total das exportações da América Latina, 18 produtos tradicionais perfaziam 75% e o petróleo, o café e o cobre somavam 50% do total exportado. Esse alto peso dos produtos tradicionais nas exportações mantém alta dependência da demanda internacional, fato agravado pela tendência à queda de seus preços, o que agrava o *déficit* de transações correntes desses países. Por isso, estes são obrigados a lançar mão de empréstimos e financiamentos estrangeiros ou de investimentos estrangeiros, com a finalidade, de um lado, de sanar o *déficit* do balanço de pagamentos e, de outro, suplementar a formação de capital do país sem a necessidade de desembolso imediato de divisas.

Quadro 4.6   Participação porcentual das exportações tradicionais (produtos básicos e semimanufaturados) sobre o total das exportações de alguns países

País	1965	1990	2003
EUA	35	22	19
Itália	22	10	14
Espanha	60	24	23
Grécia	86	46	43
Brasil	92	44	45
México	84	56	19 (*)
Argentina	94	65	73
Colômbia	93	74	66
Chile	96	90	84

Fonte: Banco Mundial, *Relatórios anuais*, para 1965 e 1990; UNCTAD, para 2003.
(*) O baixo porcentual deve-se à elevada participação das reexportações da *indústria maquiladora*, que distorce a estrutura efetiva.

Com efeito, é preciso ter presente que as participações brasileira e latino-americana nas exportações mundiais eram em torno de, respectivamente, 2% e 10% na década de 1950. Mas, paradoxalmente, após atingirmos o auge de nossa industrialização ao final da década de 1970, essa participação caiu vertiginosamente a partir da década seguinte e, entre 1985 e 2003, situou-se em cerca de 0,9 e 5%. O mais grave é que, se subtraído o México do total, os 5% se reduzem a apenas 2,8%. As pautas diversificaram-se, mas, nos últimos vinte anos, mantêm uma participação de apenas cerca de 55% de manufaturados, sobre o total, para ambas as regiões, e de apenas 32%, se retirarmos o México do total.

Por isso, como esse *déficit* passa a ter caráter crônico, e como as exportações não têm um crescimento adequado ao processo, os países veem-se obrigados não só a protelar o pagamento de empréstimos anteriormente contraídos, mas também a tomar novos, para fazer face às necessidades adicionais impostas pelo crescimento da economia, e para "rolar" os débitos ainda não pagos ao exterior.

Assim, aumenta a dívida externa do país, comprometendo a curto e a longo prazo sua capacidade de pagamento e de importação. A dívida pública externa da América Latina, que em 1956 somava 3,9 bilhões de dólares (dos quais 1,4 do Brasil, 0,4 da Argentina e 0,5 do México), em 1965 já totalizava 11,0 bilhões, dos quais cabiam 2,8 ao Brasil, à Argentina 1,9 e ao México 2,0. Somadas as entradas brutas de capital estrangeiro na América Latina, no período de 1950 a 1964, essas totalizaram 22,1 bilhões de dólares; entretanto, os retornos de capital, provenientes das remessas de lucros, juros e amortizações, totalizaram 26,0 bilhões de dólares, mostrando o paradoxo do subdesenvolvimento, que é o da transferência líquida de recursos dos países pobres para os ricos.

Somados os anos do período 1982-1990 – o da "crise da dívida" – a América Latina transferiu recursos líquidos para o "resto do mundo", em um total de US$ 221 bilhões (dos quais Brasil 75, Argentina 33 e México 72), mas o saldo acumulado de sua dívida externa passou, de US$ 116 bilhões em 1979, para US$ 574 bilhões em 1995.

Antes de falarmos sobre o período mais recente é preciso ainda advertir que, se de fato é necessária a vinda (e permanência) do capital internacional para complementar nossas necessidades de investimento, financiamento, acesso a novas tecnologias etc., também é verdade que tal ingresso implica, necessariamente, aumento de nosso grau de dependência externa, pelos seguintes fatos:

- *pelo serviço da dívida externa*, que compromete a capacidade de pagamentos e torna a economia dependente de negociações protelatórias e mais vulnerável a decisões forâneas;
- *pelas remessas de lucros e de direitos de patentes*, que da mesma forma transferem para o exterior parte importante da capacidade de importar, diminuindo ainda o montante da renda gerada internamente;
- *pela introdução de novas técnicas* e processos produtivos, que torna as funções de produção antagônicas à disponibilidade interna de fatores e reduz o grau de liberdade das políticas de emprego;
- dada a pequena dimensão relativa dos mercados nacionais subdesenvolvidos, outro tipo de dependência se cria via investimento direto estrangeiro, com o surgimento de grandes empresas filiais de unidades produtoras forâneas. Estas pelas dimensões maiores de sua capacidade de produção, não raro monopolizam ou detêm grande parte da produção interna a que se dedicam;
- como decorrência do fato acima, não raro a própria possibilidade de exportar produtos manufaturados fica condicionada igualmente às decisões das casas matrizes dessas filiais estrangeiras;
- o grande movimento de capitais de curto prazo (o capital "motel") pode desestabilizar o mercado de câmbio, com movimentos abruptos de fuga ou de entrada, gerando crises profundas e de difícil equação.

4.3.1 O período atual: globalização e políticas neoliberais

Globalizado o mundo já era, pelo menos a partir do momento em que a pirataria e o capital mercantil cruzaram "os sete mares", ambos em busca do comércio, lucro fácil, da rapina e da dominação.

No mundo de hoje, o termo tem tido uso generalizado (e banalizado) e serve inclusive de argumento para "explicar" e "justificar" atitudes irresponsáveis praticadas e defendidas pelas elites e governos da maioria dos países.

A *Globalização* tem dois sentidos precisos: a *Financeira*, que resultou da desmedida e pouco controlada expansão financeira internacional, principalmente graças às modernas telecomunicações; às saídas de grandes bancos e empresas multinacionais de seus países de origem, em busca de "paraísos fiscais" ou "ninhos de ganho fácil temporário e especulativo"; à complacência de muitos Estados nacionais que abriram suas comportas, facilitando, irresponsavelmente, o livre trânsito de capitais de curto prazo (o capital "motel").

A *Produtiva*, que consiste na reestruturação (econômica, técnica, administrativa, comercial e financeira) que as grandes empresas transnacionais vêm fazendo, promovendo nova divisão internacional do trabalho. Por exemplo, a empresa automotriz "A" não mais produz o automóvel por inteiro no país P1 (ou não adquire mais no mesmo local todas as suas partes); faz o motor em P2, partes eletrônicas em P3; compra os pneus em P4; a estamparia em P1, o câmbio em P5; monta o veículo em P1 e P2, produzindo o "carro mundial" e, agora sim, *globalizando de fato suas vendas*.

Assim, P1 deixa de produzir a maior parte dos componentes do veículo e de gerar todo o valor agregado e, principalmente, não cria *empregos como antes*, destruindo muitos deles. Dessa forma, as empresas fazem essa produção em alguns poucos países, estrategicamente, em função de seus objetivos: menores custos de trabalho, vantagens comparativas, vantagens financeiras e fiscais etc.

Em certos casos, para dar algum equilíbrio nas contas externas do setor em um país, as empresas geram exportações (ou importações) de partes e peças para "equilibrar" suas importações (ou exportações do veículo acabado); é o que elas fazem no Mercosul, viabilizando esse mercado artificial. Assim, enquanto a comercialização do automóvel se dá de forma mundial (globalizada), a produção só é realizada em um número pequeno de países!

Contudo, vejamos o quadro mais completo sobre o qual se assenta a "globalização".

Ela é fruto, em grande parte, da introjeção tecnológica da Terceira Revolução Industrial, acelerada face à expansão da acumulação financeira que ocorre desde meados da década de 1960, muito acima e adiante da acumulação produtiva. Para que essa acumulação real (produtiva) pudesse sair do "lodaçal" em que se encontrava entre 1973 e 1983, o capitalismo central desenterrou velhos postulados liberais, dando-lhes uma roupagem de "modernidade" – o neoliberalismo – que consiste, fundamentalmente, em:

- deliberado enfraquecimento dos Estados nacionais;
- liberalização da entrada e saída nacional do capital estrangeiro (e do nacional);
- abertura comercial e de serviços;
- ruptura de monopólios públicos e privatização;
- flexibilização dos contratos de trabalho;
- garantia de leis de patentes aos países desenvolvidos;
- corte ou abandono das políticas públicas sociais.

Contudo, a Terceira Revolução Industrial, entre outros, causou e tem causado os seguintes efeitos, a maioria dos quais perversos para os países subdesenvolvidos:

- destrói mais empregos do que cria, desempregando grandes levas de trabalhadores qualificados e pouco qualificados;
- substitui muitos insumos tradicionais (como aço bruto, cobre, algodão etc.), por modernos (fibra óptica, novas ligas metálicas, sintéticas etc.), normalmente produzidos nos países desenvolvidos;[20]
- acelera a obsolescência de processos e equipamentos, "queimando" capital e exigindo mais investimentos meramente substitutivos;

---

[20] O fato de que a demanda internacional (quantidade e preços) tem crescido fortemente para os produtos primários (em especial para minerais metálicos), entre 2002 e 2006, decorre fundamentalmente do notável crescimento da China – de difícil previsibilidade futura – e não da demanda dos países desenvolvidos. Assim, isso não contradiz os fatos apontados no texto.

- induziu as grandes empresas transnacionais a uma violenta reconcentração de capital, convertendo-as em "gigantes", com enorme grau de monopolização e autonomia em suas atitudes em cada país subdesenvolvido onde se instalam.

Creio que já podemos nos aperceber do seguinte:

1. Que a Globalização Produtiva é restrita a alguns países, aqueles que apresentam *condições mínimas* para produção industrial mais complexa. Na América Latina, Brasil e secundariamente Argentina e México têm algumas dessas condições; os demais países não! Na África essa exclusão é ainda pior, daí a situação de "rumo à barbárie" em que se encontra hoje.
2. A "modernidade" (produtiva, financeira e, principalmente, ideológica) nos impõe altíssimo preço – alto desemprego, eliminação de várias atividades produtivas etc., agravando sobremodo nosso drama social. É a combinação dessa modernização com o baixo crescimento que causou, para o conjunto dos países desenvolvidos, uma massa de 35 milhões de desempregados. Por exemplo, as fábricas de veículos no Brasil, em 1994, empregavam 21% menos trabalhadores do que em 1980, ao passo que produziam 36% mais veículos. De 1994 a 2005, os fatos são ainda mais graves: enquanto o emprego se reduziu em 12%, a produção aumentou 60%!...[21]
3. **Às elites** (e seus representantes no Governo), esses efeitos danosos pouco afetam: podem comprar o carro japonês, importam o vinho ou o queijo francês, passam as férias em Miami etc. À grande massa, contudo, esse processo é destrutivo e fragmentador, podendo conduzi-la a caminhos políticos complexos, como nas décadas de 1920 e 1930. As recentes lições das eleições na Espanha, Índia,

---

[21] A fonte são os *Relatórios anuais* da Anfavea.

Inglaterra e França são sintomas disso, assim como as da Venezuela e da Bolívia.
4. É necessário lembrar, ainda, que no Brasil esse processo está apenas em suas fases iniciais, as quais, contudo, já mostram perversa elevação do desemprego aberto, do subemprego, precarização das relações de trabalho, quebradeira das pequenas e médias empresas e do aumento da desnacionalização de nossa indústria. Várias empresas nacionais modernas e eficientes, como a Cofap e a Metal Leve, foram "engolidas" pelo capital estrangeiro.

Por outro lado, os *nouveaux économistes* apregoam a falsa ideia de que, com a abertura, as empresas se tornariam, "de súbito", mais competitivas e eficientes. Isso nos obriga a refletir mais sobre a realidade econômica nas transações comerciais internacionais contemporâneas:

a) nações de pequeno ou médio tamanho, que constituem a maioria dos países subdesenvolvidos, só atingiram baixo grau de industrialização, e, afora alguns produtos primários tradicionais, só exportam manufaturados em condições excepcionais (nichos, subsídios, mercados preferencialmente concedidos no nível do GATT-OMC etc.), pouco ou nada tendo de especialização ou eficiência competitiva industrial perante as nações desenvolvidas;
b) países desenvolvidos de tamanho pequeno ou médio, ao contrário, além de industrializados, contam com estruturas altamente especializadas em suas pautas exportadoras, competindo eficientemente com os desenvolvidos de maior porte;
c) países de grande dimensão territorial ou de grande mercado, e desenvolvidos (como os Estados Unidos e o Japão), apresentam historicamente pautas exportadoras industriais diversificadas, mas que contêm muitos itens altamente especializados, como aviões e equipamentos de grande porte, no caso dos Estados Unidos, e eletrônicos, no caso do Japão.

d) países subdesenvolvidos de grande tamanho territorial ou de mercado interno médio, como Brasil, Índia, China e Rússia, em geral igualmente apresentam pautas diversificadas, porém, com raros produtos com maiores especializações competitivas em setores de tecnologia avançada. Esses países se "especializam" na produção de bens que usam intensamente mão de obra barata e recursos naturais (escassos, na maioria dos países desenvolvidos), como insumos básicos ou produtos agroindustriais ou ainda produtos de alto consumo de energéticos ou altamente poluidores do meio ambiente.

Assim, suas *eficiências competitivas* raramente podem ser ampliadas. Dessa forma, é uma ilusão pensar no "rápido poder transformador" de modernização e competitividade que uma política neoliberal possa trazer ao mundo subdesenvolvido.

Dito de outra forma, não há nos marcos de tais políticas nem sombra de se vislumbrar uma rota de crescimento industrial firme, alto e seguro com que se pudesse sustentar o emprego. Assim, é urgente pensar em outros caminhos. Não a "volta ao passado", dado que as condições hoje são muito distintas. E, ainda, faz-se necessário repor a palavra "equidade", substituída, pelos neoliberais e pelos *nouveaux économistes*, por "eficiência".

Em um sentido geral, nossa alternativa é "ganhar tempo", fazendo as reformas estruturais necessárias e a reestruturação produtiva, gradativamente. O Brasil foi o último "rebelde" na América Latina a aceitar a imposição das políticas neoliberais, a partir de 1990, com Collor. Elas foram aprofundadas por FHC a partir de 1993 e mantidas por Luís Inácio Lula da Silva.

O discurso neoliberal ditava, e ainda dita, que precisávamos abrir nossa economia à competição, baixar tarifas e desregulamentar a entrada e saída do capital estrangeiro. Um exame mais responsável de nossas estatísticas, contudo, mostra que:

- enquanto nossa tarifa média de importações foi rebaixada, de 39,5% em 1989 para 32,2% em 1990 e para 12,6% em 1995, o Japão mantém a sua em 17,3% e a Coreia do Sul

em 17,9%, ambos fazendo ouvidos moucos aos Estados Unidos (6,9%) e ao MCE (7,1%);
- o grau de abertura industrial do Brasil (exportações industriais/PIB indústria de transformação) é de cerca de 20%, enquanto o dos Estados Unidos e do Japão se situa em torno de 13%;
- nosso coeficiente de importações totais/PIB, de 9,7% em 2000, que subiu em 2004 para 11,1%, é pouco menor do que o dos Estados Unidos (13%), mas já é maior do que o do Japão (9,8%).

O Quadro 4.7 mostra nossos resultados mais gerais do setor externo, em cinco momentos muito importantes: i) 1965, quando termina a primeira etapa da industrialização pesada; ii) 1979, quando consolidamos a industrialização pesada mas já contávamos com um pesado desequilíbrio cambial; iii) 1989, último ano da "década perdida"; iv) a década de 1990, com o aprofundamento da crise do Estado desenvolvimentista e a plena aplicação das políticas neoliberais, com forte valorização cambial e endividamento externo e interno crescentes; e v) o período após as crises cambiais brasileira (1999) e argentina (2001), que forçariam uma reversão positiva nas contas externas, que melhoram significativamente com a expansão excepcional do comércio externo, como já dissemos acima. Esses dados mostram a devastação cambial e financeira causada, primeiro, pelo endividamento e desmedido crescimento das importações na década de 1970, seguidos pela prática de ajustes que criaram *superávits* enormes na balança comercial (para o serviço da dívida) e, por último, pela devassa que a abertura comercial causou.

As crises cambiais e financeiras de 1994-1995 não foram suficientes para pôr fim à "farra de importações" que só diminuiria após a derrocada cambial de 1999-2002. Os "buracos" financeiros externos dos três países (Argentina, Brasil e México) – e do conjunto da América Latina –, contudo, continuaram sendo "preenchidos" pelo colossal aumento de suas dívidas externas, expandidas, perigosamente, pelas enormes entradas de capitais de

Quadro 4.7 América Latina (AL), Argentina (A), Brasil (B) e México (M): Balança comercial (BC), Balanço de transações correntes (BTC) e Saldo acumulado da dívida externa.

(US$ bilhões)

	BC				BTC				Dívida externa			
	AL	A	B	M	AL	A	B	M	AL	A	B	M
1965	2,3	0,5	0,7	-0,4	-0,3	0,0	0,4	-0,4	11,0*	1,9*	4,7	2,0*
1979	0,1	1,8	-2,7	-2,2	-9,8	-0,5	-10,5	-4,6	128,4	8,9	39,6	35,5
1989	27,2	5,7	16,1	-2,6	-9,0	-1,3	1,6	-6,2	419,7	63,3	115,1	95,1
1994	-15,2	-4,0	10,4	-18,4	-50,0	-10,2	-1,7	-28,9	533,4	82,0	148,3	135,5
1995	3,3	2,4	-3,2	7,0	-38,0	-5,2	-18,1	-1,6	651,3	110,6	186,6	157,2
1998	-34,9	-3,1	-6,6	-7,9	-88,3	-14,6	-33,4	-16,1	764,4	145,2	241,5	166,4
2000	3,6	2,6	-0,7	-8,0	-46,3	-8,9	-24,2	-18,2	742,5	146,3	236,1	148,5
2002	23,4	17,3	13,1	-7,9	-14,2	9,6	-7,7	-14,1	725,6	134,1	227,7	140,1
2005	75,7	12,4	44,7	-10,0	29,7	4,7	15,0	-9,3	679,2	118,7	191,3	131,7

Fonte: Cepal. (*) Apenas a Dívida pública externa.

Quadro 4.8 Brasil – Comércio com o Mercosul: (US$ bilhões)
Exportações (X) do Brasil aos demais e importações (M) do Brasil originárias dos demais

	Brasil (a)		Argentina (1)(b)		Paraguai (2)(b)		Uruguai (3)(b)		Total (1+2+3)(b)		
	X	M	X	M	X	M	X	M	X	M	X-M
1990	31,4	20,7	0,6	1,4	0,4	0,3	0,3	0,6	1,3	2,3	-1,0
1991-94(c)	37,4	25,0	3,1	2,4	0,8	0,3	0,6	0,5	4,4	3,1	1,3
1994	43,5	33,1	4,1	3,6	1,1	0,4	0,7	0,7	5,9	4,7	1,2
1995-98(c)	49,6	55,1	5,7	7,0	1,3	0,5	0,8	1,0	7,8	8,5	-0,7
1998	51,1	57,8	6,7	8,0	1,2	0,4	0,9	1,0	8,9	9,4	-0,5
1999-02 (c)	53,1	54,6	4,7	5,9	0,7	0,3	0,6	0,6	6,0	6,8	-0,8
2002	60,4	47,2	2,3	4,7	0,6	0,4	0,4	0,5	3,3	5,6	-2,3
2003	73,1	48,3	4,6	4,7	0,7	0,5	0,4	0,5	5,7	5,7	0,0
2004	96,5	62,8	7,4	5,6	0,9	0,3	0,7	0,5	8,9	6,4	2,5
2005	118,3	73,6	9,9	6,2	1,0	0,3	0,8	0,5	11,7	7,1	4,7

Fonte: Banco Central. (a) X(M) para (de) todos os países do mundo; (b) X do Brasil para o país assinalado; M do Brasil, originadas do país assinalado; (c) Média anual.

curto prazo, o malfadado "capital motel", bem como pela "ajuda" concedida várias vezes pelo FMI.

Entretanto, a crise cambial brasileira de 1999, que só altera o rumo do comércio externo a partir de 2001, e a profundidade da crise Argentina de 2001-2002 provocaram uma pausa naquela tendência. A isto, veio se juntar o período excepcional que vivemos a partir de 2003, com forte expansão dos preços do petróleo e do comércio internacional – notadamente decorrente do elevado crescimento da China –, o qual, contudo, pode desacelerar em futuro próximo. O forte aumento do comércio se deu em preços e quantidades. Contudo, a partir de 2004-2005 o comércio de produtos primários agrícolas e alimentos já havia desacelerado, restando ainda o de manufaturados e de produtos minerais.

Por último, examinemos o Quadro 4.8, que mostra as cifras de nosso comércio exterior com os países do Mercosul. Entre 1990 e 1994 (até 30 de junho), nossa política cambial tentava manter o valor real da taxa e nossas exportações (totais e para o Mercosul) cresciam, enquanto as exportações argentinas para o Brasil tinham comportamento fraco, graças à valorização cambial praticada pela Argentina. Após julho de 1994, quando passamos a valorizar o câmbio, nossas exportações estancaram, as importações cresceram desmedidamente e a Argentina, com isso, encontrou sua "tábua (temporária) de salvação". Contudo, em 1999, terminou a "farra cambial" no Brasil, nossas importações caíram, o que não impediu que nossas exportações para a Argentina caíssem, devido ao agravamento da crise naquele país, o qual só volta a aumentar suas exportações após a crise cambial de 2001-2002, revertendo de novo nosso saldo.

CAPÍTULO 5

O SETOR PÚBLICO

Neste capítulo inserimos a ação do Estado no sistema econômico, reduzindo a abstração em que vínhamos operando no início deste texto. Não nos deteremos aqui nos aspectos jurídicos ou políticos da formação dessa entidade chamada *Estado*; veremos somente as orientações, decisões e ações do Estado sobre a atividade econômica.

Se nos reportarmos aos primórdios, as decisões de ordem, justiça, guerra, organização etc. eram tomadas fundamentalmente por um chefe (apoiado ou não em um "Conselho"), representando este um conjunto de atributos:

a) delegados pelos membros da comunidade, ou
b) obtidos pelo uso da força, ou
c) transferidos por hereditariedade,

sendo esse ente – o chefe – uma forma embrionária da entidade Estado.

Com a evolução histórica dos povos e a expansão mercantil, aumentou a complexidade do processo econômico; as relações de governo das cidades passam a exigir ações cada vez mais complexas e diversas do Estado: são instituídos tribunais, serviços de polícia e exércitos, aumenta a necessidade de arrecadar impostos, são criados controles e normas as mais diversas.

No decorrer do século XV ocorre a expansão do comércio entre as nações, o que gera sérias rivalidades entre cidades de várias nações e enseja represálias entre elas. Assim a necessidade sentida pelos capitalistas comerciantes de uma *ordem superior* organizada e lastreada na lei e na força para defender seus interesses induziu o surgimento dos chamados Estados nacionais, as nações politicamente organizadas.

Dessa época para cá, o conceito e atuação do Estado ampliaram-se sobremaneira, perfazendo uma série de atividades importantes, tais como: organização, orientação, persuasão, regulamentação, fiscalização, coerção, representação, proteção e coordenação ou execução de atividades políticas, sociais e econômicas. Dependendo de sua importância relativa no contexto mundial, alguns de seus atos extravasam as fronteiras nacionais e geram importantes efeitos em outros países.

Como dissemos anteriormente, aqui analisaremos algumas das principais atuações governamentais na esfera econômica de um sistema capitalista: suas principais atuações diretas e indiretas na economia.

5.1 Atuação do setor público na economia de mercado

As bases doutrinárias surgidas com o liberalismo econômico na Revolução Industrial, consubstanciadas em grande parte por Adam Smith, em 1776, em seu *Riqueza das Nações*, postulavam, entre outros, os seguintes princípios:

a) o comércio não deve sofrer qualquer tipo de restrição (*livre-cambismo*);
b) o elemento motor do progresso é o lucro, ficando portanto as atividades de produção e comércio restritas às em-

presas privadas, devendo o Estado se abster de qualquer coação nesse campo (*livre-empresa e livre-concorrência*);
c) o Estado é mau administrador, sendo, portanto, improdutivo, e suas atividades econômicas constituem um desperdício, por isso sua ação deve ser limitada ao atendimento de serviços de *justiça*, manutenção da *ordem social, defesa nacional* e *alguns serviços sociais*. Assim, o Estado deveria ter seu orçamento de receitas e gastos contido e equilibrado, não incorrendo em *déficit* ou *superávit*.

Essas são as *funções clássicas* do Estado liberal, aceitas, com maior ou menor rigidez, até o fim da década de 1920. Contudo, o cumprimento dessas funções restritas constituiu muito mais o discurso e as recomendações que as potências mundiais de então faziam aos países subdesenvolvidos e às suas colônias. No âmbito de cada uma, como nos mostra a história, a ação do Estado nacional foi muito mais ampla, intervindo na economia e promovendo o desenvolvimento do capitalismo nesses países.[1]

Com a grande "Crise de 1929", tornou-se inevitável a contestação desses postulados, pela ação direta do Estado na economia, com o objetivo de minimizar os efeitos depressivos da renda e do emprego gerados por essa crise. Uma profunda revolução no pensamento econômico então se processou, com o surgimento da grande obra de Keynes,[2] que, contestando os postulados clássicos, reformulava a noção de intervenção governamental, argumentando que:

a) o orçamento público poderá ser deficitário ou superavitário, de acordo com o comportamento da atividade econômica;

---

[1] É vasta a literatura sobre esse tema. Consultar: HOBSBAWN, E. *Da Revolução Industrial inglesa ao imperialismo*. Rio de Janeiro: Forense, 1978; OLIVEIRA, C. Alonso B. de. *Processo de industrialização*: do capitalismo originário ao atrasado. São Paulo/Campinas: Unesp/Unicamp, 2002; POLANYI, K. *A grande transformação*. Rio de Janeiro: Campus, 1980.

[2] KEYNES, J. M. *A teoria geral do emprego, do juro e da moeda*. São Paulo: Abril, 1983.

b) o Estado poderá intervir no sistema para manter o pleno emprego e o nível da renda, principalmente por meio do investimento público;
c) o pleno emprego é um fator acidental no capitalismo liberal, não sendo este capaz de mantê-lo pelo simples sistema de preços (pelo mercado);
d) mantendo-se o pleno emprego (e a massa salarial), manter-se-á a demanda efetiva do sistema.

Na atualidade, a ação estatal se faz presente de forma marcante, mesmo nos países considerados "patronos" da chamada livre-iniciativa e do neoliberalismo, os quais, a partir da "Crise de 1929" e da Segunda Grande Guerra, ampliam a intervenção estatal e aumentam seus gastos com as políticas de *Welfare state*. Os dados do Quadro 5.1 demonstram claramente o notável aumento do gasto público, a partir da crise mundial dos anos 1920:

Quadro 5.1 Despesas públicas totais (% do PIB)

Estados Unidos		Reino Unido	
1880	2,5	1890	8,9
1914	2,2	1913	12,4
1924	3,5	1924	23,7
1934	10,4	1938	30,0
1967	28,3	1967	32,9
1980	30,0	1980	35,0
1991	30,0	1991	38,0

Fonte: Extraído de CASTRO, A.; LESSA, C. *Introdução à economia*, op.cit., p.82. Os dados para 1967, 1980 e 1991 são da OECD.

Muito embora haja alta correlação entre produto per capita e gasto público como porcentagem do PIB (quanto maior a renda, maior a relação gastos/PIB), alguns países subdesenvolvidos, com baixos níveis de renda, expandiram extraordinariamente a ação direta do Estado, fazendo que sua relação gasto público/PIB aumentasse, notadamente pela implantação de empresas estatais. Assim, o setor público total na América Latina,[3] em meados da década de 1960, apresentava relações da ordem de 41% na Argentina, 34% no Brasil, 42% na Bolívia, 39% no Chile, 38% no Uruguai, 34% no Equador etc.

Contudo, tanto as elevadas taxas inflacionárias das décadas posteriores como as recentes mudanças neoliberais (privatizações, cortes no gasto social e no investimento público etc.) fizeram que aquele coeficiente perdesse seu transparente significado, razão pela qual o substituímos pela relação *receitas fiscais correntes (excluindo as empresas públicas)/PIB*, conforme nos mostra o quadro a seguir.

Quadro 5.2 Receitas fiscais correntes do governo (% sobre o PIB)

	1965	1970	1980	1990	2000	2003
Argentina	24,0(a)	19,1	23,6	19,5	25,9	27,6
Brasil	21,8	26,0	24,7	27,8	31,6	34,4(d)
Chile	18,0(a)	...	30,3(b)	27,1(c)	23,7	23,4
México	6,1	8,1	14,5	20,5(c)	18,5	19
Bélgica	31,2	35,7	44,4	44,9	45,7	45,4
Holanda	33,2	37,6	45,8	45,2	41,2	38,8
Suécia	35,2	40,0	49,1	56,9	53,9	50,6
OCDE Europa	27,6	31,0	36,5	40,2	39,7	38,9
Estados Unidos	25,9	29,2	29,5	29,9	29,9	25,6
Japão	18,3	19,7	25,4	31,3	26,5	25,3

Fontes: OECD – *Revenue Statistics*; CEPAL; FIBGE – Contas Nacionais.
(a) 1959; (b) 1985; (c) 1991; (d): em 2005 a carga era de 37,7%.

---

[3] Dados coligidos em: MARTNER, Gonzalo. *Planificación y Presupuesto por Programas*. México: Siglo XXI, 1967, p.9-10.

Como se vê, os países desenvolvidos apresentam, em geral (salvo, em especial, os Estados Unidos e o Japão), *carga tributária* crescente e substancialmente mais elevada do que as dos países subdesenvolvidos, o que decorre não só de maiores gastos militares, mas principalmente dos altos gastos com o bem-estar social – *Welfare State* – (saúde, educação, seguro-desemprego, previdência etc.), ciência e tecnologia e infraestrutura urbana. Até o advento do neoliberalismo, isso foi sancionado pelas lutas dos sindicatos de trabalhadores e pelo apoio de partidos progressistas. Contudo, após o advento do neoliberalismo, os sindicatos perderam força política, e não raro, em muitos países, os próprios partidos progressistas assumiram o poder e concordaram com redução de gastos e direitos sociais.

Nos países subdesenvolvidos, os sindicatos e os partidos progressistas tinham e têm menor poder político e suas elites são muito mais conservadoras, daí que suas cargas fiscais sejam menores. Mas, paradoxalmente, neles são maiores as necessidades de proteção social à população e, entretanto, o processo de desenvolvimento econômico exige que o gasto público se dirija pesadamente para a criação de infraestrutura econômica (transporte e energia, basicamente), para a instalação da indústria pesada e, inclusive, para implantação e desenvolvimento de entidades públicas financeiras capacitadas para a tarefa de financiar o desenvolvimento. É claro que em todos esses países, bem como nos desenvolvidos, o gasto público compreende também aquelas funções clássicas de justiça, defesa nacional, ordem social etc.

Entretanto, a instituição de políticas neoliberais a partir do final da década de 1970, nos países desenvolvidos, embora não tenha reduzido efetivamente a carga tributária, acarretou drásticos cortes nos gastos sociais e nos investimentos de seus governos. Essa longa crise, que continua, enfraqueceu muito o poder dos sindicatos de trabalhadores e muitos partidos até então de esquerda ou progressistas foram os que sancionaram essas políticas. Assim se deu, por exemplo, com a Democracia Cristã na Itália, com os Partidos Socialistas na Espanha e em Portugal e com a Social Democracia na Alemanha. Comportamento similar tiveram o Partido Socialista e a Democracia Católica no Chile, o Peronismo na Argentina, o PRI no México e, no Brasil, os sociais-democratas e os "trabalhistas". No Brasil, o grande salto da carga, dos 27,8% de 1990 aos 37,7% de 2005, se deve, quase exclusivamente, ao colossal aumento dos pagamentos dos juros da dívida pública, que oscilam hoje em torno de 8% do PIB.

Mais adiante retornaremos a essa questão; passemos agora a examinar as instituições públicas, suas atuações e seus principais instrumentos de políticas.

O setor público será aqui definido como o conjunto de entidades tipicamente governamentais e ainda as empresas que, a despeito de terem uma forma jurídica semelhante a empresas particulares – a sociedade anônima, p. ex. –, são de propriedade do poder público. Na análise do setor privado definimos dois tipos de entidades – as famílias e as empresas –; quanto ao setor público, também faremos uma classificação arbitrária, subdividindo-o em:

a) *Órgãos de Administração*, que produzem os serviços de justiça, manutenção da ordem social, defesa social e nacional, planejamento, legislação, administração pública etc., ou seja, os serviços governamentais propriamente ditos;
b) *Unidades Produtoras de Bens e Serviços*, não se levando em consideração sua forma jurídica (sociedade anônima, secretaria, autarquia, departamento etc.), mas agrupando-as segundo os setores produtivos a que pertençam:
   i. *Primário*, compreendendo fazendas experimentais ou produtoras, atividades extrativas etc.;
   ii. *Industrial*, abarcando toda e qualquer atividade produtora de bens industriais: energia elétrica, construções, aço, petróleo, química etc.; e
   iii. *Serviços*, como os de educação, saúde, saneamento, transportes, seguros, financeiros etc.

Cabe salientar que grande parte da produção do setor público não conta com consumidores individualizados, nem com preços: trata-se dos serviços do grupo "a" e alguns do grupo "b". Há muitos serviços prestados por institutos públicos de pesquisa e tecnologia, saúde, educação e saneamento, cuja distribuição raramente está sujeita à determinação de preços e sua demanda é basicamente de caráter coletivo, para o atendimento de uma necessidade coletiva ou social. Pode-se ainda incluir nesse grupo, por exemplo, estaleiros navais e fábricas de munições cuja produção se destina totalmente à defesa nacional. Por outro lado, a produção dos demais bens ou serviços (intermediários ou finais) irá ao "mercado de insumos" ou ao mercado de bens e serviços finais de consumo ou de capital.

Vejamos agora os principais tipos e formas da atuação do setor público na economia:

a) *Atuação Direta*: o Estado exerce uma atuação coercitiva, ou então atua diretamente, produzindo, comprando ou vendendo bens e serviços. Mais especificamente são ações do tipo:
   i. *Produtora*: gera um fluxo de bens e serviços, compreendendo estes tanto os produzidos pelas entidades do grupo "a" como os produzidos pelas entidades do grupo "b". Interligada a esta atividade, está sua atuação compradora e vendedora de bens e serviços intermediários.
   ii. *Captadora de Rendas*: sendo estas autônomas, se originárias da produção de bens e serviços para os mercados (lucros, juros e aluguéis), ou coercitivas (rendas tributárias, empréstimos compulsórios etc.)
   iii. *Utilizadora de Rendas*: representada pela sua relativa autonomia ao efetuar o chamado gasto público, pela aquisição de bens e serviços, concessão de subsídios e transferências, inversão pública etc.
   iv. *Regulamentação Coercitiva*, ou seja, instituição de dispositivos regulamentares (proibitivos ou apenas disciplinadores), com o que o Estado elimina (ou reduz) possibilidades de escolha ou discussão por parte dos demais agentes (famílias e empresas). A fixação de preços, as leis antimonopólicas, a proibição da fabricação ou transporte de certos produtos são alguns exemplos desta atividade. Mais adiante, vere-

mos como essas questões são profundamente alteradas – para pior – no neoliberalismo.
b) *Atuação Indireta:*[4] compreende atividades públicas exercidas em um sentido de aconselhamento, persuasão, orientação, estímulo ou desestímulo às entidades privadas, de modo a fazer com que estas adotem determinados comportamentos ou atividades mais condizentes com os objetivos traçados pelo setor público para o conjunto da nação. Elas podem ser agrupadas em:
  i. *Persuasão*, ou conjunto de apelos a sentimentos "elevados", morais, altruístas, cívicos, patrióticos etc., de modo a "conduzir" o comportamento do setor privado e das famílias. Para isso, o Estado se utiliza de técnicas psicológicas e dos mais variados meios de comunicação;
  ii. *Regulamentação Indutora*, apelando ao interesse pessoal de forma mais positiva: isenção de impostos para exportação de certos produtos; baixa taxa de juros para inversões estratégicas; terrenos e financiamentos em ótimas condições para a localização de unidades produtoras em "zonas estratégicas" etc. Fundamentalmente, os instrumentos mais utilizados para esse tipo de atividade encontram-se na política fiscal, creditícia e cambial.

Uma vez apresentadas as entidades e os tipos de atuação, analisemos agora os *objetivos orientadores da ação do setor público*. Uma primeira distinção deve ser feita em termos de setor público e setor privado; enquanto este tem como objetivo último a maximização do lucro, o setor público terá como propósito não um interesse pessoal e privado, mas sim o interesse social. Entendemos aqui por interesse social o conjunto das aspirações coletivas de uma nação, quer sejam de teor político, econômico ou social:

---

[4] O tópico b da atuação indireta foi baseado no trabalho de MEYNAUD, Jean. "El Poder Público y la Conducta Econômica"; publicado (mimeo.) pelo Centro de Desenvolvimento Econômico Cepal-BNDE. Rio; embora sem data, trata-se da década de 1960.

aspirações de justiça, representação política, bem-estar social, desenvolvimento econômico, defesa e afirmação nacional etc.

Tais aspirações, canalizadas pelo tipo de representatividade existente (Poderes Legislativo, Executivo ou Judiciário), são consubstanciadas nos chamados Códigos e nos Planos de Governo, após um processo de reflexão, discussão, escolha e decisão de prioridades. São por meio dessas aspirações já filtradas que, por exemplo, irão (ou deveriam) se construir os *objetivos da política econômica*.

Cabe aqui um parêntese sobre a aplicação e utilização dos chamados planos de governo. Até a eclosão da grande crise de 1929, a intervenção estatal era considerada nociva e se configurava em campos bem restritos e definidos da política econômica. Após a crise, e em seguida, com a Segunda Grande Guerra, a política econômica se fez mais atuante no sistema, muito embora de forma desintegrada e parcial. Aliás, até a década de 1950 a palavra planejamento (ou planificação) era tida como indicadora de uma forma "comunista" ou "socialista" de organização da administração pública de um país, dado que a utilização do instrumento do planejamento se deu primeiro na URSS, após a Revolução de 1917.

Com o decorrer do tempo, e com a discussão da problemática do subdesenvolvimento, que ganhou grande impulso no período de 1950-1970, esse mito foi finalmente derrubado. Muitos Estados nacionais passaram, assim, a elaborar seus planos, tentando integrar objetivos, coordenar entidades e instrumentos intervenientes, harmonizar suas metas e racionalizar a aplicação de recursos. Não cabe aqui discutir as peculiaridades de um sistema de planejamento, bem como a validade ou não do chamado "planejamento indicativo", tão comum nas economias subdesenvolvidas.

Para atingir seus objetivos, a política econômica deve elaborar seus planos, especificando os recursos e os instrumentos necessários à consecução dos objetivos previamente fixados. No tocante aos recursos, cumpre distinguir entre *recursos reais* (homens, capital físico, recursos naturais etc.) e *recursos financeiros*; ambos serão tratados mais adiante. No tocante aos instrumentos utilizados pela política econômica, vale destacar aqueles derivados de ações indiretas (indutoras) e os de ações diretas coercitivas. O quadro a seguir é um painel resumido desses instrumentos, sua vinculação a cada tipo de política, os agentes que devem comandar e coordenar sua utilização e os agentes que cumprem essas disposições.

Quadro 5.3 Instituições e instrumentos de política econômica

Instrumentos	Agentes de coordenação, comando, controle e execução	Agentes cumpridores das metas estabelecidas
1. Política fiscal e tributária		
1.1. impostos (e contribuições) diretos sobre a renda e a propriedade	Fazenda nacional e local Fazenda e planejamento nacional e local	Empresas e famílias
1.2. impostos (e contribuições) indiretos sobre a produção e a circulação de bens e serviços		Idem, idem
1.3. contribuições (outras)		
1.4 taxas		
2. Política cambial		
2.1. taxa cambial	Fazenda nacional, Banco Central, administração de portos, alfândegas	Empresas, famílias e agentes financeiros
2.2. impostos de importação e exportação		
2.3. licenças prévias		
2.4. controles quantitativos		
2.5. controles p/ remeter divisas		
2.6. controles de permanência de capital externo		
3. Política monetária		
3.1. controle do meio circulante	Fazenda nacional, Banco Central	Agentes financeiros
3.2. controle dos meios de pagamentos e do encaixe bancário		
3.3. dívida e déficit público	Planejamento nacional	

Instrumentos	Agentes de coordenação, comando, controle e execução	Agentes cumpridores das metas estabelecidas
	4. Política creditícia	
4.1. seleção (por setores, regiões ou por atividades) do crédito	Fazenda nacional	Agentes financeiros
4.2. taxa de juros de desconto	Banco Central	Bolsas de Títulos e Valores
4.3. taxa de redesconto	Planejamento nacional	Corretores financeiros; demais empresas
4.4. prazos de pagamento	Bancos oficiais de crédito de curto e longo prazo	
4.5. títulos especiais de crédito		
	5. Política social-trabalhista	
5.1. salários e salário mínimo	Planejamento nacional	Empresas e famílias
5.2. condições especiais de trabalho (menores, periculosidade etc.)	Ministério do Trabalho Ministério da Educação	Escolas públicas e particulares etc.
5.3. previdência social	Institutos de Previdência	
5.4. seguro-desemprego		
5.5. formação técnico-científica		
5.6. contrato de trabalho		

Resumidamente, cabe tão somente citar outros instrumentos de política econômica, de caráter mais indutor: tributos mais altos para terras mal-ocupadas; isenções de impostos para desenvolver determinadas atividades; seguro e crédito de exportação para estimular as vendas nacionais ao exterior; subvenções maiores para certas atividades que se pretende desenvolver etc.

Entretanto, a implantação de políticas neoliberais nos países subdesenvolvidos está destruindo seus sistemas de planejamento e promovendo um verdadeiro "desmonte" de vários organismos do Estado. Por exemplo, entre 1990 e 1998, o montante de ativos privatizados na América Latina alcançou a impressionante soma de US$ 100 bilhões, o equivalente a 1% do PIB desses oito anos.

Examinaremos, em seguida, as ações desenvolvidas pelo "Estado-produtor", ou seja, a inserção do setor público no aparelho produtivo.

5.2 A atividade produtora do setor público

Como vimos, o setor público é condicionado a produzir bens e serviços para atender a necessidades coletivas que, em geral, não são objeto de "mercado" e de preço, muito embora essa produção incorra em custos, o que implica geração de um fluxo real de bens e serviços sem contrapartida financeira pela venda.

Entretanto, pode-se falar em *autonomia relativa* do gasto público, uma vez que, excetuada a parte de sua produção que vai ao mercado (transporte, escolas públicas pagas, aço, petróleo etc.), resta ainda o poder coercitivo do Estado, exercido basicamente via tributação, com o que o setor público procura cobrir seus gastos efetivos de produção. Discutiremos neste tópico o lado real da produção do setor público, deixando o lado financeiro para o tópico seguinte.

No liberalismo, a concepção que se fazia do Estado, como agente interventor da atividade econômica, se restringia às suas funções clássicas e, assim sendo, ele era tido como "consumidor" de recursos produtivos do sistema, daí vir a ser denominado de *Estado-consumidor*.

A partir da "Crise de 1929", o Estado passou a compreender não só aquelas funções clássicas, mas também uma série de outras, ampliando também sua função de *Estado-produtor*. As razões dessa modificação – sobretudo no que se refere ao subdesenvolvimento – e as implicações maiores dessa atuação pública serão abordadas no tópico final deste capítulo. Neste, limitar-nos-emos a uma descrição do setor público como produtor, apontando, ainda, algumas implicações disso decorrentes, bem como algumas nuanças existentes entre as funções privadas e públicas de produção.

Utilizaremos novamente a matriz de insumo-produto e, por simplificação, trabalharemos com um modelo "fechado", também supondo a inexistência de atividades primárias no setor público. Isso, na realidade, é uma alta abstração, se considerarmos o importante papel desempenhado pelas unidades de experimentação técnico-científica em atividades primárias, inseridas pelo setor público no sistema (por exemplo, Embrapa, Instituto Agronômico de Campinas etc.) que poupam ao setor privado uma importante quantidade de gastos e proporcionam a ele maior conhecimento técnico, isto é, transferem gratuitamente (ou a preços simbólicos) o resultado dessas experiências, fornecendo às empresas sementes, mudas etc.

No Quadro 5.4, o aparelho produtivo compreende os dois setores: privado e público. Eles figuram na matriz de transações intermediárias como produtores e consumidores de insumos; na matriz da demanda final, como ofertantes e demandantes do produto e na matriz de valor agregado pode-se notar a renda gerada em cada um deles.

Examinemos a matriz de rendimentos. Nela incluímos nova componente representada pelos impostos indiretos (que gravam a produção ou a venda) e pelos subsídios (que diminuem artificialmente os custos de produção e portanto os preços de venda). Até o capítulo anterior, nosso agregado da renda era conhecido como *renda ao custo de fatores*, pois todos os pagamentos por serviços de fatores excluíam a participação do governo. Agora, quando se inclui esse novo componente (impostos indiretos, *menos* subsídios) o agregado da renda (da mesma forma que o do produto) passa a refletir os valores efetivamente praticados no mercado quando do ato final da compra e venda de bens e serviços, com o que a renda passa a denominar-se *renda aos preços de mercado*.

Na matriz de transações intermediárias figuram, no quadrante superior esquerdo, as compras-vendas realizadas entre as unidades do setor privado (total de $ 524) e no inferior, as compras que o setor privado faz ao setor público, somando $ 321, o que já nos dá uma ideia da importância da produção intermediária do setor público, ou seja, da dependência do setor privado no que se refere a fornecimento de certos insumos básicos, como pe-

Quadro 5.4 Matriz de insumo-produto[*]

		Demanda intermediária								Demanda final								
		Setor privado (1)				Setor público (2)			Total (1+2)	Setor privado (1)			Setor público (2)			Total DF (1+2)		VBP
		I	II	III	Total I	II	III	Total		C(1)	I(1)	Tot(1)	C(2)	I(2)	Tot(2)	Ct	It	Tot	
Setor Privado 1	I	15	45	3	63	9	8	17	80	740	–	740	–	–	–	740	–	740	820
	II	70	140	26	236	67	58	125	361	190	209	399	20	110	130	210	319	529	890
	III	100	105	20	225	79	18	97	322	128	–	128	–	–	–	128	–	128	450
	Tot1	185	290	49	524	155	84	239	763	1058	209	1267	20	110	130	1078	319	1397	2160
Setor Público 2	I	–	–	–	–	–	–	–	–	–	–	–	–	–	–	–	–	–	–
	II	25	100	15	140	59	35	94	234	50	96	146	–	100	100	50	196	246	480
	III	35	130	16	181	60	41	101	282	83	–	83	325	–	325	408	–	408	690
	Tot2	60	230	31	321	119	76	195	516	133	96	229	325	100	425	458	196	654	1170
	Total	245	520	80	845	274	160	434	1279	1191	305	1496	345	210	555	1536	515	2051	3330
Valor agregado	LJ,A,SO	560	305	340	1205	191	523	714	1919										
	(impost. ind-subsídios)	15	65	30	110	15	7	22	132										
	VAB pm	575	370	370	1315	206	530	736	2051										
	VBP	820	890	450	2160	480	690	1170	3330										

(*) Extraída e adaptada de: CIBOTTI, Ricardo. "Un enfoque de la Planificación del Sector Publico" – ILPES, Santiago-1965. Os valores são hipotéticos e são mais representativos do que ocorria até antes das grandes privatizações efetuadas a partir de 1990.

tróleo, transporte, energia etc. Nos quadrantes direitos figuram, na parte superior, as compras intermediárias que o setor público faz do setor privado (total de $ 239) e no inferior as transações interempresas públicas ($ 195).

Na matriz de demanda final deve-se fazer a distinção entre a oferta e a demanda pública e privada. Examinemos primeiro a oferta. Na parte superior vemos a oferta de bens e serviços finais do setor privado, totalizando $ 1397, dos quais o setor público absorve $ 130 (por compra de bens de consumo $ 20 e de equipamentos $ 110), restando ainda uma oferta de equipamentos ao setor privado ($ 209) e uma oferta de bens e serviços de consumo às famílias ($ 1058). Aqui se denota a importância do setor público como comprador de um terço da oferta privada de bens de capital, que será incorporada ao investimento público.

Na parte inferior, a oferta do setor público totaliza $ 654, dos quais $ 229 representam bens e serviços de consumo ($ 133) que vão ao mercado, para as famílias, e bens de capital – equipamentos e construções – ($ 96), que serão adquiridos pelas unidades produtoras privadas. O saldo restante de sua oferta, que soma $ 425, tem um componente de auto-oferta e autodemanda pública, em construções públicas e equipamentos para as unidades produtoras públicas, somando $ 100, e um de bens e serviços de consumo, totalizando $ 325, impropriamente representado por um "autoconsumo final", uma vez que, na realidade, esse agregado representa os gastos com a produção dos serviços *clássicos* do governo (justiça, defesa etc.).

Observemos melhor a linha III do setor público: seu VBP totaliza $ 690, dos quais $ 282 são vendas intermediárias (ao próprio setor $ 101 e ao privado $ 181). Suas vendas finais somam $ 408 e delas $ 83 (serviço de transporte coletivo, p. ex.) vão ao mercado de serviços de consumo, mas $ 325 são "comprados" pelo próprio setor público, representando serviços que atendem a necessidades coletivas, tais como justiça, segurança, educação pública gratuita etc. É deste ângulo que surge a denominação de Estado-consumidor, não se considerando que também empresas públicas e privadas produzem – e vendem no mercado final –

serviços semelhantes: por exemplo, empresas especializadas em segurança, serviço tipicamente exercido pela polícia pública.
Pelo já exposto, a oferta final, que antes representávamos por

$$Of = P = C + I$$

passa agora a

$$Of = P = ofCp + ofCg + ofIp + ofIg$$

quando diferenciamos a produção de bens e serviços de consumo e de investimento, segundo o setor de que se originou a produção. No exemplo da matriz, a oferta do setor público seria de $ 654 e a do setor privado, $ 1397, totalizando o produto $ 2051.
Pela ótica da demanda, nossa equação era

$$D = C + I$$

passando agora a

$$D = dCp + dCg + dIp + dIg$$

o que nos dá uma demanda de $ 1496 pelas famílias e empresas privadas e $ 555 pelo setor público da economia.
Resumidamente, teríamos:

	A Setor privado ($)	B Setor público ($)	(A+B) Total ($)	$\frac{B}{A+B} \cdot 100$
Renda gerada (Y)	1315	736	2051	35,8
Oferta final (Of)	1397	654	2051	31,8
Demanda final (D)	1496	555	2051	27,0

o que nos permite ver a importância relativa da participação do setor público no sistema. Cabe dizer, entretanto, que grande parte do VBP do setor público é representada por bens intermediários (eletricidade, gás, petróleo etc.), o que diminui sua participação relativa na oferta final. Já na ótica da geração da renda, apenas algumas das empresas públicas (eventualmente algumas das industriais e financeiras) são lucrativas, representando a renda gerada pelo setor público basicamente remunerações ao fator trabalho.

No que se refere às funções de produção utilizadas pelas unidades produtoras do setor público, não tendo ele o objetivo de maximização de lucro, pode ensejar distintas combinações fatoriais, absorvendo, por exemplo, mais trabalho humano e possibilitando com isso maior utilização de força de trabalho. Contudo, pode também ensejar melhor nível salarial, atenuando, com isso, as desigualdades existentes na distribuição da renda pessoal. Ao adquirir bens de capital reprodutíveis para suas empresas, impede que a propriedade do capital permaneça totalmente nas mãos de grupos privados, o que também pode atenuar o grau da desigualdade distributiva.

Outro ponto importante é sua produção de serviços de previdência social, que garante à força de trabalho que se retira em definitivo do processo produtivo (por incapacidade acidental ou por doença, morte ou velhice) um rendimento que lhe permita sobreviver com sua família.

Vimos, portanto, que por meio da atividade produtora do setor público o sistema sofre um primeiro impacto de sua ação redistributiva. Analisemos agora a participação do setor público na economia, pela ótica das rendas e gastos.

5.3 Apropriação e utilização de rendas pelo setor público

No sistema liberal, o setor público se restringiria à execução de suas funções clássicas. Assim, a preocupação financeira do Estado seria somente de índole fiscal, como meio de prover o Tesouro de recursos financeiros para pagar seu funcionalismo, gastos administrativos e financiar seus exércitos. Considerado então como "improdutivo", não raro sua ação fiscal seria mínima no que toca à produção e à propriedade, lastreando seus tributos, em grande parte, nos impostos sobre o comércio exterior e, em menor monta, sobre o consumo de bens e serviços. Com a "Crise de 1929" e com a ação intervencionista maior que então passaram a exercer os governos de alguns países, essa mentalidade fiscalizadora passou por longa transformação, adquirindo um sentido mais econômico, de múltiplos aspectos: o da distribuição, da redistribuição, da expansão do sistema, do desenvolvimento econômico, do nível geral de preços etc.

5.3.1 As rendas do setor público

Dada a preocupação e o objetivo deste texto, será oportuno salientar que o setor público aqui inserido abarca todas as suas esferas hierárquicas nacionais (federal, estadual e municipal). Já no que se refere às rendas e gastos públicos, agregamos os valores dessas três esferas governamentais operando – salvo quando explicitado outro sentido – com uma só entidade (governo ou setor público).

Como qualquer ente econômico (empresas, famílias etc.) – mas também, e principalmente, por força de Lei – o setor público elabora periodicamente uma previsão de suas possibilidades de captar rendas do sistema e realizar seus gastos. Essas previsões são especificadas nos chamados *orçamentos públicos*. Em uma tentativa de classificar as rendas do setor público, fugindo dos esquemas um tanto quanto ortodoxos dos sistemas de contas nacionais, poderíamos ter:

I. *Rendas tributárias*
   a) impostos diretos (sobre a renda e a propriedade);
   b) impostos indiretos (sobre o uso, consumo ou produção de bens e serviços);
   c) contribuições sociais (várias);
   d) taxas (sobre a prestação de certos serviços públicos).

II. *Rendas derivadas de atividades produtivas*
   a) juros (renda dos bancos públicos);
   b) lucros (renda das empresas públicas).

III. *Rendas patrimoniais* (derivadas de outras propriedades públicas)
   a) aluguéis;
   b) outras (de aplicações financeiras, direitos de autor etc.).

IV. *Transferências* (de e para outros órgãos públicos)
   a) contribuições à previdência social;
   b) outras.

Existem três outras fontes de captação de recursos financeiros pelo setor público, utilizadas basicamente quando: i) as fontes supramencionadas não são capazes de saldar os gastos governamentais periódicos; e ii) quando há um programa especial de investimento ou gasto público, considerado necessário e prioritário, não previsto antes, ou quando o montante da dívida pública[5] exige pagamento de empréstimos tomados em períodos passados e vencíveis no período. Essas fontes são:

Empréstimos e financiamentos;
Emissões de papel-moeda; e
Emissões de títulos da dívida pública.

O grupo I de rendas constitui a variável estratégica do governo, pois sendo essa captação de natureza coercitiva, pode o Estado manipulá-la em função dos desígnios da política econômica de curto e longo prazo, assim como manejá-la em função da conjuntura econômica (recessiva ou não). O subgrupo dos impostos

---

[5] A dívida pública interna compreende o saldo de empréstimos tomados pelo governo aos particulares, empresas e bancos no país. Ela é *externa*, quando os emprestadores são pessoas ou instituições *residentes no exterior*.

diretos refere-se a todos os tributos que gravam os rendimentos derivados do trabalho (salários, ordenados, honorários etc.), do capital (sobre juros, lucros, aluguéis) e da propriedade (sobre imóveis, carros, barcos etc.), assim como os tributos sobre a herança de bens e outros.[6]

Os impostos indiretos referem-se ao ônus tributário que grava a produção, a circulação, o consumo, as exportações e importações. Seu sentido básico é a tributação sobre os atos de produção e utilização de bens e serviços. Enquanto os primeiros (diretos) gravam proporcionalmente as pessoas, segundo seus níveis de rendimentos ou de propriedade, sendo esse gravame *progressivo*, os últimos (indiretos) são de tipo *regressivo*, uma vez que o valor pago pela utilização de um bem ou serviço grava indistintamente as pessoas, não levando em consideração seus níveis de rendimento. São impostos deste tipo: imposto de consumo, de circulação, de vendas, de exportação, licença de veículos etc.

Por exemplo, se supormos que a tributação média indireta sobre o consumo alimentar fosse de 10%, um indivíduo com rendimentos de, digamos, $ 1.000, que gastasse $ 500 com alimentação, pagaria $ 50 de impostos indiretos, perfazendo essa carga 5% de seu salário; outro, com rendimentos de $ 10.000, que gastasse em alimentação $ 2.000, pagaria $ 200 de impostos, o que representaria apenas 2% de suas rendas. Em média, o grupo I totaliza hoje entre 65 e 75% das receitas correntes públicas da maioria dos países.

As *contribuições* são formas impositivas geralmente compulsórias, como as previdenciárias (empregador e empregado) e as sobre os lucros, faturamento, consumo de algum tipo de bem ou serviço etc. Servem para arrecadar recursos e como "válvula de escape" ao governo, por conta da rigidez geralmente imposta pela Constituição Federal. São exemplos no Brasil a Previdência

---

[6] É sempre preferível tomar exclusivamente os impostos sobre renda e propriedade, pois, a título de impostos diretos, muitas vezes são incluídos outros impostos e contribuições que só aparentemente são do tipo direto. No Brasil, por exemplo, as contas nacionais apontam participação dos impostos diretos no PIB em torno de 10%, quando, na verdade, a participação dos efetivamente diretos situa-se em torno de 5%.

Social, a Cofins, PIS/Pasep, sobre o Lucro, Combustíveis etc. As *taxas* constituem pagamentos que os usuários de determinados serviços fazem, geralmente a governos municipais: taxa de coleta de lixo, de incêndio etc.

O grupo II representa as rendas derivadas da atividade econômica do setor público, representando os juros basicamente o resultado das atividades financeiras do Estado, e os lucros, os resultados da produção e vendas das empresas públicas que produzem para o mercado. Sua participação como fonte geradora de renda é modesta, haja vista que o Estado é sempre um devedor líquido e há lucros em algumas de suas empresas (a Petrobras, por exemplo), mas predomina o "prejuízo" em outras. Dada a concepção de Estado-consumidor, adotada pelos sistemas de contas nacionais no capitalismo, esse resultado deixa de figurar nos orçamentos públicos, sendo computado como renda das empresas, nela incluídas as empresas produtivas pertencentes ao setor público. No entanto, como as empresas públicas reinvestem praticamente tudo que lucram, o Estado raramente se apropria de seus dividendos, a não ser na forma de novas ações.

No grupo III constam as rendas derivadas do patrimônio público, como os aluguéis de prédios pertencentes ao Estado e outros rendimentos auferidos pela cessão aos particulares de outras propriedades, tais como terras, estádios, jazidas minerais etc. O grupo IV não compreende propriamente uma parcela da renda nacional, uma vez que significa uma *transferência* de rendimentos das famílias e empresas; compreende basicamente as contribuições à previdência social feitas por empregadores e empregados e outros pagamentos unilaterais.

Somadas essas receitas (I a IV) teremos o montante de *receitas correntes do governo*, as quais, deduzidos os gastos correntes, podem suscitar uma situação deficitária, fazendo que o setor público lance mão das três últimas fontes: *os empréstimos e financiamentos e as emissões (de moeda ou de títulos)*. Os empréstimos podem ser compulsórios ou voluntários, obtidos mediante a emissão de títulos da dívida pública (bônus de guerra, obrigações do tesouro, apólices governamentais etc.), por simples contratos de financiamento ou, ainda, por força de Lei, como os compulsórios, para os quais geralmente não há contrato ou título. Geralmente têm vencimento e rendimento (quando for o caso) especificados.

As emissões de papel-moeda são de domínio exclusivo do Estado e têm controles geralmente muito rígidos, salvo em situações excepcionais como crises políticas, cataclismos, guerras ou longos períodos de inflação crônica, que impossibilitam ou dificultam a utilização de empréstimos ou financiamentos. Se a emissão se dá em casos como esses, o setor público poderá, passada a crise, recolher esse acréscimo monetário, no todo ou em parte.

No caso dos fenômenos de longo prazo, como guerras ou inflações crônicas, não raro o poder emissor é ativado continuamente, gerando, no caso de guerras, uma inflação de pós-guerra, ou, no caso de inflações crônicas, um agravamento do processo inflacionário. Este último caso, aliás, tem sido muito peculiar aos países subdesenvolvidos, que engendram um processo de desenvolvimento econômico durante o qual a disparidade existente entre as necessidades e as disponibilidades de recursos financeiros para inversão é um dado de difícil superação. A alternativa a isso é a emissão de títulos de longo prazo, os quais, entretanto, nem sempre têm condições satisfatórias de colocação no mercado financeiro, em razão da própria inflação e da situação financeira do Estado ou outro motivo que dificulte e encareça demais o serviço da dívida pública.

Pela captação de rendas, o Estado executa um segundo ato de redistribuição: por meio dos impostos diretos, recolhendo mais das pessoas de maior nível de renda (ou tributando a herança), ou dos impostos indiretos, gravando menos (ou mesmo isentando) bens e serviços de primeira necessidade. A política de tributação indireta, contudo, nem sempre é redistributiva, dado que menores gravames para gêneros de primeira necessidade, embora beneficiem mais os pobres, são distribuídos implicitamente entre todos os consumidores, sem distinção de nível de renda. Já a elevada tributação sobre bebidas e perfumes afeta mais os grupos sociais de altos níveis de renda, pois os mais pobres não têm renda para consumi-los. Ao gravar de forma vigorosa bens e serviços de luxo ou suntuários, o Estado pode efetivamente efetuar uma redistribuição, compensando a perda de receita pelo baixo gravame dos bens essenciais.

É muito importante o papel da tributação indireta, que modifica preços de insumos e de bens de capital, via impostos de consumo, de vendas, de exportação ou importação, estabelece "margens" de proteção à produção nacional quando em concorrência com o restante do mundo, ou orienta, via preços relativos, diferentes opções técnicas e econômicas da produção, tributando diferentemente insumos (ou bens de capital) diferentes, mas de destino comum. Por exemplo, se tributar mais as matérias-primas ou produtos finais importados, do que os produtos similares nacionais, o Estado estará dando uma orientação de custos ao setor privado (a empresários e consumidores) para que a produção e o consumo nacional se voltem para os produtos fabricados no país, o que irá gerar maior renda e empregos no país.

O impacto da tributação e captação de outras rendas pelo setor público pode também ser visto pelas contas nacionais: *da renda nacional líquida a preços de mercado, deduzindo-se o montante de impostos indiretos líquidos de subsídios, chega-se ao conceito de renda líquida ao custo dos fatores*; desta, deduzindo-se a renda governamental de impostos diretos, a renda patrimonial, as transferências, e somando-se os pagamentos de transferências que o governo faz às famílias, encontramos finalmente a *renda pessoal disponível*, agregado que condiciona a demanda privada de bens e serviços de consumo e de capital.

5.3.2 O gasto público

Como contrapartida orçamentária das rendas, os gastos do setor público são assinalados no lado do crédito, especificando-se todos os gastos correntes, e, como diferença entre o total das rendas correntes e os gastos correntes: **a poupança bruta do setor público**. Classifiquemos esses gastos, segundo a forma orçamentária.

Essa disposição dos gastos públicos é adaptada, uma vez que no sistema de contas nacionais não aparecem os resultados das atividades produtoras do setor público (produtos para mercado), não figurando, assim, as reservas para a reposição do capital físico das empresas ou dos demais órgãos públicos que se desgastou durante o processo produtivo.

Quadro 5.5 Orçamento de rendas e gastos do setor público

Rendas	Gastos

I. Rendas tributárias
II. Rendas derivadas das atividades produtivas
III. Rendas patrimoniais
IV. Transferências ao governo
V. Total de rendas correntes
	VI. Compras de bens e serviços de consumo
	VII. Funcionalismo público
	VIII. Transferências de governo
	   a) previdência social
	   b) subsídios
	   c) juros das dívidas interna e externa
	   d) outros pagamentos de transferências
	IX. Gastos correntes totais
	X. = V – IX – Poupança Bruta do Governo*
	   a) reservas para depreciação
	   b) poupanças líquidas

* (+) *déficit* ou (–) *superávit* em conta-corrente do governo.

O total de gastos com compras de bens e serviços de consumo e com o pagamento ao funcionalismo civil e militar equivale ao conceito de "consumo governamental", isto é, a produção dos serviços tradicionais do governo (justiça, defesa nacional etc.) distribuídos gratuitamente a toda a coletividade. O item VIII refere-se às transferências que o governo faz às famílias, na forma de pensões a inativos, auxílio-natalidade, subsídios ao consumo ou à produção, juros da dívida pública e outros. A soma dos itens VI, VII e VIII compreende, portanto, o total de gastos correntes (IX) do governo. Finalmente, como diferença entre as rendas correntes e as despesas correntes, temos um resultado que será um *superávit* ou um *déficit*. Qualquer que seja esse resultado, ele significará a *poupança bruta do governo* (positiva ou negativa). Deduzida a reserva para investimentos de reposição teremos então a poupança líquida, que financiará parte ou todo o investimento público líquido.[7]

Precisamente no "momento" deste resultado, o da poupança bruta – é que se evidencia a capacidade extraordinária do setor público para realizar os chamados gastos de capital. Se porventura a poupança for negativa, o que significa um *déficit* de orçamento em conta-corrente, o Estado lançará mão daquelas fontes adicionais de recursos apontadas no item 3.1, representadas pelos empréstimos e financiamentos do setor privado (famílias e empresas) ao setor público, para, em um primeiro instante, solucionar o saldo devedor em conta-corrente e, em seguida, financiar seus investimentos.

Nota-se, então, que o setor público goza de uma autonomia maior na realização de seu gasto total; nesse sentido, sua própria previsão orçamentária normalmente considera primeiro as despesas essenciais (correntes e de capital) e depois prevê a receita, com o que estudará em seguida o montante dos financiamentos, empréstimos ou emissões necessários para compatibilizar seus gastos e rendimentos. Todavia, ao estimular ou forçar o sistema privado a financiar seu *déficit* – e, portanto, suas inversões –, o setor público desempenha importante ato sobre a renda do setor privado, induzindo-o à poupança e, com isso, dinamizando a formação de capital.

Um terceiro impacto na redistribuição da renda é causado pelo gasto público por meio de alguns pagamentos de transferência: o setor público recolhe rendas tributárias e devolve parte delas à comunidade, na forma de donativos (a instituições de fins não lucrativos) ou de subsídios, diminuindo os preços de mercado de certos produtos ou serviços que, sem redução nominal, tornariam a produção de outros bens onerosa (caso de insumos produzidos pelas unidades produtoras governamentais, como aço,

---

[7] Advirta-se que o conceito de poupança se refere ao resultado positivo da subtração dos Gastos correntes às Receitas; se negativo, seria uma "despoupança" ou poupança negativa. Este conceito difere, em termos de sinal, do de *Déficit*, que decorre da subtração das Receitas às Despesas: se o resultado for positivo (+) gastou-se demais, há *Déficit*; se negativo (–), gastou-se menos do que se arrecadou, houve *Superávit*.

petróleo, transporte etc., ou mesmo os insumos produzidos por empresas privadas, como trigo, algodão etc.) ou não permitiriam que imensas camadas da população tivessem acesso ao consumo de bens e serviços de primeira necessidade, como certos produtos alimentares, transporte, educação básica, saúde, produtos farmacêuticos de uso popular etc. São também gastos desse tipo os programas conhecidos como "Renda Mínima", "Bolsa-Escola" ou "Bolsa Família", que redistribuem renda às pessoas mais pobres.

Em um outro plano, o impacto redistributivo pode ocorrer via *déficit* orçamentário. Se este for coberto por empréstimos compulsórios com taxa de juros inferior à vigente no mercado, o setor público ganha essa diferença e a redistribui via gasto público, diminuindo assim o lucro financeiro do setor privado. Caso contrário, se praticar juros reais elevados – como têm feito os governos brasileiros desde 1990, com as políticas neoliberais –, estará enriquecendo mais as famílias de altas rendas, em detrimento das de média e baixa rendas. Se o *déficit* for coberto por meio de emissões de papel-moeda e engendrar um processo inflacionário, possivelmente essa redistribuição será negativa, arcando mais com esse ônus aqueles que dependem de rendas fixas (trabalhadores assalariados em maior grau relativo, proprietários de imóveis alugados, depósitos bancários sem correção monetária etc.) do que aqueles que recebem rendas variáveis.

No entanto, ao produzir em larga escala serviços de educação e saúde, tentando com isso beneficiar a população de baixo nível de renda, o setor público causa impacto altamente favorável nessa população, no curto prazo, pela possibilidade de consumo, e, o que é mais importante, no longo prazo, pela possibilidade de a população se apresentar no mercado de trabalho (após a assimilação da educação ou após o recebimento do serviço de saúde) em melhores condições físicas e intelectuais, com perspectivas, portanto, de melhorias de seus níveis de produtividade, de qualificação e de renda.

Quanto maior for o peso relativo do setor público na economia, no que se refere a consumo e investimento governamental, maior possibilidade ele terá de manter o nível da procura efetiva total do sistema, mantendo com isso o nível de renda e do emprego. Como não tem objetivos lucrativos privados, pode também canalizar parte de seus recursos para gastos prioritários ao desenvolvimento do sistema, mas que não apresentam lucratividade privada. Da mesma forma, certos tipos de atividades lucrativas só o são a longo prazo, em razão do grande período de "maturação" dos investimentos, ficando praticamente restritos à área estatal, dada a pouca ou nenhuma sensibilidade atrativa que tais inversões exercem sobre o setor privado. São exemplos disso os investimentos de infraestrutura econômica, notadamente energia e transportes.

5.4 Estado e desenvolvimento

A partir do pós-Segunda Guerra, os países subdesenvolvidos intensificaram um processo de tomada de consciência, analisando mais profundamente suas estruturas econômicas, políticas e sociais. De um lado, viam o enorme esforço de reconstrução europeu e japonês bem como a notável expansão da economia norte-americana, e, de outro, o conjunto dos países socialistas possibilitava uma informação maior sobre os resultados obtidos com o planejamento nacional. A eclosão da guerra obrigou a maioria dos Estados a atuar mais decisivamente no sistema econômico, em função da desorganização por ela provocada.

Essa tomada de consciência se deu com uma série de movimentos nacionais que se iniciaram na Ásia com a revolução da China, da Indochina, da Índia, da Coreia e da Birmânia; na África, com as revoluções e guerras de independência realizadas tanto na África "branca" como na "negra", onde dezenas de antigas colônias tornaram-se politicamente independentes. Esses movimentos ampliaram os horizontes das aspirações dos povos do terceiro mundo, cujos Estados, dadas suas condições estruturais e institucionais, se defrontavam com o espectro do subdesenvolvimento.

A demonstração do crescimento do capitalismo internacional (via expansão internacional de grandes empresas nacionais – então chamadas *multinacionais* e hoje chamadas *transnacionais* e a expansão econômica do bloco socialista (via Estado) constituíram os dois cenários estimulantes que iriam desencadear, no mundo subdesenvolvido, ações do setor público objetivando a melhoria das condições de vida de seus povos. No caso da América Latina, vale destacar o papel fundamental desempenhado pela Cepal a partir de 1949, que traçou um perfil do subdesenvolvimento latino-americano e introduziu as técnicas de planejamento em nossos países, como instrumento auxiliar no diagnóstico e na terapêutica do caso latino-americano.

O sentido deste quarto tópico é tentar demonstrar algumas das causas que forçaram o setor público latino-americano a aumentar sua participação na captação e geração da renda bem como mostrar algumas facetas falaciosas do mito da estatização. No período que se segue à "Crise de 1929" e se encerra com a eclosão da "crise da dívida", o papel do Estado foi crucial, na programação, promoção e execução das políticas de desenvolvimento. Contudo, a década de 1980 (crise da dívida) e em seguida a de 1990 (prevalência das políticas neoliberais) mostram um movimento inverso: o Estado explicita uma crise profunda, sem precedentes, que faz a apologia do mercado e do "Estado Mínimo".

5.4.1 O Estado desenvolvimentista: da "Crise de 1929" à "crise da dívida" (1979-1982)

Vimos no capítulo anterior que a América Latina tinha até 1930 um modelo de crescimento "para fora", ou seja, o modelo primário exportador, que se associava no plano interno e externo ao liberalismo econômico, condicionando o Estado a uma concepção e ação tipicamente liberais. Com a ruptura do modelo, gerada pelos efeitos da grande crise e da Segunda Grande Guerra, nossos países sentiram de forma inquietante a necessidade do desenvolvimento econômico. Tais aspirações, devidamente canalizadas e endossadas pelo poder público, desencadearam importantes tomadas de decisões governamentais, a princípio esparsas e descontínuas.

Entretanto, a eficácia de ações tomadas ou a possibilidade de se tomar determinadas atitudes ficava condicionada pelas estruturas vigentes e herdadas do modelo primário exportador, bem como pelas suas instituições. Em um primeiro plano, cabe destacar que a máquina administrativa do governo era adequada à situação anterior, sendo porém um sério ponto de estrangulamento no trânsito das tomadas de decisões desenvolvimentistas. No entanto, a mentalidade empresarial vigente estava igualmente voltada para a situação anterior, sendo um freio a certas mudanças estruturais e institucionais necessárias ao sistema.

Para um sistema econômico aumentar seu produto, renda e emprego, é necessário aumentar sua capacidade produtiva, significando isto, em um primeiro plano, a necessidade de aumentar a acumulação de capital. Mas de onde se originam os recursos (poupanças) para essa acumulação? Já vimos que eles compreendem os lucros das unidades produtoras, as frações de renda familiar não utilizadas em consumo, o saldo de transações correntes com o resto do mundo e a poupança criada pelo setor público.

Examinemos rapidamente as possibilidades criativas desses recursos em cada uma dessas entidades. Primeiro, a poupança do setor privado latino-americano, no modelo anterior, em boa parte era utilizada na expansão da capacidade produtiva do compartimento exportador. Com a eclosão da crise era de se esperar uma notável diminuição dessa poupança (queda de lucros). Muito embora a ação do Estado tenha propiciado a esse setor a manutenção de seu nível de renda (pelo menos em alguns dos países latino-americanos), as poupanças geradas por esse ato eram em boa medida canalizadas para a acumulação de capital no compartimento produtor de bens de consumo "leves", de acordo com o processo de industrialização substitutiva de importações.

Parte considerável da poupança das famílias de maior nível de renda era canalizada para o exterior, via importação de bens e serviços ou via turismo, e é por isso que no mundo subdesenvolvido a fração da renda familiar transformada em poupança atinge níveis irrisórios. A poupança do exterior, por sua vez, constitui-se em uma "faca de dois gumes": a possibilidade de um país permanecer por longo prazo como devedor líquido internacional é pouco provável, uma vez que tais débitos, acumulados no tempo, geram um permanente fluxo de saída de divisas em pagamento de amortizações e juros decorrentes dessa dívida externa. Entretanto, o conceito de "poupança do exterior" é contábil, exigindo um exame detido sobre a natureza do *déficit*: ele foi causado por maiores importações de serviços? Ou de bens de consumo? Ou de matérias-primas e bens de capital?

Quanto à poupança do setor público, lembremos que o saldo orçamentário depende, de um lado, da possibilidade captadora de rendas, e de outro, do montante do gasto público corrente. Este cresce em função da própria expansão do sistema, com a expansão dos serviços de saúde e educação, decorrente do aumento da urbanização e da população, bem como dos gastos com justiça, defesa e ordem social, e também em função da necessidade de aumentar a capacidade produtiva do sistema via inversão pública. Pelo lado das rendas, entretanto, a carga tributária sempre se baseou no comércio exterior, sendo pequena a tributação direta sobre as rendas e propriedades, inclusive por razões decorrentes do poderio econômico--político-social dos proprietários agrários no antigo modelo.

Quando avança a industrialização, o coeficiente de abertura do sistema passa a diminuir e, com isso, a renda fiscal do governo passa a depender muito mais dos impostos internos (diretos e indiretos) captados no setor urbano-industrial. Entretanto, a baixa carga tributária, a sonegação (familiar e empresarial) de impostos e a inflação (o imposto arrecadado sobre a renda em um ano só é pago no ano seguinte e não é monetariamente corrigido) reprimem e deterioram a massa real de impostos, ainda mais constrangida pela própria estrutura tributária vigente e pelas deficiências da máquina arrecadadora. Assim, o aumento da renda fiscal não é suficiente para cobrir a expansão do gasto público e raramente acompanha o crescimento da renda e do produto.

Mesmo hoje, com o forte crescimento da carga tributária (não só no Brasil), o manejo do gasto público está fortemente constrangido pelo colossal aumento dos juros da dívida pública, que têm, no caso brasileiro, oscilado em torno de 8% do PIB, corroendo parte substancial do aumento da arrecadação (ver no tópico 5.4.4. o Quadro 5.7). O orçamento, assim, fica duplamente atravancado: de um lado, pelas razões apontadas, pelo peso dos juros, de outro, pelo fato de que a carga tributária é lastrada, fundamentalmente, por impostos indiretos, já que as elites e o capital financeiro se recusam a aumentar a tributação da renda e da propriedade. Essa alta incidência de impostos indiretos, além de punir a classe de baixa renda da população (ver Capítulo 8), é também ruim sob o ponto de vista de preços dos bens e serviços e da competitividade exportadora.

O Quadro 5.6 mostra de forma clara a baixa incidência dos impostos diretos nos países subdesenvolvidos e sua alta incidência nos desenvolvidos, denunciando a alta regressividade tributária nos primeiros. Essa regressividade revela também o elevado conservadorismo das elites nos países subdesenvolvidos, que, com seu poder político, tentam impedir a elevação da tributação direta (sobre suas rendas e propriedades), ao mesmo tempo que pressionam o governo para diminuir os impostos indiretos.

Quadro 5.6 Impostos sobre a renda e a propriedade (em % do PIB)

	1970	1990	2003
Estados Unidos	18,0	16,1	14,1
Japão	10,9	17,9	10,8
Reino Unido	19,5	17,6	17,2
União Europeia*	11,6	16,0	14,4
Argentina	3,2	1,6	9,1
Brasil	3,2	5,6	9,0
Chile	3,2	3,1	8,5
México	3,2	5,5	6,0

Fontes: OCDE, CEPAL, FIBGE-MF.
(*) 1970 CEE_6; 1990 CEE_{12}; 2003 UE_{19}.

Para que se tenha uma ideia melhor dessa regressividade, a relação *impostos indiretos/impostos diretos*, nos países desenvolvidos, é sempre inferior a 1,0, situando-se entre 0,3 e 0,7, enquanto nos países subdesenvolvidos ela é sempre superior a 1,0, situando-se, no caso dos países apontados no Quadro 5.6, entre 1,3 na Argentina e 1,9 no Brasil, um dos países com mais regressividade no mundo.

Desse descompasso entre a arcaica estrutura tributária e a moderna estrutura do gasto público (maior importância dos gastos tendentes à superação das estruturas anteriores: energia, transportes, educação, saúde etc.) surge um crônico *déficit* público, comumente sanado por emissões de papel-moeda (e de títulos onerosos, desde a década de 1970), dada a escassa possibilidade de obtenção de empréstimo voluntário e a difícil permissão legislativa para obter empréstimos compulsórios. O desenrolar desse tema nos levaria à abordagem do processo inflacionário latino-americano, o qual entretanto foge ao escopo deste capítulo.

Todavia, quanto mais subdesenvolvido for o sistema, maior preponderância terão as atividades produtoras primárias na estrutura produtiva, razão pela qual o Estado se volta mais para o comércio exterior, constituindo este uma excepcional fonte de recursos tributários, em especial no caso de "países mineiros", como Venezuela e México por exemplo, que obtêm elevada fração de suas rendas fiscais e parafiscais com suas exportações de petróleo (e de cobre, no caso do Chile).

No que toca à estrutura produtiva, vimos no capítulo anterior que no modelo exportador ela estava voltada para fora, isto é, para a demanda internacional de produtos primários, e como tal, configurava-se como produtora de bens primários. Assim, funcionavam no sistema três compartimentos distintos: o produtor para o mercado internacional, o setor urbano atrelado ao comércio exterior e à administração pública e finalmente o "setor de subsistência", ou seja, as áreas interiores do país, que em parte permaneciam fora da economia de mercado, pouco usufruindo dos chamados "frutos do progresso técnico" provenientes das relações externas.[8]

---

[8] Países como o Brasil, a Argentina e, em certa medida, o México, dada a capacidade interna de transformação que seu comércio externo proporcionava, apresentavam uma economia urbana mais diferenciada e contavam com um parque industrial "leve" maior e mais diversificado que o dos demais países latino-americanos.

Um importante ponto comum das economias primário-exportadoras latino-americanas era sua infraestrutura econômica existente até a eclosão da "Crise de 1929", implantada em função dos compartimentos exportador e urbano, totalmente desvinculada de qualquer compromisso de integração interior. Assim, as estradas de ferro, os portos, as estradas de rodagem e as comunicações foram implantadas com o objetivo de facilitar o escoamento externo de produtos primários. Não raro, esses investimentos eram realizados pelas empresas estrangeiras vinculadas à exportação, ou por outras empresas estrangeiras, a título de investimento direto ou financiamento.

No momento em que o sistema muda, buscando uma forma de crescimento "para dentro", isto é, via industrialização, depara com uma infraestrutura relativamente inadequada às novas condições: escassez de energia elétrica para acionar o novo compartimento industrial; redes de transporte e de comunicações insuficientes para a integração com o interior do país e, pelo lado da infraestrutura social, níveis gritantemente baixos de educação, formação técnica e de saúde pública. Com a expansão urbana, esse quadro era agravado pelo êxodo rural, que pressionava ainda mais a infraestrutura urbana de serviços públicos.

5.4.2. O surgimento e a atuação do "Estado desenvolvimentista"

Em resumo, vimos que o processo de desenvolvimento reclama uma aceleração da acumulação de capital e as poupanças privadas tornam-se escassas, conduzindo-se preferivelmente para a montagem das indústrias leves (e mais lucrativas). Entretanto, em face da inexistência de adequada infraestrutura socioeconômica, da "escassez" de empresários dinâmicos e, enfim, de toda uma mentalidade presa ao passado, o setor público é pressionado implícita e explicitamente a preencher essas lacunas do sistema. Suas ações poderiam ser classificadas em quatro tipos:

    i. *ação planejadora*: diagnosticando a realidade socioeconômica do país, ele toma consciência das necessidades fundamentais da economia: tenta orientar o setor privado utilizando-se dos mecanismos indutores ou coatores da política econômica; reserva para si certas ações ou empreendimentos, programando-os por meio do planejamento governamental (basicamente, obras públicas e implantação de unidades produtoras estratégicas ao sistema);

ii. *ação promotora*: conjunto de atos executados para promover o desenvolvimento e sensibilizar o empresário privado. Para isso, o setor público elabora análises de setores produtivos e projetos de investimento; cria zonas ou distritos especiais para a localização de certas atividades produtivas; anuncia a concessão de vantagens fiscais, creditícias, cambiais etc. para incentivar o desenvolvimento de determinadas regiões ou setores de produção;

iii. *ação executora*: realiza metas e objetivos de seu plano de governo, por meio dos investimentos públicos de infraestrutura socioeconômica e para instalação de empresas de sua propriedade, a fim de superar pontos de estrangulamento do sistema ou de expandir a oferta interna de insumos ou bens de capital estratégicos, criando, assim, as pré-condições para que os empresários privados efetuem investimentos complementares nessas áreas "pioneiras". Até que a industrialização avance consideravelmente (o que ocorreria no Brasil no final da década de 1970), o setor privado é incapaz de arcar com os problemas de rentabilidade e de financiamento que os setores "pesados" apresentam;

iv. *ação financiadora*: por meio da criação ou da expansão de seus agentes financeiros aptos a prover o sistema com financiamentos de longo prazo (bancos de desenvolvimento), imprescindíveis a qualquer processo de desenvolvimento. Como se sabe, no modelo primário-exportador, a rede bancária privada (de certa forma também a pública) estava mais voltada para o fornecimento de crédito comercial e de curto prazo. Com a industrialização e com as pressões crescentes por mais infraestrutura, aumentam as necessidades do crédito de longa duração.

5.4.3 O mito da estatização

Os conservadores sempre criticaram o significativo peso que o setor público de países subdesenvolvidos apresentava. Argumentavam que, quanto maior fosse essa participação, a "socialização" estaria ganhando do "mercado" e a economia operaria com menos eficiência. Tentaremos mostrar, neste tópico, que boa parte da presença do Estado na produção de bens e serviços decorria (e em grande medida ainda decorre) ou de pressões que o próprio setor privado exercia sobre ele ou da concordância implícita (e muitas vezes explícita) do próprio setor privado. Em primeiro lugar, ressaltemos que o objetivo do setor público não se concentra na maximização do lucro, como o do setor privado, mas sim no bem-estar social coletivo.

Não discutiremos aqui a "estatização" pela ótica nominal, ou seja, pela captação de rendas tributárias ou não, mas sim pela ótica real, dividida esta em dois polos: os investimentos de infraestrutura e a produção de bens e serviços em unidades produtoras do setor público.

i – Os investimentos da infraestrutura

Eles se caracterizam por longo período de maturação, baixa ou nenhuma lucratividade, requerendo alto montante de recursos financeiros para sua realização. Como exemplo: estradas, comunicações, portos, serviços de saneamento, regularização de níveis de rios, barragens e usinas energéticas, hospitais públicos, escolas públicas etc. Alguns não podem ser vendidos individualmente e seu uso raramente pode ser individualizado. Assim, dificilmente poderão ser objeto de mercado ou operar a preços de mercado.

Contudo, dificilmente o setor privado na América Latina poderia ter substituído o papel do Estado. Primeiro, porque o capital privado internacional esteve ocupado e preocupado com outros problemas e "questões maiores": a profunda crise dos anos 1930, a Segunda Guerra, a reconstrução pós-guerra, a Guerra Fria e a crise financeira internacional da década de 1970, sem falar do pouco interesse por inversões em infraestrutura. Segundo, porque o capital privado nacional, embora tivesse acumulado riqueza e capital, só tinha capacidade financeira para a "inversão fácil": os chamados setores leves, como o têxtil, calçados, confecções e alguns poucos segmentos produtivos mais complexos, os que exigiam menores massas de capital e menores recursos tecnológicos.

Pressões para que se construam usinas energéticas partem justamente do setor privado, diante de perspectivas de escassez da energia elétrica, que provocaria colapso no funcionamento da economia. Estradas tanto são requeridas por empresários urbanos para que seus produtos atinjam mercados distantes, como também por produtores agrícolas que querem escoar suas safras para os mercados urbanos. Serviços de saneamento podem transformar áreas antes inúteis em aptas ao cultivo ou à atividade imobiliária. Barragens regularizam o nível das águas, ensejam a produção de energia elétrica e enormes lucros para as grandes construtoras privadas.

Superando pontos de estrangulamento existentes no sistema, esses investimentos criam economias externas, transferindo-as gratuitamente à iniciativa privada, induzindo-a à realização de seus próprios investimentos. Esses benefícios decorrem, por exemplo, da diminuição de distâncias, possibilitada pela execução (ou pavimentação) de uma estrada ou por uma nova rede de comunicação, que minimiza custos de locomoção de homens e de produtos; da diminuição dos custos de energia elétrica, pela instalação de uma nova usina (hidroelétrica), dispensando o uso custoso de geradores privados; da educação e saúde públicas, com aumento quantitativo e qualitativo da oferta de força de trabalho e diminuição das pressões de alta sobre as taxas de salários profissionais etc. É por essas razões que não se fazem pressões ao setor público para que essa tarefa seja delegada ao setor privado; pelo contrário, é de se notar o encaminhamento contínuo de pressões políticas que se canalizam entre os vários agentes do sistema, para que o setor público expanda cada vez mais essas atividades.

ii – A produção de bens e serviços pelo setor público

Trataremos aqui, especificamente, das empresas públicas que produzem bens e serviços, como: energia elétrica, gás, água, aço, petróleo, serviços financeiros, sementes, fertilizantes etc.

Inicialmente, distingamos três tipos de empresas públicas, segundo sua lucratividade:[9] o grupo de *empresas deficitárias ("D")*, as que não têm lucros ou prejuízos e, portanto, são *equilibradas ("E")* e as *lucrativas ("L")*. Classificaremos em seis suas atividades: os serviços públicos, transportes etc. (1); produção de insumos (2), como aço, fertilizantes, sementes etc.; produção de bens de capital (3); produção de bens de consumo (4); atividades comerciais (5) e atividades financeiras (6).

Lucratividade, prejuízo ou equilíbrio poderiam ocorrer em quaisquer dessas atividades. Entretanto, as deficitárias, ao produzirem receitas inferiores aos seus custos de produção ("D"), estão transferindo preços menores aos usuários de seus produtos. Se forem produtos do tipo 1, 2 e 3, isso significará menores custos de produção às empresas (privadas ou públicas) que os utilizam. Assim, não se faz no sistema qualquer pressão para que tais empresas sejam privatizadas. São exemplos típicos: a produção de aço, petróleo, sementes, transportes, energia elétrica e equipamentos, correios etc.

Nas empresas do tipo "E" não há o "estímulo" da lucratividade e, assim, elas transferem igualmente menores custos aos seus usuários. As do tipo "L" possibilitam a acumulação de capital no próprio setor público, financiando sua própria expansão. Se sua taxa de lucro for inferior à do setor privado, trata-se de uma outra forma de transferência de "subsídios" via menores preços aos usuários. Entretanto, o setor privado poderá reclamar contra a intromissão pública em atividades do tipo 4 e 5, sempre que haja lucratividade, uma vez que seus usuários são as famílias, que deverão suportar um aumento de preços, dados os condicionamentos dos mercados.

Entretanto, se a taxa de lucro das empresas públicas for igual ou maior do que a taxa média do setor privado, este propugnará pela privatização dessas atividades. No tocante à atividade (6) raramente se farão protestos privatistas se as empresas financeiras

---

[9] Este enfoque está baseado no trabalho de SACHS. Ignacy. *Capitalismo de estado e subdesenvolvimento*, cap. V: "Padrões de Setor Público", Petrópolis: Vozes, 1969, p.85-96.

públicas estiverem na categoria "D" ou "E", ou mesmo na categoria "L", desde que concedam financiamentos ao setor privado a juros baixos e prazos longos.

São essas as razões pelas quais o setor privado comumente reclama da estatização, forçando a privatização. Porém, de que empresas? Basicamente, interessa-lhe as que atuam nos campos 3, 4, 5 e 6 (em geral todas elas lucrativas), algumas do tipo 2 (indústrias petroquímicas, por exemplo, que aliás são normalmente lucrativas) e praticamente nenhuma do tipo 1. Se o Estado pusesse à venda suas empresas deficitárias, impondo aos seus compradores a obrigatoriedade de manter os preços dos bens e serviços por elas produzidos no mercado, dificilmente apareceria um empresário altruísta que fizesse tal transação.

5.4.4 O fim do Estado desenvolvimentista?

A década de 1970 está marcada pelo esgotamento do padrão de acumulação e pela exacerbação da crise financeira internacional. Os Estados Unidos encontravam-se em momento crítico de desequilíbrio externo e financeiro e, como resposta à situação e às pressões dos principais países desenvolvidos, tornaram a situação mais aguda ainda, lançando à "estratosfera" sua taxa de juros (em torno de 7% em meados de 1979 e cerca de 21% em meados de 1981). Esse verdadeiro "golpe de mestre" atingiu em cheio todos os países endividados (além dos próprios Estados Unidos): quase todo o bloco socialista e a maioria dos países subdesenvolvidos. Com isso, suas dívidas externas se transformaram em verdadeiras "bolas de neve", mas a dos Estados Unidos foi (e é) financiada em grande parte pelos fluxos de capitais dos países desenvolvidos. Recentemente, a China, graças aos grandes *superávits* comerciais que tem com os Estados Unidos, passou a ser um dos principais credores desse endividamento, que opera com juros reais baixos.[10]

---

[10] Sobre o assunto, ver: CANO, W. *Reflexões sobre o Brasil e a nova (des)ordem internacional*. 4. ed. Campinas: Ed. Unicamp, 1995. Ver também, do autor: *Soberania e política econômica na América Latina*. São Paulo: UNESP, 1999.

O resultado prático foi que, como a maior parte das dívidas havia sido contraída pelo setor privado desses países, a elevação dos juros fatalmente quebraria os devedores. Assim, as pressões para que o Estado assumisse a dívida (privada) em dólares foram muito fortes, resultando no chamado processo de "estatização" da dívida externa (no Brasil, a proporção pública na dívida era de apenas 25% e passaria a 75%). Com isso, todos os Estados nacionais que assim procederam praticamente quebraram financeiramente: a partir daí, o peso da dívida e sobretudo de suas amortizações e de seus juros arrebentaram com as finanças públicas. Inflação, hiperinflação e estagnação foram as marcas da década de 1980.

Os países desenvolvidos – o cartel dos credores, liderado pelos Estados Unidos – impuseram aos devedores um ajuste macroeconômico ("*ajuste exportador*") por meio do qual devíamos conter a demanda interna para gerar saldos exportadores para servir a dívida. Já vimos no Capítulo 4 que pagamos uma fortuna, mas nossa dívida aumentou ainda mais. Aqui nos interessa mostrar não esse efeito, mas sim o resultado sobre as finanças e a ação do Estado.

Ao assumir a dívida privada em dólares, o Estado tinha que comprá-los no mercado e, para tal, era obrigado a emitir títulos da dívida pública em moeda nacional. Dada a inflação, o descontrole das contas públicas e a voracidade dos banqueiros nacionais, essa dívida era "rolada" diariamente (ou quase), pagando juros escorchantes. O baixo crescimento do período e a inflação corroíam as finanças públicas e os juros das duas dívidas públicas (interna e externa) acabavam por destruir a capacidade financeira do Estado.[11] O quadro a seguir é um retrato desse período.

O Quadro 5.7 mostra novas denominações para a situação fiscal do país. Com a exacerbação inflacionária, queda da

---

[11] Sobre o mecanismo de expansão das duas dívidas ver GOMES de ALMEIDA, J.; TEIXEIRA, A. *O nó cego*. Texto para discussão. Rio de Janeiro: UFRJ/ Instituto de Economia Industrial, n.18. 1983; sobre a estatização da dívida externa privada, ver CRUZ, P. R. D. C. *Dívida externa e política econômica*: a experiência brasileira nos anos setenta. São Paulo: Brasiliense, 1984.

Quadro 5.7 Brasil – Necessidades de financiamento do
setor público NFSP/PIB (%)

	Resultado nominal (NFSP)	Resultado primário	Juros nominais	Dívida pública interna líquida
1983	19,86	–1,7	18,16	17,1
1985	28,00	2,6	25,40	21,1
1989	73,25	–1,0	74,25	24,1
1990	29,60	–4,6	34,20	18,1
1994	44,41	–5,16	49,57	20,0
1995	7,27	–0,27	7,54	24,9
1998	7,47	–0,02	7,49	30,2
2002	4,58	–3,89	8,47	56,5
2005	3,29	–4,84	8,13	49,0
6-2006	4,48	–3,21	7,70	50,3

Fonte: Bacem e *Conjuntura Econômica*.

arrecadação, deterioração das contas públicas e do orçamento e desvirtuamento das operações do Banco Central, se fizeram alterações formais na medição do orçamento e do *déficit*, entre 1979 e 1983, dada a impraticabilidade de se continuar a operá-los na forma convencional. Observe-se a dimensão elevadíssima do *déficit* nominal, no auge do processo inflacionário.

Criaram-se, assim, além do *orçamento fiscal*, *o monetário e o das empresas estatais*. Quanto ao *déficit* (ou *superávit*) passou a ter três apurações distintas: o nominal, que representa a posição dos saldos líquidos de todas as contas públicas, inclusive a correção monetária sobre as dívidas públicas; o *operacional*, que tem o mesmo significado, porém dele está excluída a correção monetária; o *primário*, que é igual ao anterior, excluídos os juros reais pagos pelo Estado.[12] Mais recentemente (ver Quadro 5.7) esse critério foi de novo alterado, sendo divulgados apenas o *nominal*, o *primário* e os montantes dos *juros nominais (totais)*.

Durante a década de 1980, os países desenvolvidos fizeram sua reestruturação local e regional e, além do "remédio" do ajuste exportador, passaram a oferecer, "prazerosamente", a chamada renegociação das dívidas públicas externas. O Brasil foi o último a aceitá-la, dada a capitulação da soberania nacional que a nova "droga" impunha: o "*ajuste importador*" da década de 1990. Este, acompanhado de um pacote de políticas neoliberais (abertura comercial, desregulamentação do capital estrangeiro, Lei de Patentes, privatizações etc.), determina, ao contrário do anterior, que devemos importar muito. Como teríamos grandes saldos comerciais (e de serviços) negativos, a livre entrada de capitais os cobririam.

O resultado (em parte já mostrado no capítulo anterior) pode ser visto no Quadro 5.7, que aponta dois momentos cruciais do endividamento público e profundo desequilíbrio das finanças públicas: o primeiro, que vai até 1994, de alta inflação (em que pese os *superávits* primários ocorridos, eles não foram nem de longe suficientes para saldar os juros elevados). O seguinte, a partir do Plano Real, em que, a despeito da baixa inflação, o desequilíbrio externo e os elevados juros reais colocam a dívida interna em aceleração. Mesmo com os esforços mais recentes (2003-2005), com *superávits* primários e drásticos cortes nos gastos públicos, a política de tentar conter o nível da dívida tem tido o mesmo resultado da famosa piada de "enxugar o gelo".

A Reforma Administrativa praticada a partir de 1990 teve como escopo principal a diminuição do tamanho do Estado, com a supressão de 357 mil cargos públicos, fechamento de várias instituições, venda de dez mil imóveis e de 2.300 veículos. Ainda, foram transformadas em instituições chamadas Organização Social (OS), sem fins lucrativos, várias fundações e institutos de

---

[12] Além dessas modificações, a Constituição Federal de 1988 promoveu profundas alterações na estrutura tributária do país. Ver a respeito: OLIVEIRA, F. A. *Crise, reforma e desordem do sistema tributário nacional*. Campinas: Ed. Unicamp, 1995.

pesquisa públicos, para "desonerar" o orçamento público. Por último, várias medidas retiraram direitos trabalhistas e previdenciários de funcionários públicos, e mesmo o atual governo tem projetos de prosseguir nessa última meta.

As privatizações e concessões de serviços públicos foram anunciadas com o falso objetivo de obter recursos para saldar dívidas do Estado e de dar eficiência privada aos setores públicos. Contudo, uma análise do ocorrido põe isso por terra. Na verdade, o objetivo maior foi atrair capital estrangeiro. Elas se concentraram entre 1990 e 1998, nos setores siderúrgico, petroquímico, de energia elétrica, de telecomunicações e de transportes, e somaram recursos equivalentes a US$ 68,5 bilhões, dos quais 8,9 bilhões foram pagos com "moedas podres": Títulos da Dívida Agrária recebidos com valor ao par, mas desacreditados no mercado financeiro, e Títulos da Dívida Externa, também desacreditados, que sofreram deságio de 25%. Os recursos totais obtidos equivaleram a cerca de 1,2% do PIB do período 1991-1998.[13]

Na verdade, o objetivo maior foi atrair capital estrangeiro para amenizar os buracos do balanço de pagamentos criados pela enxurrada de importações causada pela abertura comercial. Dos recursos recebidos, deve-se descontar os generosos empréstimos financeiros oficiais para vários desses "negócios" e, sobretudo, o "presente de bodas", ou seja, os investimentos

---

[13] Para este tema utilizei, basicamente, as seguintes fontes: PRADO, S. R. R. *Intervenção estatal, privatização e fiscalidade*. Campinas, 1994. Tese (Doutorado) – Instituto de Economia, Universidade de Campinas; IESP – Instituto de Economia do Setor Público. *Indicadores IESP*. São Paulo: IESP/Fundap (vários números); RODRIGUES DA SILVA, E. *O processo de privatização brasileiro*. Campinas: Unicamp/Instituto de Economia, 1999. (mimeo.) e CANO, Wilson. op.cit., 1999. Uma crítica aguda sobre as privatizações e o relato de vários escândalos estão em BIONDI, A. *O Brasil privatizado*: um balanço do desmonte do Estado. São Paulo: Perseu Abramo, 1999. Uma análise dos principais casos estaduais pode ser vista em Fundap – Fundação do Desenvolvimento Administrativo. Desestatização da Infraestrutura em São Paulo, Rio Grande do Sul, Paraná e Pernambuco. *Estudos de Economia do Setor Público (São Paulo)*, n.4, 1997.

públicos realizados nessas empresas, antes de privatizá-las, com o objetivo oculto de melhorar sua estrutura e, com isso, na verdade conceder abatimentos em seus preços. Por exemplo, no setor de telecomunicações, que recebeu US$ 22 bilhões (e valia mais de 30!), o "presente" foram os investimentos prévios realizados pelo Estado, entre 1994 e 1998, que somaram US$ 23,9 bilhões. Na Cia. Vale do Rio Doce, vendida por US$ 2,6 bilhões (mas valia dez vezes isso e hoje vale trinta), o presente foi de US$ 0,65 bilhão.

Além desses problemas, cabe denunciar que as maiores privatizações no setor energético se deram mais em distribuição e pouco em geração, o que, como se previa à época, prejudicou os investimentos e nos causou o famoso "apagão" de 2001. No setor de petróleo, o Estado obrigou a Petrobras a passar para os interessados privados os resultados de suas pesquisas sobre reservas marítimas.[14]

Por último, a propalada "eficiência" privada foi obtida à custa de tarifas e preços (luz, energia, telecomunicações, pedágios e fretes) que foram mensurados muito acima da inflação.[15] Quanto à regulamentação dos setores, foram criadas Agências Nacionais de regulamentação setorial, muitas delas após a privatização, o que resultou em instituições frágeis de fiscalização e controle dessas empresas.[16] Nestas instituições a diretoria tem mandato

---

[14] Para uma análise da situação atual do setor, ver SOARES, J. C. Petróleo e gás natural: investimentos contidos, antes e durante as reformas. In: BIELSCHOWSKY, R. (Coord.). *Determinantes dos investimentos na transição da economia brasileira dos anos 90*: indústria, mineração, petróleo e infraestrutura. Brasília: Convênio Cepal/IPEA e Cepal/Previ, 1999.

[15] O boletim do IESP mostra as séries de preços públicos, nas quais se pode ver claramente essa preparação para privatizar. O comportamento da política de preços para o aço (entre 1990 e 1994), telefonia (entre 1994 e 1998) e energia elétrica (a partir de 1992) demonstra claramente isso. Por outro lado, a divulgação dos balanços do exercício de 1997 das maiores empresas estatais mostra surpreendente recuperação de lucros, suplantando largamente os lucros das maiores privadas.

[16] Sobre essa nova regulamentação, suas instituições e instrumentos, ver SOARES, J. C., op.cit.

aprovado pelo Legislativo, o que significa que pode haver conflito entre elas e o Poder Executivo eleito no interstício desse mandato. Na verdade, foram criadas para retirar poder dos Ministérios de suas respectivas áreas, no que se refere a planejamento, execução, normalização e fiscalização da política setorial.[17]

O ajuste macroeconômico (impossível, dadas as condições estruturais impostas e as existentes na economia brasileira) aprofundou ainda mais o desgoverno das contas públicas, para poder manter a artificial política de estabilização então implantada por Fernando Henrique Cardoso (Plano Real) a partir de meados de 1993.[18] A economia apresentou medíocre desempenho, como se pode ver pelas taxas médias anuais de crescimento do PIB e da Formação Bruta de Capital Fixo (FBKF), que entre 1970 e 1980 haviam sido de, respectivamente, 8,7 e10,2% e entre 1980 e 1990 caíram para 1,6 e –2,6%. Entre 1989 e 2003, a taxa média anual do PIB foi de apenas 1,8% e a relação FBKF/PIB em 2003 apresentou um dos mais baixos valores de nossa história recente (17,8%).

À deterioração federal, graças aos juros estratosféricos impostos pelo governo federal, vem juntar-se a deterioração dos governos estaduais e municipais, ampliando perigosamente suas dívidas e seus *déficits*. A profundidade da crise econômica e política, aumentando o desemprego e a crise social, agravou ainda mais esse quadro. Desde o final dos anos 1980, praticamente

---

[17] Entre as criadas figuram: ANA (águas), ANP (petróleo), ANEEL (eletricidade), ANTT (transportes terrrestres), Anatel (telecomunicações) Ancine (cinema). Sobre a regulamentação e conflitos, ver RIGOLON, F. J. Z. Regulação da infraestrutura: a experiência recente no Brasil. *Revista do BNDES*. Rio de Janeiro: n.7, jun. 1997. Os conflitos já denunciados na imprensa abarcam não só reclamações de usuários por maus serviços (energia e telecomunicações, principalmente), mas também por decisões abusivas (alto número de pedágios em rodovias privatizadas) ou mesmo metas não cumpridas com o governo (caso das ferrovias).

[18] Uma análise pormenorizada dessa política econômica pode ser lida em: CARNEIRO, R. M. *Crise, estagnação e hiperinflação*, Tese de Doutoramento, Unicamp-IE, 1991; TAVARES, M. C.; FIORI, J. L. *Desajuste global e modernização conservadora*. Rio de Janeiro: Paz e Terra, 1993; TEIXEIRA, A. *O ajuste impossível*. Rio de Janeiro: Ed. UFRJ, 1994.

todos os estados e muitos municípios lançaram-se em uma verdadeira "guerra fiscal" para vencer o "leilão locacional" que as empresas privadas – notadamente as transnacionais – têm feito, para receber vantagens (infraestrutura, participação acionária etc.) e incentivos fiscais para se instalar em determinados locais.

Além disso, o congelamento da taxa cambial conteve as exportações, e o governo federal, para não modificá-la (por causa da política de estabilização), tem usado vários expedientes, como o de isentar do Imposto de Circulação de Mercadorias e Serviços (ICMS) as exportações de produtos básicos e semimanufaturados, o que deteriora ainda mais as finanças estaduais e municipais. Como vimos no Capítulo 4, o recente aumento de nossas exportações está vinculado à excepcionalidade momentânea do comércio internacional.

Para finalizar, resta advertir sobre a deterioração (fiscal, financeira e de planejamento) que atinge o Estado e o fato de que a continuidade das reformas neoliberais que ora estão sendo discutidas pelo atual governo (2003-2006) ameaça piorar ainda mais este quadro. Para manter o serviço das dívidas, cortam-se cada vez mais os gastos públicos (correntes e de capital), notadamente os do funcionalismo e os sociais, em uma busca inútil e sem fim de um impossível ajuste fiscal. Entre as reformas que estão na agenda política hoje, são muito preocupantes as do *"déficit zero" e as da previdência social.*

CAPÍTULO 6

MOEDAS, BANCOS E SISTEMA FINANCEIRO[1]

6.1 Introdução

Na economia primitiva, as relações econômicas eram simples: no início, o homem produzia para autoconsumo; posteriormente, produzia bens em excesso, que trocava com outros homens, por bens de que necessitava. As trocas até então eram feitas de forma direta (*escambo*), não envolvendo, portanto, qualquer intermediação "monetária".

Entretanto, à medida que a divisão do trabalho e o comércio aumentam, as trocas diretas tornam-se impraticáveis e tendem a diminuir ou mesmo a desaparecer, surgindo, então, a troca indireta. Suponhamos que:

Em uma comunidade primitiva, três indivíduos (A, B e C) disponham respectivamente dos seguintes bens em excesso com relação às suas necessidades: sapatos (S), trigo (T) e vinho (V)

---

[1] Agradeço as observações feitas por meu colega do Instituto de Economia, Fernando N. da Costa, à versão anterior deste capítulo.

e ao mesmo tempo tenham necessidade, respectivamente, de vinhos, sapatos e trigos, como no esquema a seguir:

Indivíduos	Excesso de bens	Necessidade de bens
A	S	V
B	T	S
C	V	T

No exemplo acima, não é possível a troca direta entre os indivíduos, pois não existe coincidência de excesso de bens entre cada dupla de indivíduos. Assim, para que todos os indivíduos satisfizessem suas necessidades (e não mais dispusessem de excesso de bens), as trocas teriam de se processar indiretamente, em dois "momentos":

1) $S_{A \to B}$ e $T_{B \to A}$ com o que B se satisfaria da necessidade de sapatos, transferindo seu excesso de trigo a A;
2) $T_{(B \to A) \to C}$ e $V_{C \to A}$ uma vez que A recebe trigo de B, em pagamento de sapatos, transferindo-o a C que dele necessita, ao mesmo tempo em que paga esse trigo a A, entregando-lhe seu excesso de vinho.

No entanto, face à multiplicidade de bens, de produtores e de consumidores, as trocas indiretas, tal como as apresentamos acima, não teriam sentido em uma economia um pouco mais complexa do que essa. Por isso, os homens criaram um meio pelo qual essas trocas pudessem ser efetuadas de modo a evitar os problemas apontados no exemplo dado. Tal instrumento (*meio de pagamento*) historicamente foi representado por vários objetos: sal, boi, conchas, pedras preciosas, prata, ouro etc. Os homens escolhiam bens que tivessem certas propriedades aceitas pela coletividade, como durabilidade, raridade, facilidade de transporte e dificuldade de fraude.

Obviamente, os metais preciosos – mais precisamente o ouro e a prata – continham em maior grau essas propriedades, razão pela qual se mantiveram como meios de pagamento durante longo período. Dessa forma, A trocaria (venda) sapatos por ouro com B, ouro por vinho (compra) com C; por sua vez, B trocaria seu excesso de trigo por ouro com C. Com a aceitação que a coletividade teve pelo ouro e prata, esses metais passaram a ser fundidos em barras, de diversos tamanhos e pesos, com o que passaram a "circular" entre os membros da comunidade, exercendo o papel característico do que hoje conhecemos como *dinheiro*, ou seja, como meios de pagamento aceitos pela coletividade (Estado e Sociedade).

Os membros dessa coletividade perceberam que podiam vender bens e serviços em troca de certa quantidade de ouro ou prata, sem que tivessem a necessidade de utilizá-los imediatamente na compra de outros bens. Podiam guardá-los e utilizá-los posteriormente. Esse novo instrumento de troca possibilitava, portanto, uma *reserva de valor presente* capaz de satisfazer uma necessidade futura.

Destacamos, anteriormente, duas *funções da moeda*: a de *meios de pagamento* e a de *reserva de valor*,[2] entretanto, resta apresentar a terceira, ou seja, a de denominador comum de valores ou simplesmente de *unidade de conta*. Essa função deriva da necessidade que a economia tem de comparar coisas e usar um padrão de referência: preços, custos, vendas, lucros, salários etc. são sempre expressos, basicamente, em termos de unidades monetárias.

Com a expansão do comércio entre as cidades e nações, tornou-se impraticável o transporte de barras de ouro ou prata pelos comerciantes e pelas demais pessoas, o que induziu o homem a criar um novo instrumento que fosse igualmente aceito pela coletividade, tendo para isso a regulamentação e a responsabilidade de uma entidade na qual a coletividade confiava: "banqueiros" e governantes. Assim, os "banqueiros" e os governos recebiam ouro e prata e criavam *moedas metálicas divisionárias*, cujo valor era garantido pelo ouro e prata nelas contido. Passavam, assim, a exercer uma nova forma de poder, *o poder de emissão*.

---

[2] Nessa modalidade, a moeda também pode se prestar a uma função especulativa, contra outra moeda ou mercadoria.

Mais tarde, a moeda praticamente deixa de ser feita com os metais nobres, passando a sê-lo com metais menos raros: alumínio, níquel, cobre, e tendo, eventualmente, uma certa parte de ouro e prata. Entretanto, seu valor expresso era garantido pelo ouro e prata depositado junto a seus emissores ("bancos" e governos). Porém, essas entidades emitiam também *recibos de depósito de ouro ou prata*, papéis que circulavam (por serem endossáveis ou por serem "ao portador") como moeda: era a *moeda-papel*. Tanto uma como outra (metálicas e papéis) eram, em circunstâncias normais, plenamente *conversíveis* em ouro ou prata, se assim o desejassem seus possuidores.

Os "banqueiros" e os governos perceberam que os possuidores dessas moedas e recibos raramente convertiam a totalidade desses recibos em metal puro (ouro ou prata). Daí que inicialmente apenas em casos emergenciais (guerras principalmente) passaram a emitir mais moedas metálicas e notas de recibo além do que lhes permitia a quantidade de metal a eles efetivamente confiada. Isto é, passaram a emitir *papel-moeda*, cuja característica fundamental é a de que *não são, de fato, conversíveis* em ouro e prata, tendo, entretanto, uma *circulação forçada e garantida pelo poder público* e pela confiança de seus portadores, tratando-se, portanto, de *emissão fiduciária*. Assim, é por meio do poder de coerção que o Estado exerce sobre a Sociedade que o governo – ou bancos por ele autorizados – pratica o coercitivo poder de emissão monetária.

Mais recentemente, dada a escassez de metais preciosos e a necessidade de novas emissões, o poder público passou a emitir papel-moeda sem qualquer contrapartida de existência de ouro e prata. O papel-moeda hoje é o que conhecemos na forma metálica ou de "notas".

Usamos até aqui a palavra "Banco" ou "banqueiros" sem contudo explicar seu surgimento e desenvolvimento. Na Antiguidade, a guarda de ouro ou prata era confiada aos ourives, que cobravam por esse serviço. Emitiam recibos aos proprietários de metal a eles confiado, recibos que poderiam ser transferidos a terceiros. Percebiam então que apenas uma fração do metal depositado era reclamada continuamente pelos seus proprietários, o que lhes permitia utilizar o ouro restante, emprestando-o a terceiros. Daí surge a noção embrionária de banco comercial, qual seja, a de depositário de dinheiro e de financiador. Vejamos pois essa ideia de *crédito*.

Suponhamos que um indivíduo A deseje comprar trigo de um indivíduo B, mas não dispõe de dinheiro. Poderão então ocorrer duas hipóteses: i) B lhe fornece o trigo sem a contraprestação imediata de dinheiro, ficando A devedor de B; ii) A se dirige a um banco, obtém dinheiro emprestado com o que poderá comprar trigo de B, efetuando o pagamento à vista. Nos dois casos, B entrega a A uma mercadoria (trigo): sem pagamento imediato no primeiro caso; no segundo, ocorre imediatamente a contraprestação monetária, mas A é devedor do Banco. No primeiro, B concede um crédito a A (financiamento direto) e no segundo, B recebe à vista porque o Banco concedeu um financiamento direto a A. O *financiamento*, pois, se caracteriza pela inexistência da contraprestação imediata e direta entre os agentes compradores e vendedores e pela interveniência de terceiros, concedendo um crédito a um deles. O crédito, portanto, representa, no caso, uma antecipação de poder de compra concedido a A, tendo este, certamente, apresentado alguma *garantia*. Esta pode estar representada pela corresponsabilidade de terceiros, por meio de um *aval* daquela operação ou a vinculação temporária de um ativo (imóvel, por exemplo), enquanto perdurar a dívida.

Uma controvertida questão em teoria monetária é aquela que discute a quantidade de meios de pagamento (e também de crédito) que uma sociedade necessita para satisfazer suas diferentes transações econômicas. Admitamos, por simplificação, que todas as transações de um sistema econômico comportem somente a aquisição da oferta final de bens e serviços – o produto –, pela demanda gerada pela renda nacional. Seria ela superior, igual ou inferior à renda? Não haveria sentido econômico se, neste exemplo, a quantidade de moeda fosse superior à renda nacional, pois, se assim fosse, haveria excesso de recursos monetários no sistema.

Suponhamos que, para uma renda nacional gerada em um dado período, houvesse uma quantidade de meios de pagamento em igual montante: por hipótese, a renda nacional é de $ 365 (valor dos bens e serviços finais produzidos, ou valor agregado) e, portanto, o montante de meios de pagamento seria de $ 365. Entretanto, a renda nacional é um *fluxo* gerado continuamente durante um determinado período; se esse período fosse de um ano (e, teoricamente, de 365 dias) e a atividade produtiva diária fosse igual, diríamos que essa economia está gerando um fluxo diário de renda no valor de $ 1, o que totalizaria $ 365 no fim do período. Contudo, para um dado sistema econômico em que não ocorram modificações nos preços e o nível da atividade econômica não cresça nem diminua (trata-se de uma economia estacionária), o montante de meios de pagamento poderia igualmente ser constante.

Cabe dizer ainda que o montante de meios de pagamento é um *estoque*, não sofrendo alterações dentro da hipótese acima descrita. Teoricamente, poder-se-ia admitir que haveria diariamente um estoque monetário de $ 365 para um fluxo diário de $ 1 o que denotaria um enorme *excesso diário* de meios de pagamento em face do montante de *renda gerada diariamente*. Portanto, o estoque monetário do sistema não deverá ser maior ou igual ao volume da renda ou do total das transações efetuadas durante o ano, as quais, obviamente, não são idênticas nos 365 dias de um ano.

Outro exemplo pode ser dado pelo pagamento de salários. Um trabalhador com salário anual de $ 12, se recebesse essa renda de uma só vez (no início ou no fim do ano), exigiria um montante monetário de $ 12; entretanto, se o pagamento do salário for feito em base mensal, essa exigência baixaria para $ 1 e, se o pagamento fosse efetuado quinzenalmente, bastaria tão somente uma existência monetária de $ 0,5. Portanto, o montante monetário do sistema diminuiria ou aumentaria em função do maior ou menor número de "giros" que a moeda teria que fazer para efetuar as transações de pagamento e recebimento dos *fluxos* de renda.

Contudo, a necessidade de meios de pagamento não se limita apenas às transações da demanda final. Como vimos no Capítulo 3, existem também as transações intermediárias dos bens e serviços que ainda não atingiram uma condição de uso final. Acrescente-se ainda que, além dessas, o sistema econômico realiza outras, como as que representam mera transferência de propriedade (a compra de uma casa velha ou a de títulos preexistentes em Bolsas de Valores etc.) e outras de caráter especulativo. No entanto, a existência de crédito elimina – temporariamente – a necessidade de uma renda prévia para a realização de um gasto, alterando, também, o uso dos meios de pagamento.

Dada a diversidade existente entre as economias nacionais, no que se refere a maior ou menor periodicidade de fluxos de pagamentos ou recebimentos, estruturas econômicas, maior ou menor desenvolvimento do sistema bancário, grau de monetização da economia, intensidade do financiamento, inflação de preços etc., a comunidade manterá maior ou menor quantidade de meios de pagamento em relação ao volume e valor do total de transações econômicas que fizer. Isto é, manterá maior ou menor *grau de liquidez*.

Mas, como veremos mais adiante, os meios de pagamento são constituídos de várias espécies, as quais variam quanto ao grau de liquidez: por exemplo, o papel-moeda é o mais líquido de todos, seguindo-se-lhe o cheque (para sacar depósitos à vista). Além desses, outras espécies têm liquidez distinta e menor. Assim, costuma-se calcular a relação entre o PIB e o montante dos meios mais líquidos (M1), denominando-a "velocidade-renda da moeda" (V). Se observarmos os dados do Quadro 6.1, deduziremos que, quanto mais adiantadas as relações mercantis, a industrialização e a urbanização em uma economia, maior será o giro de M1 em relação ao PIB: observe-se que, no imediato pós-Segunda Guerra e no início da década de 1950, M1 representava cerca de 25% do PIB e, portanto, V era cerca de 4; nos dados do final da década de 1970 e início da de 1980, M1 já representava somente 10% a 12% do PIB, elevando-se assim V para cerca de 8 a 10.

Resta, nesta introdução, enunciar que, com a abertura da economia, o problema monetário adquire nova dimensão, com as transações econômicas efetuadas na base de uma moeda nacional e de uma ou várias moedas internacionais. Isto nos conduz a problemas complexos de fixação de taxas de câmbio e de juros e de seus reflexos no sistema econômico. Já a compra e venda de moedas estrangeiras (demanda e oferta de divisas), o saldo do balanço de pagamentos e a variação de nossas reservas de ouro e divisas nos trazem novas interações complexas entre as políticas cambial, de comércio exterior, monetária, creditícia e fiscal, dado que podem exercer importantes efeitos sobre o estoque de meios de pagamento, a dívida pública interna, a taxa de juros e o movimento de entrada e saída de capital internacional.

6.2 Os meios de pagamento: sua formação e expansão

Nesta altura já podemos definir que o total do estoque (saldo) expresso em valor monetário das moedas metálicas e das notas de dinheiro emitidas constitui um agregado que se denomina *saldo de papel-moeda emitido* (PME). Contudo, por norma legal e razões técnicas, parte do PME é retido como *Encaixe no Banco Central* (EBC),[3] de modo que:

PME − EBC = PMC (Papel-moeda em Circulação)

Porém, a comunidade julga inconveniente manter todo esse saldo em seu poder, por razões de costume, segurança ou comodidade. Assim, uma parte do PMC será guardada (depositada) nos bancos, permanecendo então, efetivamente, nas mãos do público, uma fração menor do dinheiro emitido, que se denomina *Papel-moeda em Poder do Público* (PMPP). Para fins de análise dos agregados monetários de um país, os economistas criaram um novo conceito, a *Base Monetária*, que poderia ser entendida como a soma do PMPP com as reservas bancárias. O conceito de base monetária, contudo, admite variações em seus componentes, podendo ser mais restrito ou mais amplo do que o citado.

Digamos que, do total de $ 1.000 (papel-moeda em circulação), o público detenha $ 100 (*papel-moeda em poder do público*) como forma de liquidez direta das famílias e das empresas, depositando no sistema bancário, na forma de *depósitos bancários à*

---

[3] São as reservas ou depósitos compulsórios, fixados pelo Banco Central, tanto como medida de segurança aos depositantes quanto como medida de controle da moeda, do crédito e da inflação. Em 2003, o BC fixava esses depósitos em 45% sobre os depósitos à vista, 15% sobre os a prazo e 20% sobre os de poupança.

vista, o saldo de $ 900, na condição de, a qualquer momento que necessitarem, poderem sacá-lo ou efetuar pagamentos via cheque ou cartão eletrônico.

Esse ato nada mais é do que uma ordem que um depositante faz ao banco para que este transfira uma determinada quantia de papel-moeda à própria pessoa depositante ou a terceiros. Com o desenvolvimento da informática, foi criado o *cartão eletrônico*, que substitui o cheque para saques ou pagamento de compras ou dívidas em certos estabelecimentos e pela Internet. Podemos entender, portanto, que os depósitos bancários à vista também constituem um componente dos meios de pagamento. Com os dados hipotéticos acima, as contas do banco figurariam como no esquema a seguir:

Sistema bancário	
Caixa em moeda corrente	Depósitos à vista
$ 100	$ 900

Desta forma, os meios de pagamento do sistema econômico seriam agora representados por: papel-moeda em poder do público ($ 100) e depósitos à vista ($ 900), totalizando assim $ 1.000.

Vimos no item 6.1 que as emissões não guardam mais uma relação rígida entre seu montante e o ouro e a prata guardados pelos emissores. Assim, hoje o papel-moeda é emitido de acordo com as necessidades impostas pelo volume das transações que se processam no sistema econômico e por outras circunstâncias. O poder de emissão concentra-se hoje no governo, que delega tal tarefa ao seu principal banco – o Banco Central.

A *natureza das emissões* é muito variada; elas podem decorrer do simples aumento da renda nacional, exigindo mais papel-moeda para as transações de renda, como também podem derivar de outras razões, como um saldo positivo na balança de transações correntes com o exterior, significando que o país vendeu mais do que comprou do restante do mundo. Nesse caso, os exportadores detêm certo montante de divisas (em excesso em relação às necessidades de divisas por parte dos importadores) que trocam com o governo por moeda nacional. Saldos positivos na conta de capital do balanço de pagamentos, se gerarem acumulação de reservas para o país, também podem exigir novas emissões. Outra forma que pode pressionar as emissões são as operações de redesconto do Banco Central, que veremos mais adiante. Muito embora essas pressões possam ser momentâneas (desde que em curto prazo possa surgir um reequilíbrio no balanço com o exterior ou nos débitos dos Bancos Comerciais para com o Banco Central) o fato é que os exportadores (ou os Bancos Comerciais) terão aumentado seus estoques de papel-moeda.

Vimos, no capítulo anterior, que não raro o governo é obrigado a emitir para equilibrar o orçamento público, em face do maior volume de gasto público total em relação às receitas governamentais. Outras emissões podem surgir por motivos de crises políticas, ameaças de falências bancárias, guerras etc. Em todas elas, o poder público é obrigado a emitir papel-moeda (ou títulos da dívida, dependendo das circunstâncias) como "antídoto" a esses eventos, aplicando-o diretamente na forma do gasto público (inversão pública ou transferências governamentais) ou indiretamente, concedendo empréstimos às entidades necessitadas.

Verifiquemos de que forma flui uma emissão adicional de papel-moeda, supondo-a derivada de um excesso de exportações so-

Banco Central

Ativo		Passivo	
Aumento das reservas de divisas	$ 100	Papel-moeda emitido (adicional)	$ 100

Bancos comerciais

Aumento de caixa	$ 50	Aumento de depósitos	$50

bre importações. O governo (por meio do Banco Central) emitiu $ 100 comprando divisas dos exportadores; estes, por sua vez, depositaram a metade dessa importância nos bancos, detendo o restante como forma de liquidez direta e imediata. Vejamos como ficaria o esquema contábil bancário, introduzindo-se a presença do Banco Central.

Resta somente acrescentar que os outros $ 50 ficaram em poder dos exportadores, com o que o papel-moeda em poder do público soma agora $ 150 (os novos $ 50 e o estoque anterior, de $ 100, do nosso exemplo).

Se essa emissão fosse efetuada para socorrer um banco, a título de "reforço" de caixa, por exemplo, teríamos então, no ativo do Banco Central, não mais um "aumento de reservas internacionais", mas sim um "empréstimo aos bancos comerciais" no valor de $ 100, e no passivo dos bancos comerciais surgiria um "empréstimo concedido pelo Banco Central" no mesmo valor e em seu ativo figuraria um igual acréscimo de "caixa". O que acabamos de ver seria a chamada *expansão primária de base monetária*, caso o Banco Central não pudesse fazer uma "operação de esterilização" vendendo aos bancos títulos da dívida pública, aumentando a taxa dos depósitos compulsórios e eliminando o aumento do papel-moeda emitido.

Porém, o público realiza não apenas depósitos à vista; também faz *depósitos* (ou outras aplicações) *a prazo*, com objetivo de receber melhor remuneração (taxa de juros mais alta) pelo seu dinheiro depositado. Como está depositado a prazo, não pode ser movimentado por cheques a qualquer momento, a não ser após terminado o prazo estabelecido entre o banco e o depositante (ou pelo governo). Por essa razão, os depósitos a prazo não são considerados meios de pagamento imediatos, uma vez que não têm a característica de imediata mobilidade (direta, no caso do papel-moeda em poder do público, e indireta, no caso do cheque).

Contudo, por questões de confiança dos aplicadores e das instituições financeiras, o próprio governo autoriza, via "carta (antecipada) de recompra", a liquidação do título, em 24 horas. Hoje (2006), o que condiciona a manutenção de uma aplicação por prazo maior (ou até o vencimento do título) é a tributação que onera mais as liquidações de curto prazo. Por exemplo, pode-se liquidar a venda de um título público de trinta anos, com vantagens de menor tributação sobre seu rendimento, se o mantivermos pelo menos por dois anos. Os bancos não eram apenas depositários de dinheiro. Esta era apenas uma de suas funções, sendo que a principal era a de ser financiadores de atividades econômicas, pelos empréstimos que concediam aos particulares, empresas e governo. É em decorrência de sua atitude ativa de conceder empréstimos que eles conseguem ampliar seus depósitos, expandindo assim sua capacidade financiadora. No nosso exemplo anterior, vimos que o banco recebeu $ 900 de depósito mantendo esse dinheiro integralmente em caixa. Mas, como apenas uma fração dos depósitos à vista são continuamente reclamados (sacados) pelos seus depositantes, mesmo ficando retida a parcela do encaixe, restaria continuamente um montante de depósitos sem qualquer utilização. Destaque-se que, em geral, é o Banco Central que estabelece a fração mínima que constitui o encaixe bancário.

Em um primeiro "momento", com essas (grandes) "sobras" – a fração "não reclamada" – os bancos podem emprestar a terceiros. Esses créditos são de variado tipo: prestam-se, por exemplo, a financiar um plantio agrícola, a venda a prestações de um automóvel, a compra de um imóvel, a produção de um bem de capital etc. Alguns têm prazo menor de vigência, outros requerem prazos maiores. Em outro tópico deste capítulo, discutiremos melhor a natureza dos financiamentos bancários, antecipando que os depósitos a prazo se prestam mais à concessão de empréstimos de prazo maior.

Na verdade, é justamente pela concessão de novos empréstimos pelo sistema bancário que ele consegue captar novos depósitos e, assim, ativar o fenômeno *da expansão secundária dos meios de pagamento*. É essa expansão secundária (bancária), desencadeada pelos novos empréstimos, que gerará *aumento dos depósitos à vista* (também chamados de *moeda escritural*), e não o aumento no saldo do PMPP.

Esta expansão pode se processar por vários tipos de transações, mas situar-nos-emos em sua forma mais simples: a expansão da moeda escritural pelo aumento das reservas monetárias dos bancos, em excesso em relação àquela estipulada pela Autoridade Monetária (Banco Central). Para fins práticos consideraremos o sistema bancário em seu conjunto (todos os bancos, exclusive o Banco Central), não se tratando, portanto, da expansão efetuada por um banco isolado.

Imaginemos uma situação contábil do sistema bancário, em que não existem excessos de reserva (encaixe bancário). Por suposto, a relação entre essas reservas (R) e o montante dos depósitos (D) foi estabelecida em 10%, de tal sorte que:

$$r = R / D = 0,1$$

o que permite ao sistema bancário efetuar empréstimos (E) na proporção de 90% de seus depósitos, o que implica que:

$$e = E / D = 0,9$$

Imaginemos agora que o sistema bancário, ao conceder novos empréstimos, acaba por receber depósitos adicionais à vista, no total de $ 100, sabendo-se que o montante anterior de seus depósitos (D) era de $ 1.000, suas reservas (R) eram de $ 100 e seus empréstimos (E) de $ 900. Na situação atual, os bancos detêm depósitos de $ 1.100, reservas de $ 200 (a reserva anterior de 100 e os novos depósitos de 100) e empréstimos de $ 900. Entretanto, como as autoridades monetárias fixaram r = 0,1, os bancos encontram-se agora com um excesso de R = $90;

- isto possibilita ao sistema bancário efetuar uma operação ativa, de novos empréstimos no valor de $ 90. As pessoas que tomarão tais empréstimos destinarão essa importância a outras, em pagamento de dívidas anteriores ou de gastos de qualquer natureza;
- os novos recebedores desses $ 90 por hipótese depositarão essa quantia no sistema bancário (contrapartida passiva), gerando com isso novo depósito adicional de igual montante, o que faz agora que o total de depósitos atinja a

$ 1.190, seus empréstimos, $ 990 e suas reservas, $ 200, ou seja, $ 110 anteriores mais os $ 90 agora depositados;
- com isto, ocorre novo excedente de reservas no montante de $ 81 (excesso de $ 90 menos os 10% obrigatórios), gerando nova disponibilidade para empréstimos e em seguida um terceiro depósito igual a $ 81 (ou seja: 0,9 × $ 90). A "cadeia" segue adiante, até que as séries empréstimos/depósitos/empréstimos atinjam um "fim" (limite). Tentemos, no esquema abaixo, apresentar essa sucessão:

Sistema bancário comercial

"Períodos"	(Reservas e empréstimos adicionais $R_i E_i$)		(Depósitos adicionais gerados por empréstimos anteriores: D_i)	
1	R_1	10	D_1	100
	E_1	90		
2	R_2	9	D_2	90
	E_2	81		
3	R_3	8,1	D_3	81
	E_3	72,9		
.	.	.	.	.
.	.	.	.	.
.	.	.	.	.
n	R_n E_n	... ...	D_n	...
Total de 1 a n	R_i E_i	100 900	D_i	1.000

i = 1 a n

Matematicamente, o exemplo acima pode ser tratado como uma soma dos termos de uma progressão geométrica com infinito número de termos e decrescente:

$$a_1 + (a_1 \cdot q) + (a_1 \cdot q^2) + \ldots\ldots\ldots\ldots (a_1 \cdot q^{n-1})$$

onde a_1 é o nosso depósito "inicial" de $ 100, gerado pelo aumento dos empréstimos, e q é a razão E / D, ou seja, e. A solução para o limite da soma nos é dada pela expressão:

$$a_1 / 1 - q$$

sabendo-se que ($i = 1$ a n); n tende ao infinito; $e < 1$; $1 - e = 1 - q = r$

temos que:

Somatório de $Di = D_1 / 1 - e = D_1 / r = 100 / 0,1 = 1.000$

Entretanto, esse multiplicador (z) de moeda escritural não atinge, na realidade, as dimensões (1:10) apresentadas na hipótese acima, pois existe sempre uma "fuga" de dinheiro de cada empréstimo adicional que o sistema bancário efetua, a título de maior retenção de papel-moeda pelo público, maior demora na relação empréstimo/depósito/empréstimo, depósitos compulsórios adicionais etc. Para exemplificar, sabemos que uma certa porcentagem dos depósitos bancários adicionais é mantida pelo público como liquidez imediata e direta, mais ou menos na proporção existente entre o total de papel-moeda em poder do público e os depósitos à vista (PMPP/D). Se supusermos que essa relação é igual a 0,2 isto significa que apenas 80% do valor dos novos empréstimos retornaria como depósitos adicionais e, considerados os 10% que ficariam retidos na forma de R, teríamos 30% (10% + 20%) de "vazamentos", o que reduziria nosso multiplicador z da seguinte forma: chamando-se y à proporção PMPP/D e dando a esta um valor de 20%, nossa expressão de z seria agora igual a: $z = 1 / 1 - (e - y) = 1 / (r + y)$.

Tomando-se os valores contidos em nosso exemplo,

$z = 1 / 0,3 = 3,33$ aproximadamente.

Vê-se, portanto, que na realidade o poder de expansão da moeda escritural pelo sistema bancário é limitado por esses vazamentos de depósitos. Existem outras fontes de expansão e destruição de moeda escritural, algumas das quais serão vistas mais adiante. Por ora, cabe dizer que o Banco Central, no exercício das políticas monetária e de crédito, realiza também as chamadas operações de mercado aberto (*open market*), vendendo (ou comprando) títulos da dívida pública para reduzir (ou expandir) os meios de pagamento, quando necessário, por meio da manipulação da taxa de juro.

Cumpre assinalar ainda que o multiplicador bancário funciona também em sentido negativo, contraindo a moeda escritural sempre que ocorram excessos de retiradas de depósitos no sistema bancário, sendo estes fenômenos alarmantes quando se convertem em verdadeira "corrida bancária", pois em tais situações, como sempre os bancos mantêm apenas uma pequena fração dos depósitos na forma de reservas, nenhum deles poderá ter liquidez suficiente em face de uma "corrida" de grande porte. Cabe advertir, contudo, que, na atualidade, a possibilidade de obtenção e expansão de crédito extravasa muito o mecanismo acima descrito. Mais adiante discutiremos essa questão.

Em economias pouco monetizadas (e de menor grau de mercantilização), o sistema bancário tem pequena dimensão, o uso do cheque também é menor e o sistema financeiro é precário. Isto faz que, do total dos *ativos financeiros*, os *ativos monetários* (papel-moeda e depósitos à vista) tenham participação alta em relação aos *ativos não monetários* (títulos públicos e privados em poder do público e os depósitos em poupança). Assim, à medida que a economia se desenvolve mais e se torna mais complexa os ativos monetários perdem importância relativa perante os não monetários. Por outro lado, em economias que sofrem agudos e prolongados processos inflacionários ocorre uma "fuga", por parte do público, dos ativos monetários em direção aos não monetários, que em tais situações costumam ser indexados pela correção monetária de seus valores nominais e pagam juros maiores.

No Brasil, até meados da década de 1950, o papel-moeda, que compreendia cerca de 40% dos meios de pagamento imediatos (M_1) e equivalia a 10% do PIB, caiu para cerca de 20% (equivalendo de 3 a 5% do PIB) até meados da década de 1980, graças tanto à maior industrialização e urbanização quanto ao agravamento do processo inflacionário (o qual "desmonetiza" a economia).

Assim, podemos agora definir o agregado M_1, o mais líquido e imediato de todos, como a soma do valor dos depósitos à vista (**Dv**) com o montante do **PMPP**, que são efetivamente *meios de pagamento imediatos*. Visto de outra forma, lembremos que o PMPP equivale ao PMC, descontadas as reservas (Encaixes dos Bancos Comerciais: E_{bc}) que os bancos comerciais são obrigados a manter, como fração do dinheiro neles depositado.

Portanto:

$$M_1 = PME - (EBC + E_{bc}) + Dv \text{ ou } M_1 = PMPP + Dv$$

Captações e aplicações mudaram radicalmente e essa transformação não foi só quantitativa, haja vista a flexibilidade dos novos ativos e sua liquidez (em grande parte, diária). Os títulos (fora do Banco Central) da dívida pública federal passaram a ser negociados diariamente, sobretudo por meio de aplicações de grandes empresas e bancos (e famílias de altas rendas), que se tornaram líquidos financeiramente, em face da especulação, contração de tomada de empréstimos e queda de seus investimentos produtivos. Isto e os efeitos da política restritiva de crédito interno fizeram que diminuíssem proporcionalmente os empréstimos dos Bancos aos setores público e privado.

Os depósitos de poupança chegaram a perfazer pouco mais de 10% do PIB na década de 1980, mas, em face dos elevados juros reais que remuneram os demais títulos, perderam posição, caindo para cerca de 8%. As cadernetas de poupança encurtaram seu prazo mínimo para 30 dias, assim como a maior parte dos títulos privados, que passaram a ser mais líquidos do que antes. Daí a mudança no conceito dos meios de pagamento, que se diversificaram, passando a se mensurar essa *quase moeda*, em três novos agregados: M_2, M_3 e M_4, cada um deles compreendendo a soma do anterior com outros tipos de ativos. O agregado M2 compreendia, assim, o M1 mais os títulos públicos. Mas a partir da década de 1990, com alterações de normas e prazos, esses títulos não mais fazem parte do M2, que passou a compor, além do M1, os depósitos de poupança (que antes faziam parte do M3) e os títulos privados (que antes faziam parte do M4).

Do antigo M3, foram retirados os depósitos de poupança e incluídos, além do M2, os Fundos de Renda Fixa e uma pequena parte de Títulos Públicos (para lastro de "operações compromissadas"). O agregado M4, assim, é hoje a soma do M3 e dos Títulos Públicos em poder do público. É necessário esclarecer, contudo, que os títulos públicos perfazem mais de 50% do total dos ativos financeiros, compondo, além das parcelas já especificadas ("em poder do público" e como lastro de "operações compromissadas"), a quase totalidade do valor das carteiras dos Fundos de Renda Fixa.

O Quadro 6.1 mostra como se alterou a estrutura desses ativos e como mudou o peso deles em relação ao PIB. De um lado, a industrialização e a expansão do sistema financeiro, acompanhadas pela especulação resultante das elevadas taxas de juros, mudaram a estrutura anterior, ampliando o predomínio dos ativos não monetários, mormente dos títulos públicos. Vista como um todo, a expansão do volume total de meios de pagamento (M4) foi enorme, passando de menos de um quarto do PIB na década de 1960, a quase 40% em meados da de 1990, atingindo em 2005 a alta cifra de 67,7%.

Não só a industrialização e a urbanização provocaram essa forte alteração no peso e na estrutura dos ativos financeiros. A crise financeira internacional e a inflação nos países industrializados a partir da década de 1970 promoveram radicais alterações no sistema financeiro desses países, gerando a "globalização" financeira, como vimos nos capítulos 4 e 5. A crise gerou inclusive o fenômeno da *financeirização*, por grandes empresas, que causou "desintermediação financeira", significativas flutuações do câmbio e dos juros, fragilizou as moedas nacionais e, com isso, aumentou o grau de instabilidade do sistema. A valorização

Quadro 6.1 Evolução dos meios de pagamento no Brasil (em % do PIB)

	M1	M2	M3	M4
1947	26,3	40,3	–	–
1956	25,9	29,5	–	–
1964	21,0	21,8	21,8	22,9
1970	16,8	23,1	24,1	30,3
1975	17,1	27,6	32,8	44,3
1981	9,3	18,4	27,3	32,5
1985	4,9	17,6	28,0	35,2
1986	11,2	21,6	30,3	38,1
1989	1,7	13,8	19,2	21,9
1990	3,3	7,0	10,2	13,7
1994	4,3	13,5	21,9	32,7
1995	4,5	16,8	26,7	39,2
1998	5,5	27,6	39,4	49,6
2002	5,9	25,6	44,4	52,0
2005	7,3	30,1	60,2	67,7

Fontes: (1947-1975) Banco Central e FGV; (1981-1995) M1 e M4: Fundap--IESP; M2 e M3 (Estimativas) com base em *Conjuntura Econômica* e FIBGE. De 1995-2005 – Banco Central do Brasil.

Nota: M1 = PMPP + DV; M2 = M1 + Títulos Federais e Estaduais em Poder do público; M3 = M2 + Depósitos de Poupança; M4 = M3 + Títulos Privados (Dep. Prazo, Letras de Câmbio e Hipotecárias etc.) em poder do público cf. *Indicadores IESP* – nº 53 – 7/96 – p.42.

Nota 2ª Edição (1995 a 2005): os conceitos de M2, M3 e M4 foram redefinidos: M2 = M1 + Depósitos de Poupança + Títulos institucionais financeiros; M3 = M2 + Fundos de renda fixa + Títulos públicos (parte); M4 = M3 + Títulos Públicos em poder de entidades não financeiras.

dos ativos financeiros daquelas empresas cresceu muito à frente da expansão dos investimentos produtivos, da produção de bens e serviços e do comércio mundial, instabilizando ainda mais a economia internacional.

A financeirização tem sua origem na crise financeira internacional a partir de meados da década de 1960, de início nos Estados Unidos, com seus crescentes desequilíbrios fiscais e externos, inflação, fragilização da moeda e consequente aumento da instabilidade. O peso da economia norte-americana nas relações internacionais e o fato de sua moeda ser a principal moeda internacional fizeram que esse processo atingisse a quase totalidade dos países, principalmente os da OECD. A maior parte dessas operações com novos ativos é feita diretamente com outras empresas ou instituições, colocando títulos de dívida ou aplicando recursos sobrantes, com menor intermediação dos bancos. Daí surgir a expressão *desintermediação*, que pode apenas ser relativa, isto é, representar apenas o aumento dos movimentos diretos dessas empresas e não necessariamente a diminuição do volume financeiro intermediado pelos bancos.

Isto ampliou ainda mais o grau de incerteza e de risco nos mercados financeiros nacionais e internacional, o que induziu o surgimento de novas formas de operações e tipos de instituições financeiras, como o mercado de "derivativos" (e de "futuro"), como tentativa de diminuir os riscos de devedores e credores. Hoje existem operações de *securitização* (operações de *hedge*) e de troca de posições com transferência de risco, como os swaps, opções e *futuros*.[4]

---

[4] Sobre o tema, ver: BAER, M. *O rumo perdido* – a crise fiscal e financeira do Estado brasileiro. São Paulo: Paz e Terra, 1993 e FORTUNA, E. *Mercado financeiro* – produtos e serviços. 7. ed. Rio de Janeiro: Qualitymark, 1995. Sobre as mudanças dos bancos privados no Brasil, ver: MADI, M. A. C.; MELETI, P. M. de F. *Tendências Estruturais dos Bancos Privados no Brasil: dinâmica da relação entre bancos e empresas não financeiras (1990-1994)*. São Paulo: Fundap, TD/ IESP 26, ago.1995 e MADI, M. A. C. Inovações Financeiras e Automação Bancária no Brasil. In: *Economia & empresa*. São Paulo: Univ. Mackenzie, v.2, n.1, jan.-mar. 1995.

Assim, essas operações de *hedge* passaram a ser cotidianas, dado que a crise financeira tornou-se estrutural e permanente.[5]

A crise também afetaria os países subdesenvolvidos, por conta da dívida externa e das políticas de ajuste macroeconômico a eles impostas, tendo sido transplantadas para eles aquelas modificações o que alterou radicalmente a estrutura de seus ativos financeiros. As aplicações financeiras diversificaram-se grandemente, em face da elevada taxa de inflação, dos elevados juros reais e do impacto da dívida pública interna no mercado financeiro.

Essa expansão do sistema financeiro internacional nos últimos trinta anos e sua recente desregulamentação neoliberal facilitaram o movimento internacional do capital. O agravamento do desequilíbrio cambial dos países devedores tem sido um grande foco de atração desses capitais, via diferencial entre as taxas de juros vigentes nos países desenvolvidos e os escorchantes níveis praticados naqueles. De um lado, essa atração permitiu acesso ao *financiamento direto* (com a interveniência de bancos no exterior) *no mercado internacional*, a algumas poucas empresas nacionais (estatais e privadas de grande porte, de setores mais importantes e presentes no mercado internacional), pertencentes a países subdesenvolvidos, mediante a colocação de novos papéis (como bônus, *commercial papers* etc.). Também aumentou o acesso a *financiamento indireto* (repasses de recursos externos, via bancos no país receptor), com menores restrições a tipo de empresa ou setor. De outro lado, essa desregulamentação facultou muito mais a entrada de grandes massas de capital de curto prazo, atraídas pelos países subdesenvolvidos endividados, graças às elevadas taxas de juro que acompanham suas políticas de estabilização.

Esse enorme ingresso de capital estrangeiro nos anos recentes tem cumprido as seguintes funções principais:

---

[5] Sobre o tema da financeirização ver: BRAGA, J. C. A Financeirização da Riqueza. In: *Economia e sociedade*. Campinas: Unicamp, Instit. de Economia, v.2, 1993. Sobre a desintermediação, ver BALIÑO, T. J. T. Desintermediação Financeira. In: *Economia & empresa*. São Paulo: Univ. Mackenzie, v2. n.1, jan.-mar. 1995.

- cobrir os elevados *déficits* externos em conta-corrente dos países subdesenvolvidos que abraçaram as políticas neoliberais de abertura comercial;
- favorecer a privatização de ativos públicos;
- favorecer ao capital internacional a especulação nos mercados financeiros dos países subdesenvolvidos (bolsas de valores, dívida pública etc.);
- possibilitar operações de arbitragem a empresas aqui sediadas, que fazem o seguinte *mix* de financiamento: tomam crédito externo para seus negócios (produção, vendas ou investimento) e aplicam seus próprios recursos internos no país, ganhando também parte do diferencial entre os altos juros internos e os menores externos.

Essa presença maciça do *"capital motel"* é em grande parte especuladora, exercendo grande instabilidade nos mercados receptores, dada a "fuga" intempestiva que podem causar (de diversas maneiras), gerando crises de graves proporções, como foram as do México e da Argentina em fins de1994, as do Sudeste Asiático em 1997, da Rússia em 1998, do Brasil em 1999 e de novo no Brasil e na Argentina, em 2001-2002.

6.3 Os mercados financeiros e as entidades intervenientes

Até a reforma de 1965, o sistema financeiro nacional era composto por bancos comerciais; bancos de desenvolvimento, como instituições específicas (BNDE); de operações mistas (BASA, BNB e praticamente todos os bancos estaduais de desenvolvimento) ou como uma seção de outro banco (como as carteiras de fomento, no BB e no Banespa);[6] Caixas Econômicas; Cooperativas de Crédito; Financeiras; Seguradoras e de Capitalização; Distribuidoras e Bolsas de Valores. A função

---

[6] A partir de 1998, o Banespa, que pertencia ao governo do estado de São Paulo, foi privatizado, assim como a maioria dos demais bancos estaduais.

de banco central era exercida pela Superintendência da Moeda e do Crédito, instituição que funcionava junto ao Banco do Brasil, que, além de suas operações comerciais, era também o "banco do governo", administrando suas contas, o câmbio, o comércio exterior e o redesconto.

Acrescente-se a esse conjunto instituições de previdência privada conhecidas então como "*Montepio*", quase todas falidas ou transformadas nos atuais "*Fundos de Pensão*", embora sejam instituições apenas aplicadoras e não captadoras ou emprestadoras financeiras.

Com a reforma de 1965 foram criados: o Banco Central (extinguindo-se a Sumoc); o Conselho Monetário Nacional, para a formulação das políticas de crédito, monetária e cambial e para disciplinar as demais instituições do sistema; o Banco Nacional de Habitação (extinto em 1986), para propiciar o financiamento de longo prazo para a habitação e o urbanismo. Foi também regulada a criação de bancos de investimento e empresas corretoras de valores e, com a instituição da correção monetária, foram criados novos títulos de dívida pública, federais e estaduais, o depósito em poupança e os títulos privados (CDB e RDB) foram estimulados, sendo reativados com alta intensidade os depósitos a prazo e os fundos de investimento. Vejamos as principais características de algumas dessas instituições.[7]

A principal entidade do sistema financeiro e monetário é o Banco Central, entidade geralmente de caráter público, que tem a responsabilidade delegada pelo governo no tocante à execução e fiscalização das políticas monetária, creditícia e cambial. O Banco Central pode ser considerado o "banco do governo", tanto por ser depositário dos recursos monetários nacionais e internacionais (divisas) de propriedade do governo, como por ser sua primeira fonte de financiamento, mediante empréstimos que possa conceder ao governo, ou das próprias emissões. Por

---

[7] A análise das principais transformações ocorridas com a reforma pode ser vista em TAVARES, M. C. *Da substituição de importações ao capitalismo financeiro*. Rio de Janeiro: Zahar, 1972. Ver também: NOGUEIRA DA COSTA, F. Bancos: da repressão à liberalização. In: *Economia & empresa*. São Paulo: Univ. Mackenzie, v.2., n.1, jan.-mar., 1995.

outro lado, o Banco Central pode também ser considerado como o "banco dos bancos", ao ser o depositário oficial de depósitos de propriedade dos bancos (compulsórios ou voluntários) e também ser seu principal agente financiador, concedendo empréstimos especiais em situações normais ou de emergência, como "emprestador de última instância", pelo *redesconto*.

Os tradicionais *Bancos Comerciais*, cuja finalidade principal é receber depósitos à vista e a prazo do público em geral, concedem empréstimos e financiamentos a curto e médio prazos, executam outras operações convencionais de câmbio, cobrança, etc.

Os *Bancos de Investimento* caracterizam-se pelo fato de que seus financiamentos e empréstimos se vinculam à formação de capital, ou aos demais financiamentos de longo prazo. Por outro lado, seus recursos (depósitos) não são mobilizáveis por cheque e se revestem do caráter de longo prazo. Contudo, dadas as especificidades do sistema financeiro nacional, essa instituição praticamente não funcionou como tal.

As *Caixas Econômicas* são instituições públicas que, além de exercerem funções semelhantes às dos bancos comerciais, têm suas operações mais vinculadas ao financiamento de longo prazo (principalmente para a área habitacional), depósitos de poupança, crédito hipotecário, penhora de bens etc.

Os *Fundos de Pensão*, embora não façam intermediação financeira, são instituições privadas (ou de caráter público, notadamente os das empresas estatais, mas juridicamente privadas) de previdência privada – que recebem contribuições de empregados e empregadores e aplicam esses recursos no mercado financeiro (e também em outros ativos), em títulos da dívida pública, debêntures, ações etc. Seu passivo é constituído, basicamente, pelas obrigações futuras com a aposentadoria e pensões de seus contribuintes. Eles movimentam hoje grandes somas de recursos e constituem importantes e elevados patrimônios de ativos financeiros.

Também podem intermediar ou captar recursos de longo prazo as *Bolsas de Valores e Sociedades Corretoras de Títulos e Valores*, que ofertam ao público títulos de propriedade (ações de unidades produtoras) ou de longo prazo (debêntures de unidades produtoras, bônus do governo etc.), captando assim poupanças das famílias e das empresas, canalizando-as a outras empresas (ou ao governo).

Outras instituições foram criadas posteriormente, como:

- empresas de *Leasing*, que fazem contratos de arrendamento mercantil, a médio ou longo prazos, para veículos, equipamentos e edificações, com opção de compra ao final do contrato;
- *bancos Múltiplos*, isto é, bancos comerciais voltados também para o exercício de outras atividades, além da comercial, como *leasing*, investimento e crédito imobiliário. Com isso, os antigos bancos puderam reduzir seus custos, pois antes cada atividade exigia a instituição de uma empresa específica;
- *CVM – Comissão de Valores Mobiliários*, como autarquia federal, para regular e fiscalizar o mercado de valores mobiliários (ações e debêntures)

Vejamos, em seguida, em que consistem as *operações de financiamento*. Como já vimos, compras e vendas à vista ou mesmo a troca direta de bens ou de serviços entre pessoas ou empresas podem ocultar uma operação de financiamento indireto entre elas. Uma família pode comprar um imóvel à vista, obtendo um financiamento de uma terceira entidade (um banco, por exemplo). As transações, portanto, podem ser à vista ou a prazo, direta ou indiretamente; é neste último caso que surge no sistema o fenômeno do financiamento.

Em primeiro lugar, o financiamento pode ser concedido entre os próprios compradores/vendedores, sem a necessidade de um intermediário financeiro (banco, caixa econômica etc.): por exemplo, uma empresa X pode vender equipamentos a uma empresa Y concordando que esta (Y) efetue o pagamento do valor dessa máquina em um determinado prazo; um membro de uma família pode emprestar dinheiro a outro, para que este efetue uma compra à vista ou pague uma dívida.

O mais comum, hoje, é a presença de um intermediário financeiro. A mais simples dessas operações consiste na compra de bens ou serviços a prazo, em que o vendedor concede determinado prazo de pagamento ao comprador, recebendo ou emitindo um título (carnê, nota promissória, letra de câmbio, duplicata etc.). Em seguida, o vendedor se dirige a um banco e "troca" esse título com o banqueiro, recebendo dinheiro ou crédito em conta--corrente e pagando por esse serviço financeiro juros e despesas bancárias. Essa operação é denominada *desconto bancário*.

O custo de cada operação financeira (juros, comissões e outras despesas) se expressa pela *taxa de juros*, que varia segundo:

i) tempo de concessão, de curto, médio ou longo prazos;
ii) da modalidade de operação: bens de consumo não duráveis, duráveis, imóveis ou bens de capital;
iii) operações de mais longa duração, em infraestrutura econômica, geralmente na órbita estatal;
iv) segundo o tipo de empresa (pequena ou grande, estatal ou privada, nacional ou estrangeira);
v) segundo o tipo de atividade (lucrativa ou social, de baixo ou grande risco etc.).

Como vimos nos capítulos 4 (Relações Internacionais) e 5 (Setor Público) os juros externos e internos nos últimos trinta anos têm desequilibradofortemente as contas públicas externas e internas. Porém, no capítulo 7 (Unidade Produtora) mostraremos a importância do papel dos financiamentos na empresa e o impacto dos juros em seus custos de produção ou distribuição.

O *financiamento à produção* se reveste de outra característica: não se refere a uma transação final propriamente dita, uma vez que os bens e/ou serviços a serem vendidos no mercado encontram-se ainda em estágio de produção. É o caso da produção agrícola, em que o agricultor solicita um financiamento para a compra de sementes, fertilizantes, implementos etc. Também na indústria isso ocorre, variando a intensidade do financiamento em função do montante do custo de produção e do tempo que decorre entre o início e o fim da produção; durante esse período, a unidade produtora está incorrendo em inúmeros gastos, como salários, matérias-primas, energia elétrica etc., sem que esteja obtendo o fluxo nominal correspondente, ou seja, o produto financeiro de suas futuras vendas.

O *financiamento para a formação de capital* (compra/venda de equipamentos, instalação de fábricas, formação de pastagens, construção de usinas, construção de casas etc.) é ainda mais complexo, pois os gastos com inversões podem estar sendo realizados durante a instalação (período de inversão) de uma unidade produtora, sem que esta gere qualquer fluxo real de bens e serviços e, portanto, sem que receba qualquer receita de vendas durante essa etapa. Esses financiamentos são, por isso, concedidos a longo prazo, e os tomadores só iniciam seu pagamento (amortizações parciais da dívida) algum tempo depois (período de carência) que a nova unidade produtora estiver funcionando e produzindo.

O financiamento para *estocagem de bens* decorre de problemas de entressafra de produtos agrícolas, período muito longo de produção, distância entre produtores e usuários, de peculiaridades típicas motivadas por aspectos da comercialização (por exemplo, artigos industriais de inverno, verão) ou simplesmente por especulação. Durante o período de estocagem, igualmente não ocorre nenhum fluxo financeiro de vendas, ao mesmo tempo em que o ciclo de produção de tais bens retoma sua atividade. Assim sendo, a estocagem requer e pressiona o sistema por financiamentos para a sua manutenção.

O financiamento para a *aquisição de bens e serviços de consumo* (bens de consumo duráveis ou não, serviços de turismo etc.) cresceu muito a partir da década de 1960. O baixo nível da renda por habitante e o desejo de consumo criado pela publicidade ou induzido por demonstrações vindas do exterior (tv, filmes e revistas estrangeiras que divulgam o *way of life* de países desenvolvidos), ou simplesmente "assimilado" das classes de maior renda forçam as pessoas a "sacar contra o futuro", adquirindo esses bens e serviços pelo sistema de prestações ou quotas de consórcios, *leasing* ou simplesmente via cheques "pré-datados".

Outro tipo de instrumento que se desenvolveu nas últimas décadas é o *cartão de crédito*, emitido por empresas financeiras ou bancos, válido no território nacional (alguns deles também têm validade internacional), que possibilita a seus titulares sacar dinheiro em bancos e caixas eletrônicos, fazer compras, pequenas despesas, reservar e pagar hotéis ou ingressos para espetáculos, comprar ou pagar algo via Internet etc., sendo o pagamento das contas efetuado geralmente em trinta dias.

O financiamento também pode se dar em transações referentes a *transferência de propriedades*. Como já foi visto, o investimento tem um significado macroeconômico quando implica aumento da acumulação de capital físico de uma comunidade. Mas as entidades econômicas (famílias, empresas etc.) também aplicam suas poupanças (ou se endividam) não apenas na aquisição de capital real ou físico (máquinas, equipamentos, imóveis etc.), mas também na compra de títulos de renda ou de propriedades (ações, debêntures, apólices, letras do tesouro etc.) com o objetivo de "investir" e receber remuneração de juros (ou dividendos) ou ganhar um "valor extra", revendendo-os. A compra de títulos de propriedade (ações, p. ex.) ou de capital físico (máquinas, imóveis etc.) já existentes ou anteriormente utilizados no sistema é simples transferência de propriedade. Por exemplo, a compra de uma residência nova ou sua construção constitui um investimento, ao passo que a compra de uma casa antiga é uma simples transferência de propriedade, nada acrescendo à formação de capital do país.

No tópico seguinte, apontaremos resumidamente alguns problemas derivados da estrutura econômica subdesenvolvida que exercem pressões sobre o sistema monetário e financeiro.

6.4 Algumas particularidades do sistema monetário--financeiro no mundo subdesenvolvido

Este tópico não tem a pretensão de discutir a problemática inflacionária que envolve a maioria dos países subdesenvolvidos. Nossa preocupação é a de apenas tocar alguns pontos que julgamos importantes para uma abordagem do funcionamento do sistema monetário-financeiro em uma perspectiva estrutural da economia subdesenvolvida.

Uma primeira observação a ser considerada é a que se refere à existência, nas economias subdesenvolvidas, de *regiões ou setores pouco integrados ao sistema financeiro*. À medida que vão se integrando mais ao mercado, essas regiões ou setores passam a pressionar por crédito e mais meios de pagamento. Isto, até recentemente, era pouco compreendido pelas correntes ortodoxas do pensamento econômico, que viam nisso apenas um mecanismo precipitador do processo inflacionário.

O *comportamento do setor externo* nas economias subdesenvolvidas, por outro lado, é um foco permanente de geração de pressões inflacionárias. Elas se manifestam tanto em razão de flutuações de duração média nos saldos da balança comercial, quanto por condições estruturais de longa duração. No primeiro caso, movimentos bruscos nos preços ou nas quantidades exportadas de produtos básicos ou semimanufaturados pressionam a taxa cambial para cima, gerando impactos sobre os preços das divisas e, portanto, das importações.

As situações estruturais, superavitárias ou deficitárias, geram, por sua vez, pressões agudas para a desvalorização ou para a acumulação de reservas cambiais (implicando aumento da dívida pública interna e *déficit* orçamentário), o que em qualquer dos casos pressiona os meios de pagamento e o sistema de preços.

Outro aspecto decorre da industrialização e da rápida urbanização que esta desencadeia, gerando fortes problemas de infraestrutura social e econômica. Graças ao êxodo rural que provoca, a industrialização amplia também as demandas sociais por parte da população de baixa renda. Em face disso, o Estado é pressionado fortemente para aumentar seus gastos, o que desequilibra as contas públicas e gera novas pressões inflacionárias.

Contudo, enquanto o sistema caminha para uma modificação e modernização de sua estrutura produtiva industrial, ocorre que, de um lado, a estrutura do sistema monetário-financeiro até então existente está dirigida para o crédito mercantil (de curto prazo). De outro, a estrutura tributária do governo, mesmo reformulada, mantém um padrão conservador, calcada nos tributos indiretos e na baixa carga tributária.[8] Esses dois polos terão grande importância negativa à medida que o setor público for desenvolvendo

---

[8] Mesmo que a carga tributária seja alta, a capacidade de gasto em investimentos pode estar comprometida por um alto serviço da dívida, como é o caso do Brasil, desde a década de 1990.

e executando seus projetos de expansão da infraestrutura socioeconômica ou de implantação de indústrias pesadas.

Como eles requerem grandes somas de recursos financeiros e grande prazo para resgate, o Estado se vê obrigado a lançar mão de seu recurso extraordinário – a emissão (de moeda ou de dívida) –, gerando novas pressões sobre o sistema financeiro. Cabe acrescentar que nesse interregno o setor privado vai investindo, completando a estrutura produtiva, mas, com isso, aumentando ainda mais as pressões creditícias sobre o inadequado sistema de crédito existente.

Essas novas atividades exercem diferentes pressões no sistema financeiro e, dada a relativa escassez de capital (tanto real como financeiro) dos países subdesenvolvidos, as pressões maiores, dentro de uma perspectiva de desenvolvimento econômico, são as derivadas da procura de financiamento de longo prazo, a qual, por sua vez, exerce indução sobre a de curto prazo, uma vez que, ao crescer a capacidade produtiva da economia, o financiamento corrente à produção e ao consumo é pressionado para a expansão.

Ao mesmo tempo, o mercado de capitais é restrito, ou porque entre as empresas grandes predomina a de capital estrangeiro, ou porque entre as nacionais predomina a estatal, a familiar ou a de pequeno porte. Até recentemente, as empresas estrangeiras e muitas das nacionais privadas tinham reduzida presença no mercado de capitais do país, mantendo fechado aquilo que poderia ser um importante canal de formação de capitais de longo prazo. Se analisados os principais lançamentos de ações nas bolsas de valores do país, o que se dava, então, era um acentuado predomínio da presença da empresa estatal.

Esse círculo vicioso do crédito tende a persistir e, com a expansão da capacidade produtiva do sistema, aumenta progressivamente, até que uma série de reformas estruturais sejam postas em execução pelo setor público, como por exemplo a reforma da estrutura tributária, do mercado de capitais e a do sistema monetário e financeiro.

As considerações anteriores tentaram chamar a atenção para as dificuldades do financiamento interno nas economias subde-

Quadro 6.2 Empréstimo do sistema financeiro (em % do PIB)

Ano	Setor privado Pessoas físicas	Total	Setor público	Total
1980	–	83,7	16,7	100,4
1985	4,0	65,9	27,6	93,5
1990	–	45,4	18,9	64,3
1994	4,2	44,3	10,6	54,9
1996	2,6	25,4	7,9	36,0
1998	3,4	28,2	3,1	31,2
2000	5,5	16,2	12,9	29,1
2002	5,8	27,6	1,0	28,6
2005	9,7	30,3	1,1	31,3

Fonte: Relatório Anual do Banco Central.

senvolvidas. Contudo, com a implantação das políticas neoliberais e de controle da inflação, o constrangimento causado pela política restritiva do crédito tornou a situação ainda mais grave. O Quadro 6.2 mostra a forte contração do crédito fornecido pelo Sistema Financeiro Nacional, que, em relação ao PIB, cai, de 100% em 1980, para apenas 31% em 2005, cifra muito baixa, no cotejo internacional, no qual ela se situa entre 65 e 100%. Note-se que a contração se deu tanto no setor privado quanto no setor público e a única categoria que teve ampliada sua participação foi a do crédito às pessoas, graças, sobretudo às medidas de facilitação de acesso ao crédito ao consumidor.[9]

---

[9] Esse aumento se deu graças, principalmente, às normas que disciplinaram a consignação de empréstimos aos trabalhadores e aposentados, com desconto automático das prestações nas respectivas folhas de pagamento.

CAPÍTULO 7

A UNIDADE PRODUTORA E SUA INSERÇÃO NO SISTEMA ECONÔMICO

À medida que a sociedade e a economia se tornavam mais complexas, também a forma e o conceito de empresa se modificavam. Da primitiva unidade produtiva familiar camponesa e do artesanato urbano caminhou-se em direção a empresas mais complexas, que requeriam mais requisitos de controle, administração e financiamento.

Na Primeira Revolução Industrial, embora já houvesse uma concentração privada de capital, podemos dizer que suas indústrias, comparadas com as da Segunda Revolução Industrial, eram pequenas. A partir desta última, com a industrialização pesada, a dimensão da empresa cresceu, por vários motivos: tecnológicos, com o desenvolvimento de maiores escalas técnicas de produção a menor custo; financeiros e econômicos, com a consolidação do processo de concentração e centralização do capital.

É a partir deste momento – final do século XIX – que a Sociedade Anônima aumentou muito sua importância e sua presença na economia. As novas formas de produção possibilitavam maiores escalas técnicas e econômicas, pela maior capacidade produtiva com equipamentos indivisíveis (alto forno, p. ex.) ou maior quantidade de equipamentos divisíveis (teares, p. ex.). Ambos os casos exigiam maiores tamanhos, concentração de mercado e mais recursos financeiros.[1] Em que pese o fato de que desde o início do século XX a grande empresa industrial já estava presente no cenário internacional – produzindo em poucos países, mas comerciando em muitos –, será a partir do final da Segunda Guerra que ela adquirirá mais destaque, graças à maior extroversão do capital produtivo e financeiro norte--americano, que "migra" primeiro para a Europa e para o Japão (neste, em menor número) e, mais tarde, para a América Latina.

Este movimento se inicia no final da década de 1940 e, reconstruída a Europa e o Japão, também suas grandes empresas saíram em direção a outros países. A expansão comercial e produtiva internacional dessas empresas, o aumento de seu "tamanho", o controle que exerciam sobre o conhecimento técnico e seu poder de acesso a financiamentos fizeram que passassem a se chamar *empresas multinacionais*.

Como vimos em capítulos anteriores, a partir de meados da década de 1970 começariam a surgir novas transformações, com a exacerbação da crise financeira internacional e o advento do neoliberalismo e da Terceira Revolução Industrial. A conjugação desses fatos induziu um colossal processo de reconcentração e reestruturação privada de capital, a partir da década de 1980. Essa reestruturação implicou mudanças de insumos, novos processos produtivos, novas formas de administração, de financiamento e de distribuição.

Por exemplo, o *franchising* ganhou destaque, como forma de autorizar terceiros ao uso de uma marca comercial. No caso, a autorização está fortemente condicionada à rígida adoção de padrões técnicos e administrativos estabelecidos pelo franqueador.

---

[1] Sobre esse avanço no grau de concentração e domínio econômico da grande empresa, ver HOBSON, J. A. *A evolução do capitalismo moderno*; e STEINDL, J. *Maturidade e estagnação no capitalismo americano*. São Paulo: Abril, 1983. Sobre a estrutura, segundo o tamanho das empresas, ver STEINDL, J. *Small and Big business: Economic Problems of the Size of the Firms*. Oxford: Basil--Blackwell, 1945.

A *terceirização*, que significa a subcontratação, com terceiros, da produção de determinadas partes de um bem (p. ex. na indústria de montagem) ou da prestação de serviços (p. ex. restaurante, limpeza, portaria e segurança de uma indústria), também se expandiu na grande empresa, tendo como objetivos principais a redução de investimentos e de custos e a maximização dos lucros.

O dado mais importante a reter é o de que estas transformações ampliaram ainda mais o poder dessas grandes empresas internacionais, que hoje se denominam *empresas transnacionais* (**ET**). Seus poderes "monopólicos" aumentaram muito, no que se refere a controles de mercados, ciência e tecnologia, financiamento, investimentos estrangeiros e comércio internacional. Entre esses poderes ampliados, cabe destacar o financeiro, graças às transformações e à crise do sistema financeiro internacional, em cujo desenrolar elas desencadearam o processo de *financeirização* da riqueza, que vimos resumidamente no Capítulo 6. Porém, o mais grave de tudo é que, com o advento das políticas neoliberais, essas ETs procuram "substituir" os diversos Estados nacionais na condução de acordos internacionais e da própria política econômica, decidindo o que produzir, onde (localização) e de que maneira, independentemente dos interesses maiores do país onde estejam atuando.

As ETs passaram a ter papel ainda mais dominante nos setores de tecnologia de "ponta", como eletrônicos, química fina, material de transporte, borracha, vidro etc. Nos setores mais simples da indústria (têxtil, vestuário, móveis etc.), embora presentes, continuam com menor grau de dominância. As vendas das grandes empresas localizadas nos principais países industriais da América Latina (Argentina, Brasil e México) superam a metade das vendas totais nos setores mais complexos onde operam. O comércio exterior, que as ETs fazem entre suas próprias associadas (*comércio intrafirma*), perfaz hoje pouco mais de um terço do comércio mundial de manufaturados, cifra que passa a 50% quando se computam as vendas também a não associadas (comércio total).[2]

---

[2] A esse respeito, ver: BIELCHOWSKY, R. A.; STUMPO, G. *Empresas Transnacionais y Cambios Estructurales en la indústria de Argentina, Brasil y*

Essas ETs contrastam, obviamente, com as grandes empresas de capital nacional dos países subdesenvolvidos onde atuam. Estas, normalmente de estrutura familiar, são altamente dependentes daquelas, em especial no que diz respeito a tecnologia e acesso ao mercado internacional. Com relação às nossas pequenas e médias empresas, a situação ainda é pior, pois a heterogeneidade estrutural produtiva de nosso país as torna ainda mais vulneráveis à ação das ETs.

Subcontratadas por ETs, essas pequenas empresas se convertem em verdadeiros "departamentos" produtivos delas, pela imposição das condições de processo produtivo, administração, controles, estoques e preços. Entretanto, também não podem usufruir, aqui, dos efeitos positivos que desfrutam suas similares nos países desenvolvidos, amparadas por redes de informação cooperativa, sistemas mais adequados de financiamento etc.

Concluindo esta introdução, adiantamos que o tema da unidade produtora será visto de dois ângulos: o microeconômico, que analisa a unidade produtora como resultado de decisões empresariais, que objetivam a maximização do lucro; e o macroeconômico, que analisa os efeitos que ela gera em sua inserção no aparelho produtivo e no sistema econômico.[3]

Com objetivo didático, desenvolve-se o tema em dois tópicos: no primeiro, usamos a hipótese de instalação de uma nova unidade; no segundo, a abordagem é mais ampla, se referindo tanto aos efeitos de uma nova empresa quanto aos gerados por uma já existente ou ainda pela expansão da capacidade produtiva de outra.

México, Rev. de la Cepal. Santiago: 4/1995; GONÇALVES, R. *Ô abre alas –* a nova inserção do Brasil na economia mundial. Rio de Janeiro: Relume Dumará, 1994.

[3] Em grande parte, esse enfoque foi tomado de: *Manual de Proyectos de Desarrollo Económico.* México: Naciones Unidas, 1958. As opiniões aqui emitidas são, entretanto, de responsabilidade exclusiva do autor.

7.1 Projeção e instalação da unidade produtora

Suponhamos que um grupo de pessoas (ou o Estado), nacionais ou do exterior, decida instalar uma unidade produtora, tendo previamente resolvida a questão de "o que produzir". Resta-lhe indagar o "onde" e o "como produzir", isto é, que processos e meios, em que quantidades, e sobre as condições existentes no sistema, que delimitarão o raio de ação da nova unidade.

Conforme já dissemos, a nova empresa poderá ser de capital público ou privado, com predominância ou não de capitais nacionais ou estrangeiros. Embora as decisões e os objetivos que envolvem a implantação de uma empresa possam diferir entre os setores público e privado, qualquer que seja sua propriedade (estatal ou privada), sua instalação requererá exame cuidadoso dos problemas que em seguida discutiremos. Por exemplo, embora uma empresa pública produtora de aviões possa ser organizada sem objetivo de lucro, ela não poderá (e muito menos a empresa privada) deixar de discutir e analisar a situação de mercado, os preços, as técnicas, a localização etc.

Embora a visão aqui apresentada se aplique basicamente a indústrias produtoras de bens que são objeto de preço no mercado, ela também se aplica às empresas de produtos primários, bem como às unidades produtoras de serviços, mesmo as que ofertam os chamados "serviços gratuitos", isto é, a educação e a saúde públicas. Quando se instala um hospital público, por exemplo, é necessário estudar com cuidado sua localização, seu equipamento, seu pessoal, seus custos etc., da mesma forma que uma empresa privada agrícola-pastoril deve escolher a melhor localização possível (no que toca a pastagens, topografia, fertilidade do solo etc.), o tipo de gado mais conveniente, a mão de obra necessária etc. Qualquer que seja, portanto, a natureza da propriedade da empresa (nacional ou estrangeira, pública ou privada), certamente ela também se defrontará com problemas de ordem institucional (leis, regulamentos, costumes, hábitos etc.).

A sequência em que tais problemas serão apresentados não deve ser entendida como ordem prioritária, uma vez que, no mundo real, eles são analisados em bloco.

7.1.1 O condicionamento institucional

Os condicionamentos que afetam a empresa podem ser tanto de âmbito nacional quanto internacional. Certas cláusulas contidas em acordos internacionais criam limitações a um país em relação ao desenvolvimento de certas atividades econômicas em seu território. Acordo sobre produtos primários, não raro, estabelece cotas de exportação e de produção, podendo limitar, assim, a possibilidade de instalação ou de expansão de unidades produtoras de tais bens. Produção e utilização de energia nuclear, produção de computadores de grande porte, cotas de exportação de suco de laranja ou de aço, preços internacionais, produção e exportação de armas, contaminação do meio ambiente são, entre outros, problemas que afetam a vida das empresas e decorrem da "convivência internacional".

No âmbito nacional, também há vários condicionantes constitucionais, que impõem certas limitações à atividade econômica. A legislação social e trabalhista, limitando as condições de trabalho do menor ou da mulher, estabelecendo normas salariais, de aposentadoria, de higiene e segurança do trabalho etc., é um típico exemplo. A segurança nacional, limitando e controlando a produção e o transporte de armas e munições, costumes e tradições que impedem maior participação da mulher na vida econômica, leis antimonopólicas, as legislações tributária, bancária, de saúde pública, de fiscalização de produtos alimentares, de meio ambiente etc. constituem igualmente sérios fatores limitativos.

Entretanto, assim como um Estado se organiza segundo determinada forma (presidencialismo, parlamentarismo, monarquia absoluta etc.) e institui uma norma jurídica que regula a vida da nação – a Constituição, no caso – também as unidades produtoras se organizam segundo uma determinada forma jurídica, obedecendo a uma lei (Código Comercial, Lei das S.A. etc.) e estabelecem suas próprias normas, representadas por seus *contratos de constituição jurídica, estatutos e regimentos*.

Vejamos suas principais formas jurídicas. A mais simples é a *firma individual*, a qual uma só pessoa organiza e dirige. Ela se presta mais a atividades econômicas de pequena monta. Entre a firma individual e a moderna sociedade por ações, existem vários tipos jurídicos de organização empresarial, desde a chamada "microempresa" – com estatuto especial – até as sociedades por cotas, em nome coletivo, cooperativas etc. Devemos ainda acrescentar que muitas delas também se constituem de maneira *informal*, à margem da lei, fato muito comum em países subdesenvolvidos.

A moderna empresa é constituída pela *sociedade anônima* ou sociedade por ações. Estas representam frações homogêneas do capital investido na sociedade: por exemplo, uma S.A. com capital investido de $ 10 mil poderá emitir 10 mil ações de valor unitário de $ 1. Tais ações podem ser do tipo ordinário – que dão o direito de voto na S.A. – ou preferencial – sem direito de votar, mas com a preferência na distribuição de dividendos. Assim, nossos investidores poderiam emitir 5 mil ações ordinárias e outro tanto de preferenciais. Como apenas as primeiras dão direito a voto, isso significa que seus proprietários, contribuindo apenas com 50% do capital investido na empresa, detêm a posse e o controle de 100% da propriedade. É por meio de tal artifício que um indivíduo ou um grupo, adquirindo, do total das ações ordinárias emitidas, 50% mais uma ação, se torna o efetivo controlador da empresa.

Esse tipo de sociedade é a mais flexível para obtenção de recursos financeiros, pela emissão de novas ações e lançamento destas no mercado de capitais, sem submissão a exigências bancárias e sem que a estrutura da propriedade da empresa seja substancialmente alterada pelo lançamento no mercado, de ações preponderantemente preferenciais.

Cabe acrescentar que esse tipo de sociedade não se extingue com a morte de seus sócios, uma vez que seus títulos de propriedade (as ações) são normalmente transferíveis por endosso, ao contrário de outros tipos de sociedade.

7.1.2 O condicionamento dos mercados

Suponhamos que a empresa que está sendo instalada foi constituída na forma de uma S.A. e já havia a decisão de produzir o bem (ou o serviço) "X", sendo necessário, agora, analisar as condições existentes no mercado de compra e venda de produtos "X" e averiguar o "grau de concorrência" existente nesse mercado. Em seguida, vem a análise do comportamento dos consumidores, quanto a níveis de preços, renda por habitante, bens competitivos etc. Mais adiante, deverá ser estimado que tipo de comportamento futuro poderá ter essa demanda, se ela tem tendência forte ou levemente crescente ou se é estagnante, a longo prazo. Finalmente, dever-se-á estudar o espaço econômico desse mercado, sua distribuição regional, qual o local ideal para a instalação dessa futura planta etc. Tentaremos, nas linhas que seguem, visualizar essas várias condicionantes.[4]

7.1.2.1 Graus de concorrência

Este item diz respeito à oferta atualmente existente no mercado, isto é, por quem é suprida atualmente a demanda e em que condições. Calculada previamente a demanda atual do mercado, estudar-se-á que partes dessa demanda são ofertadas por quem. Se, analisada a oferta, for constatada apenas uma unidade produtora suprindo essa demanda, trata-se de um caso que pode ser chamado de *monopólio*. Ainda que existissem outros pequenos vendedores no mercado, cuja oferta total, entretanto, fosse diminuta em relação à oferta do vendedor maior, continuaria este a ser caracterizado como um "quase monopolista". Que implicações existem para a entrada de mais uma firma no mercado? Se ela tiver capacidade produtiva que possa exercer certa ameaça concorrencial à firma dominante, esta poderá manipular seus preços, baixando-os momentaneamente, a fim de afugentar a empresa pretendente.

Com um grau menor de concentração, encontraríamos o *oligopólio*, situação assim denominada porque, nesse mercado, a oferta depende de número reduzido de unidades produtoras,

---

[4] Escapa aos objetivos deste livro a discussão de formas mais complexas de mercado, como a produção (de bens ou serviços) terceirizada, cuja demanda não pode ser encarada como "autônoma" e sim dependente, por completo, da evolução da atividade do contratante.

as quais, ameaçadas pela entrada da nova empresa, agirão em bloco, tentando preservar esse domínio. Monopólio e oligopólio têm condições de fixar preços de mercado, prazos de pagamento, tipos de produto etc. Como se nota, a nova unidade pode correr o risco de ser marginalizada pelas manipulações do grupo preexistente e, provavelmente, tentará negociar "seu ingresso no Clube", passando também a fazer parte do controle de mercado. Outra hipótese é a de que a nova unidade seja pequena e consiga uma "brecha" nesse mercado, por causa de inovações de produto, processo, apresentação final etc. Ou, ainda, trata-se de grande empreendimento, que poderá reunir condições de enfrentamento "sem risco maior".

Outras formas para conter a concorrência são, por exemplo, os *cartéis*, os *trustes* e as *companhias holding*. O *cartel* nada mais é do que um "acordo entre cavalheiros", pelo qual os principais (ou a maioria dos) produtores fixam as condições de vendas, quanto a prazos e preços, determinam as "cotas" de venda entre cada membro do cartel, dividem entre si, geograficamente, o mercado, não raro tendo gastos comuns com publicidade e propaganda. Sua característica é que a propriedade e o controle das empresas dele participantes permanecem com seus respectivos proprietários. O *truste*, por sua vez, é representado pela empresa gigante ou pela propriedade única de várias empresas grandes, que praticamente monopolizam o mercado. O principal meio para se atingir a condição do truste sempre foi a fusão, por meio da qual duas ou mais empresas se associam, transformando-se em uma só.

A *companhia holding* pode ser vista como a "companhia de participação e administração de bens". Assim, uma empresa A detém 51% das ações ordinárias de uma empresa B que, por sua vez, detém 51% de uma empresa C; sucessivamente, desenvolve-se uma cadeia vertical e horizontal de empresas, de forma piramidal, cujo ápice é representado pela empresa A, que controla parte apreciável da oferta de determinados bens no mercado, não raro diversificando linhas de produção de suas "empresas-filhas".

Portanto, nossa empresa deverá ter especial cuidado em sua análise, pois não seria o primeiro caso em que uma nova unidade é "torpedeada" pelos grupos dominantes, quer na forma de uma falência premeditada pelo grupo dominante, quer pela venda "compulsória" da empresa a outro grupo.

7.1.2.2. A tipologia dos mercados e a sensibilidade da demanda

Vimos em capítulos anteriores que os bens e serviços podem ser agregados, segundo o destino ou uso, em três grupos: o de *bens e serviços de consumo*, o de *bens e serviços intermediários* e o de *bens de capital*. Assim distinguem-se três mercados. Cada um deles tem tipologia própria, sendo seus compradores e vendedores diferentemente sensíveis às modificações nele ocorridas. Vejamos inicialmente como se explicita essa sensibilidade como regra geral, para qualquer mercado. A tabela abaixo relaciona as quantidades procuradas de um bem (ou de um serviço) correspondentemente a diferentes níveis de preços. Observa-se, então, uma tendência inversa entre preços e quantidades demandadas no mercado: (No Gráfico 7.1, vemos que a *curva da procura* tem uma tendência decrescente da esquerda para a direita.

Quadro 7.1 Oferta e demanda de um produto

Preços ($)	Quantidades procuradas (kg)	Quantidades ofertadas (kg)
2	100	0
3	80	20
4	60	40
5	40	60
6	20	80
7	0	100

Obviamente, os números desse quadro são hipotéticos e, embora as quantidades ofertadas e procuradas possam tender a níveis mínimos, só excepcionalmente tenderiam a zero; isto é, sempre haverá um consumidor disposto a pagar um alto preço por um determinado produto escasso, assim como, em algumas ocasiões, sempre haverá um produtor ofertando bens a preços relativamente baixos, sobretudo em épocas de crise econômica.

Gráfico 7.1   Demanda

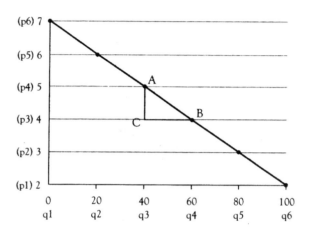

Gráfico 7.2   Oferta

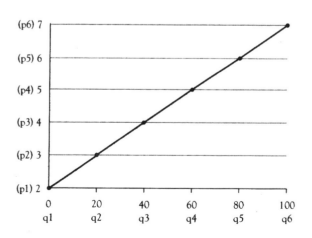

Como podemos observar no Quadro 7.1 e no Gráfico 7.2, os produtores ofertam quantidades maiores, a maiores preços, ou seja, preços e quantidades ofertadas têm um sentido direto entre si. Essas observações sobre a procura e a oferta podem, igualmente, ser compreendidas pelo enunciado da chamada *"lei da oferta e da procura"*: à medida que os preços aumentam (+), as quantidades procuradas diminuem (–) e as ofertadas aumentam (+), razão pela qual a variação da procura é inversa à do preço, enquanto a da oferta é direta.

Este texto não tem por objetivo discutir a Teoria dos Preços, mas apenas ilustrar a sensibilidade da reação dos consumidores, em face das mudanças dos preços no mercado. Mais adiante, mostraremos outra sensibilidade: a das variações das quantidades procuradas em relação às variações da renda *per capita*. No entanto, a "lei da oferta e da procura" tão somente nos demonstra o resultado entre as reações de oferta e de procura em distintos níveis de preços, não explicando uma série de fenômenos econômicos e sociais que se encontram "por trás" dessas curvas.

Vejamos os principais condicionantes da demanda de cada grupo de bens, iniciando pelo *mercado de bens e serviços de consumo*. No Capítulo 3 (circulação), vimos a interação das famílias (segundo classes de renda) com o fluxo real de bens e serviços de consumo (segundo o grau de essencialidade). Resta-nos aqui apontar algumas outras peculiaridades de tal mercado:

- primeiro, pode ocorrer que o bem ou serviço cuja demanda estamos estudando seja um *bem complementar* a outro, como café – açúcar, fogão – gás, veículo – combustível etc.; ou se tratar de um *bem substituto*, como manteiga – margarina, óleo de soja – óleo de milho, açúcar natural – adoçante artificial, chá – café etc. No primeiro caso, a demanda de um bem é solidária à do outro e, no segundo, é competitiva, surgindo, pois, uma substituição de bens sempre que o preço do produto mais "nobre" se eleve em relação ao do bem competidor.
- segundo, pode ocorrer que o bem em estudo seja demandado basicamente no setor urbano, razão pela qual deve-se

fazer um "corte analítico" entre mercado urbano e mercado rural.
• terceiro, cabe analisar a sensibilidade do consumidor em face do crescimento da renda, possibilitando isso uma avaliação do desenvolvimento da demanda, em relação ao crescimento da renda nacional, incluindo-se também a variável crescimento populacional.
• finalmente, cabe estudar a distribuição geográfica do mercado consumidor, contrapondo a esta a distribuição geográfica da oferta.

No *mercado de bens intermediários*, é fundamental analisar o nível da atividade dos usuários do bem em questão. Suponhamos tratar-se da demanda de aço: nesse caso, caberia estudar o comportamento dos principais ramos da indústria metalúrgica e mecânica, para, em seguida, utilizando os coeficientes técnicos de insumo-produto (em termos físicos), poder estimar a quantidade futuramente demandada de aço. É necessário ainda levar em consideração a possibilidade de alterações tecnológicas, que muda o tipo de insumo em certas atividades, como, por exemplo, petróleo que substitui carvão, aço que substitui concreto nas construções, plásticos que substituem vidro etc. Portanto, a demanda de bens intermediários é derivada do nível de atividade das empresas usuárias de tais bens, sendo ainda afetada pelas inovações tecnológicas e pelos preços dos bens substitutos.

Quanto ao *mercado de bens de capital*, sua demanda é a de caráter mais instável do sistema e se "subdivide" em duas: a de reposição e a demanda para investimento líquido. A primeira varia de acordo com o nível de atividade, o avanço tecnológico e o desgaste sofrido pelos equipamentos durante o processo produtivo. A segunda varia de acordo com a expansão da economia e as inovações tecnológicas. Ao longo de rápido período de crescimento econômico, a demanda de bens de capital cresce rapidamente; surgindo, entretanto, uma crise econômica, não só diminuirá (tendendo a zero) a demanda por inversões líquidas, mas também a de reposição.

7.1.2.3 Dimensão e dinâmica da demanda

Vistas as etapas anteriores, os organizadores da produção da nova empresa tentarão dimensionar a demanda existente, bem como sua trajetória dinâmica para os próximos anos. Essa previsão normalmente é feita em consonância com o período de "vida útil" dos equipamentos a serem utilizados pela empresa. Normalmente, tal período se situa em torno de dez anos, salvo para investimentos mais específicos, como uma hidroelétrica, que poderá ter vida útil estimada em cinquenta anos. Após analisarem o potencial de oferta, da demanda, bem como das reações desta às variações de preços, passarão a investigar os efeitos que determinadas variáveis geram no médio e longo prazos sobre a demanda de seu produto. Imaginemos tratar-se o bem "X" de um produto de consumo durável. No médio e longo prazo, o crescimento demográfico provavelmente aumentará sua demanda; por sua vez, o crescimento da renda por habitante (y) também provocará alterações no consumo por habitante (q), dependendo do grau de sensibilidade dessa demanda em relação às variações da renda.

No longo prazo, poderão ocorrer alterações sensíveis nos padrões atuais de consumo, por meio das modificações que ocorrerão na distribuição da renda pessoal da comunidade. Não nos preocuparemos, aqui, com as mudanças estruturais do sistema, razão pela qual focalizaremos apenas a variável população e a renda por habitante. Como no curto prazo não se considera a ocorrência de modificações estruturais na economia, a única variável que nos importa é o preço e nossos investigadores levarão em consideração apenas a sensibilidade da demanda em relação ao preço. Essa sensibilidade se denomina *elasticidade da demanda*, em relação ao preço, à renda ou ao efeito combinado das variações do preço e da renda. Dada a complexidade deste último efeito, não o consideraremos por enquanto, tratando-o separadamente. Vejamos como se expressam, com os dados do Gráfico 7.1. Tomando um intervalo de variação, podemos verificar que enquanto o preço cai de p4 para p3 a demanda se desloca de q3 para q4. Calculemos essa sensibilidade (elasticidade):

1) $CB = \Delta q = q_4 - q_3$
2) $AC = \Delta p = p_3 - p_4$
3) $\Delta q/q \; // \; \Delta p/p = \varepsilon p$

Substituindo os valores:

$$q_3 = 40; \; q_4 = 60; \; p_4 = 5; \; p_3 = 4$$

Calculando:

$$\Delta q/q = (60 - 40)/40 = 20/40 = 0{,}5 \text{ e}$$
$$\Delta p/p = (4 - 5)/5 = -1/5 = -0{,}2$$

Temos então:[5]

$$\Delta q/\Delta p \cdot p/q = \Delta q/q \cdot \Delta p/p = \varepsilon p$$

e substituindo temos:

$$0{,}5 \; / \; -0{,}2 = -2{,}5$$

Como as relações entre a procura e o preço são inversas, o coeficiente de elasticidade-preço da demanda será sempre negativo. Suponhamos, hipoteticamente, que ele fosse igual a –1 e se

---

[5] O cálculo do coeficiente ep (ou ey) não pode ser feito em termos de porcentagens – salvo para variações muito pequenas –, e sim por meio de um ajustamento de uma reta logarítmica, obtido de uma série histórica ou de uma "coleção" de pares de p . q.

A equação básica é da forma $Y = A \cdot B^x$, e para o cálculo de εp, teríamos:

$$q = a \cdot p^e$$

que, calculados por logaritmos, seriam:

$$\log \cdot q = \log \cdot a + e \log \cdot p \text{ ou}$$
$$\log \cdot q = \log \cdot a + \varepsilon \log \cdot y \text{ (no caso da elasticidade-renda).}$$

estima uma queda de 10% dos preços por parte dos produtores. Como as variações são inversas, podemos esperar que a demanda reagirá positivamente na proporção direta da dimensão de εp:

$$\Delta q/q = \varepsilon p \cdot \Delta P/P \Rightarrow (-1) \cdot (-0,1) = 0,1$$

ou seja, a demanda aumentará em 10%.

Vejamos agora o caso da *elasticidade-renda* da demanda, tomando os dados do quadro:

Quadro 7.2 Relação entre consumo e renda por habitante

Renda por hab. (y) $	Δy/y	Consumo por hab. (q)	Δq/q	εy
9	...	90	...	...
10	0,111	100	0,111	1,0
11	0,100	110	0,100	1,0
12	0,0909	120	0,0909	1,0
13	0,0833	128	0,0666	0,8
14	0,077	135	0,055	0,7
15	0,071	141	0,0444	0,6
16	0,0666	144	0,021	0,3
17	0,062	145	0,007	0,1

Como se nota, uma variação positiva na renda provoca uma variação positiva na demanda, razão pela qual o coeficiente será sempre positivo, salvo raríssimas exceções. O exemplo hipotético do Quadro 7.2 e do Gráfico 7.3 poderia representar um bem (ou um serviço) cujo consumo por habitante aumentasse até um "ponto de saturação", a partir do qual os aumentos marginais tendessem a zero. Certos alimentos e bebidas "não populares" se enquadrariam no exemplo. Vejamos, graficamente, como se calcula a elasticidade entre dois pontos da curva:

Gráfico 7.3 Evolução do consumo por habitante

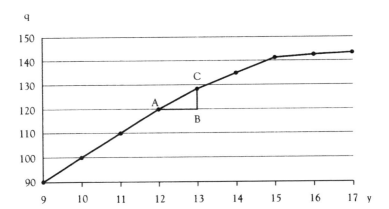

Traduzindo a Figura ABC contida no Gráfico 7.3, podemos calcular o coeficiente de εy e a variação de consumo da seguinte forma:

$$BC = \Delta q = 128 - 120 = 8 \; ; \; \Delta q/q = 8/120 = 0{,}0666$$
$$AB = \Delta y = 13 - 12 = 1 \; ; \; \Delta y/y = 1/12 = 0{,}0833$$
$$\varepsilon y = \Delta q/q \; // \; \Delta y/y = 0{,}0666 \; / \; 0{,}0833 = 0{,}8$$

Cumpre esclarecer que estamos exemplificando o cálculo da elasticidade por meio do conceito da elasticidade entre dois pontos e estamos promovendo esse cálculo de forma simples, quando o correto é dar a ele um tratamento logarítmico. Todavia, nossos investidores não estão interessados no cálculo do coeficiente entre dois "pontos" quaisquer da curva, mas sim em estimar o "coeficiente médio" do período analisado, o qual servirá de base para a projeção da demanda. Esse coeficiente médio é calculado pelos vários métodos estatísticos, não cabendo neste texto sua apresentação.

A demanda total verificada no período inicial nada mais é do que a multiplicação do consumo por habitante pelo volume da população (N). Assim, teríamos que, para o período inicial, o consumo total seria: $q_1 \times N_1$; e para o período final (suponhamos, o décimo ano de projeção): $q_{10} \times N_{10}$. Admitamos por hipótese que a população atual (N_1) seja de um milhão de pessoas, estimando-se que no décimo ano atingirá (N_{10}) um volume de dois milhões; que o coeficiente de elasticidade-renda médio é igual à unidade e se espera que a renda por habitante cresça 50% no período.

O exemplo a seguir nada tem a ver com o do quadro e do gráfico anteriores. Neste, o produto é outro (bem "X"), a elasticidade-renda se mantém alta (1,0), a população da região, graças a enormes fluxos imigratórios, tem crescimento "explosivo" (7,2% anual) e a renda média pessoal cresce a 4,1% anualmente. Portanto, nossos dados para o cálculo futuro são:

$$q_1 = 150 \quad Q_1 = q_1 \cdot N_1 = 150 \cdot 1 \text{ milhão} = 150 \text{ milhões}$$
$$\varepsilon y = 1,0 \quad \Delta y = y_{10} - y_1 \,;\, \Delta y/y = 0,5$$
$$\varepsilon y = \Delta q/q \;//\; \Delta y/y \Rightarrow \Delta q/q = \varepsilon y \cdot \Delta y/y = 1,0 \cdot 0,5 = 0,5$$
$$\Delta q/q = 0,5 \Rightarrow \Delta q = 0,5 \, q = 0,5 \cdot 150 = 75$$
$$q_{10} = q_1 + \Delta q = 150 + 75 = 225$$
$$Q_{10} = q_{10} \cdot N_{10} = 225 \,(2 \text{ milhões}) = 450 \text{ milhões}$$

Conhecidos o coeficiente de elasticidade e as variações previstas na renda e na população, pudemos estimar o consumo total (Q) para o décimo ano em 450 milhões de unidades físicas.

Suponhamos ainda que a oferta atual supre inteiramente a demanda existente (150 milhões), tendo-se inclusive pesquisado a possibilidade de os atuais ofertantes aumentarem suas capacidades produtivas, bem como a existência ou não de outras unidades desejosas de ingressar no mercado. Concluiu-se que nem os ofertantes atuais desejam (ou têm condições de) aumentar sua produção nem existem outros projetos (novas unidades produtoras) a serem desenvolvidos no mercado. No Quadro 7.3, damos os valores aproximados da demanda total futura desde o ano inicial até o décimo e a demanda insatisfeita, pois se supõe que a oferta não aumentará.

Como se depreende do Quadro 7.3, as dimensões da demanda insatisfeita possibilitam alternativas para a implantação de uma

Quadro 7.3 Economias de escala de inversão

Períodos	Demanda projetada (*)	Demanda insatisfeita (*)
0 (ano-base)	150	–
I	167	17
II	187	37
III	209	59
IV	233	83
V	260	110
VI	290	140
VII	324	174
VIII	361	211
IX	403	253
X	450	300

(*) Em milhões de unidades.

ou mais unidades produtoras: no patamar mínimo, poderia ser instalada uma com capacidade de 17, no ano I da projeção, uma de 20, no ano II, uma de 22, no ano III, e assim sucessivamente. Poder-se-ia ainda usar a alternativa máxima de tamanho, instalando desde já uma unidade com capacidade de 300, com o que se garantiria o suprimento da demanda nos dez anos e, ao mesmo tempo, os investidores fariam uma verdadeira reserva monopólica de mercado, pois sempre estariam com excesso de capacidade.

Como se comportarão as decisões de nossos investidores, com relação ao tamanho da empresa? Implantarão uma só empresa ou várias?

7.1.2.4 A localização da unidade produtora

As respostas para as perguntas do item anterior não são facilmente obtidas. Requerem, pelo menos, um estudo da localização da unidade produtora e o exame das alternativas técnicas de produção. Normalmente, a localização de uma unidade produtora está voltada para o mercado ou para as fontes de matérias-primas, com maior ou menor dependência direta dos custos de transporte. Por exemplo, as indústrias beneficiadoras de produtos agrícolas tendem às fontes de matérias-primas, como óleos vegetais, arroz, café, leite em pó etc. São indústrias que, tipicamente, "perdem peso" no processo de transformação, ao contrário de outras que "ganham peso" (automobilística, bebidas etc.). Outras, entretanto, não têm dependência rígida de localização, o que permite a elas fazer escolhas mais flexíveis, de acordo com os benefícios que uma dada localização enseja: existência de mão de obra qualificada, redes de água e esgoto, menores taxas de salários, fontes próximas de matérias-primas, energia elétrica, meios de transporte, comunicações, rede bancária, escolas públicas, serviços de saúde etc. A proximidade (ou existência local) de tais suprimentos possibilita à empresa uma localização mais vantajosa em relação a outras alternativas, o que *diminui os custos (totais) de produção ou evita seu aumento*.

Por exemplo, se na localidade A há energia elétrica a um preço de $ 0,05/kWh e em outra não existe energia elétrica, a alternativa de localizar a planta nessa última localidade provocaria um aumento nos custos da seguinte forma: primeiro, obrigaria a empresa a instalar um conjunto gerador, o que aumenta suas necessidades de inversões; segundo, a energia assim gerada custaria pelo menos $ 0,1/kWh. A esses benefícios, convencionou-se chamar de *"economias externas à empresa"*. Já vimos no capítulo 5 o extraordinário papel do setor público no suprimento das economias externas ao setor privado, pela realização dos investimentos de infraestrutura socioeconômica, bem como pela implantação de indústrias de base; são esses investimentos públicos, na realidade, uma criação de pré-condições para o investimento privado.

O setor público ainda concede ao setor privado uma série de vantagens, na tentativa de induzi-lo a uma determinada localização: isenções de impostos, financiamentos a taxas de juros baixas, oferta gratuita (ou quase) de terrenos etc. constituem fatores importantes para a decisão de localização regional de uma planta e fazem parte das políticas de desenvolvimento regional ou local.

Em vista desses incentivos, os organizadores da produção estudarão a localização mais conveniente (a de menor custo de produção), analisando juntamente o problema da divisão territorial do mercado. Como já vimos, o mercado pode estar concentrado em poucas áreas próximas ou estar disseminado por todo o território da nação, o que implica maior ou menor volume de custos de distribuição. O leque de alternativas de localização passa, assim, a ser condicionado, de um lado, pelas áreas que fornecem maior volume de economias externas e, de outro, pelas áreas que provocam maior custo de transporte.[6]

No entanto, entre essas opções surge o terceiro fator de decisão, que é o volume de gastos de inversão necessários à implantação de uma só planta (por hipótese, para suprir todo o mercado) ou de várias unidades disseminadas no território nacional. Esse ponto é particularmente importante para países de grandes dimensões territoriais. Discutiremos o problema do *tamanho* da planta no item seguinte.

7.1.3 Condicionantes do processo produtivo

Analisando as vantagens locacionais em distintas áreas, suponhamos que o mercado para o bem "X" está concentrado, em grande parte, em uma determinada região, o que faz que a instalação da planta seja mais recomendável nessa área, por minimizar os custos de distribuição. Na sequência, veremos que possibilidades existem no que toca a alternativas técnicas de produção.

Por exemplo, pode-se fazer papel utilizando-se bagaço de cana, eucalipto, pinheiro e outras matérias-primas, pode-se fazer açúcar de cana ou de beterraba, pode-se criar gado de forma extensiva ou em confinamento. Quanto maior o leque de alternativas, maiores serão as possibilidades de localização, ana-

---

[6] As transformações recentes por que passaram as grandes montadoras de veículos (mas não exclusivamente elas) estão impondo às pequenas unidades fornecedoras de peças localização restrita na própria montadora ou a uma distância determinada.

lisados do ponto de vista do local de mercado ou das fontes de matérias-primas ou de recursos naturais. Todavia, cada processo produtivo pode proporcionar distintos tamanhos de plantas. Suponhamos que, para produzir o bem "X", nossa futura empresa escolheu o processo tipo "Z", cuja tecnologia possibilita as seguintes alternativas para a instalação de plantas:

- Alternativa 1: três plantas, cada uma com capacidade de 100 milhões de unidades físicas, instalada a primeira no Ano-Base, produzindo a partir do Ano I; a segunda nos anos IV e V e a terceira nos anos VII e VIII;
- Alternativa 2: uma planta de 100 milhões, instalada no Ano-Base e outra de 200 milhões no ano IV;
- Alternativa 3: uma de 200 milhões no Ano-Base e uma de 100 milhões no ano VII;
- Alternativa 4: uma só planta de 300 milhões, no Ano--Base.

Cada tamanho implica determinado montante de inversão e certas atividades produtivas têm grande sensibilidade para a relação "tamanho-gastos de inversão", o que significa que, para maiores tamanhos de plantas, correspondem menores custos de inversão por unidade de produto. Em linguagem econômica, plantas maiores proporcionam *economias de escala de inversão*.

Imaginemos que o processo "Z" possibilita os seguintes tamanhos e gastos de inversão:

Tamanho	Quantidade máxima de produção (milhões)	Inversão total (milhões)	Gastos de inversão por unidade produzida
A	100	200$	2,00$
B	200	320$	1,60$
C	300	400$	1,33$

Como é fácil notar, a planta de tamanho C parece ser a mais vantajosa. Será mesmo? Voltemos ao quadro demonstrativo da demanda insatisfeita. Se instalarmos uma planta de 100 milhões ela funcionará com capacidade ociosa durante os anos I a IV (pois a demanda insatisfeita é menor que 100 milhões) e com plena capacidade do ano V em diante; a planta II funcionará sete anos com capacidade ociosa; e a última, durante nove anos. Ora, como veremos adiante, quanto menor o grau de utilização da capacidade instalada de uma planta, maiores serão seus gastos de inversão por unidade de produto, independentemente de seus demais gastos de produção. Assim, não podemos decidir por um tamanho sem antes calcularmos os custos médios de produção de cada um deles.

Tais custos estão determinados por dois planos: um, inerente ao processo produtivo (e respectivo tamanho) escolhido; outro, determinado pela disponibilidade e pelo preço dos fatores e insumos. Portanto, os organizadores da produção, ao determinarem o processo produtivo mais conveniente (do ponto de vista privado), orientar-se-ão não só por *aspectos técnicos*, mas também por *aspectos econômicos*, isto é, pelo montante de custos de produção determinados a cada alternativa técnica e pelo tamanho.

Cada processo produtivo determina uma combinação de insumos e de fatores em determinadas proporções (e com diferentes insumos e fatores, em certos casos). Assim, a cada processo produtivo corresponde uma (ou várias, dependendo da flexibilidade técnica do equipamento e dos insumos) determinada combinação quantitativa e qualitativa de insumos e fatores. Isso nada mais é do que a chamada *função de produção*, que explicita os tipos de insumos e de fatores, bem como suas quantidades necessárias para gerar um dado volume de produção. No capítulo 2, apresentamos a "função macroeconômica de produção", que, em nível setorial, poderia ser "vista" nas colunas das matrizes de transações intermediárias e de valor agregado.

Suponhamos que, para a produção de uma unidade do bem "X", utilizem-se os seguintes ingredientes: 150 gramas de material "j", 100 gramas de material "h", 10 gramas de cola, 20 centímetros cúbicos de material "l", duas dúzias de pregos, duas horas de trabalho humano e duas horas de utilização de máquinas. Se multiplicarmos esses volumes pelos seus respectivos preços e os somarmos, encontraremos um montante de custos efetivos de produção que, adicionado aos demais custos (financeiros, de impostos, transportes etc.) e ao lucro esperado pelos organizadores da produção, determinará o valor da produção de uma unidade de "X".

Se dividirmos as parcelas de cada item dos custos pelo valor da produção, obteremos *coeficientes técnicos de insumo-produto, em termos monetários*, os quais compõem uma *função microeconômica de produção*, agora calculada em valor e não em quantidades físicas. Utilizando-se os mesmos conceitos da matriz de insumo-produto, calcula-se:

- chamando o valor do gasto com insumos e fatores provenientes do setor "i" efetuados na produção de "j" de (x_{ij}), e dividindo-o pelo valor da produção do bem (ou setor) "J" – VBP = Xj – determinamos cada um dos coeficientes técnicos (a_{ij}) da produção;
- determinados os coeficientes $a_{ij} = x_{ij}/x_j$, pode-se calcular os custos totais de um determinado nível de produção (x), somando-se os produtos dos coeficientes de cada insumo ou fator pelo nível de produção desejado:

$$\sum_{i=1}^{n} x_{ij} = \sum_{i=1}^{n} (a_{ij} \cdot x_i)$$

Contudo, a recíproca de a_{ij}, ou seja, a relação x_j / x_{ij} nos dá um conceito de produtividade média do insumo (ou do fator) x_i em termos monetários, ou seja, a quantidade de produto gerada pela utilização de uma unidade de insumo ou fator (x_i), produtividade que pode ser vista em termos físicos, desde que tanto x_{ij} como x_j sejam expressos em quantidades físicas. Se tomássemos a quantidade insumida de trabalho (2 homens-hora) e a quantidade produzida de uma unidade de "X" por hora poderíamos expressar a produtividade média física do fator trabalho pela relação "X"/homens-hora, que, no nosso exemplo, é de ½ (meio), ou seja, cada hora de trabalho humano produz, em média, 0,5 unidade de "X".

Determinada então a função de produção, pelo processo produtivo escolhido, vejamos, em seguida, como se compõem os custos de produção e de investimento.

7.1.4 Investimentos e recursos financeiros

Examinemos os investimentos e os recursos financeiros. Supomos que nossos investidores concluíram, mediante a análise da demanda, de suas disponibilidades financeiras e do volume de gastos com inversões, além do exame de uma estimativa prévia dos custos de produção, que efetivamente só teriam condições de instalar uma planta mínima de 100 milhões de unidades físicas anuais, totalizando gastos com inversões em $ 200 milhões.[7] Por sua vez, os fornecedores de equipamentos garantiram que suas máquinas têm uma durabilidade média de 10 anos, sendo esta, portanto, a "vida útil" considerada.

Essa decisão foi reforçada pelo exame da demanda, que apontou que a planta A só operaria abaixo da capacidade durante os quatro primeiros anos de vida útil, operando com 100% de sua capacidade, a partir do quinto ano de produção.

Todas as demais alternativas (2, 3 e 4) foram descartadas, pois os custos de manter alta ociosidade não seriam compensados pelas economias de escala. Adotou-se, assim, a instalação de uma planta A (alternativa 1). O quadro relativo às suas inversões está representado na página seguinte.

Esclareçamos que o *capital fixo* representa os gastos necessários à instalação da unidade produtora, enquanto o *capital circulante* representa parcelas que se mantêm permanentemente imobilizadas e são necessárias à *manutenção do funcionamento*. No exemplo, a empresa mantém sempre em "caixa" a importância

---

[7] A decisão sobre o tamanho a ser escolhido dependeu, ainda, do exame das chamadas "economias de escala", que evidenciam se um setor tem seus custos de inversão (por unidade produzida) diminuídos ou não, à medida que aumenta o tamanho da planta. Este assunto, contudo, ultrapassa o escopo deste livro.

Quadro 7.4 Investimentos totais projetados (milhões de $)

A – Capital fixo	
Terreno	25
Construções	40
Equipamentos nacionais	30
Equipamentos importados	50
Veículos	20
Mobiliário e equipamento de escritório	10
Total de investimento fixo	175
B – Capital circulante	
Reserva de dinheiro em caixa (ou em bancos)	10
Estoques permanentes de matérias-primas	15
Total do capital circulante	25
A + B = Investimento total	200

de 10 $ para suprir as despesas que ocorrem antes de ela receber as receitas mensais de vendas, sem o que não teria condições de pagar adiantamento de salários e outras pequenas despesas no momento preciso. Por condições de garantia de funcionamento, a empresa sempre mantém em estoque certa quantidade de matérias-primas em proporção ao seu consumo mensal, com o objetivo de evitar paralisações por falta de matérias-primas.

Quanto aos recursos financeiros, vamos supor que eles foram totalmente obtidos via emissão e venda de ações, da seguinte forma:

- cem mil ações ordinárias (valor unitário de $ 1.000): $ 100 milhões
- cem mil ações preferenciais (valor unitário de $1.000): $ 100 milhões
- total de recursos obtidos: **$ 200 milhões**

7.1.5 Produção, custos, receitas e lucros financeiros

No estudo do mercado, concluiu-se que o preço vigente praticado pelos atuais ofertantes seria satisfatório, tendo em vista o nível e a composição dos custos de produção da nova unidade. Assim, foi estabelecido um preço unitário de $ 2,50 por unidade do bem "X". Como a capacidade produtiva máxima é de 100 milhões, a empresa poderá gerar uma receita total – com 100% de utilização de capacidade – de $ 250 milhões. Como a vida útil da empresa é de 10 anos, os investimentos fixos (com exceção do terreno) devem ser amortizados em 10 anos, com o que se fixará uma parcela de custos anuais de depreciação equivalente a 10% daqueles investimentos. O governo tributará essa produção, a título de "imposto sobre as vendas", na base de 10% sobre o preço de venda.

Entre as parcelas componentes do custo, encontram-se algumas que não sofrem qualquer modificação, se aumentar ou diminuir o nível de produção, ou seja, entre a escala de zero a

Quadro 7.5 Custos totais projetados (dados anuais $ milhões)

A – Custos fixos (CF)	
Depreciação	15
Mão de obra administrativa	25
Total de custos fixos	40
B – Custos variáveis	
Matérias-primas	90
Mão de obra de fabricação	40
Energia elétrica	15
Combustíveis	10
Impostos indiretos	25
Total dos custos variáveis	180
A + B = total dos custos anuais, com 100% de utilização da capacidade produtiva	220

100% de utilização da capacidade produtiva, o valor total dessas parcelas é sempre igual. Esses itens denominam-se *custos fixos*.

No caso de nossa empresa, entre as sete parcelas de custos, apenas duas têm essa característica: a depreciação (por causa do desgaste e da obsolescência) e os gastos com a mão de obra administrativa, que da mesma forma não variam de acordo com o volume produzido.

As demais parcelas de custo contidas neste exemplo representam os *custos variáveis*, que são proporcionais ao volume produzido: quanto mais se produzir, mais se gastará com energia elétrica, combustíveis, matérias-primas, impostos e mão de obra de fabricação. Os valores apresentados a seguir foram obtidos pela função de produção, dados seus respectivos preços e quantidades utilizadas.

Com esses elementos, nossos investidores calcularam os custos totais anuais que resultariam de vários níveis de utilização da capacidade produtiva, para averiguar a partir de que nível a empresa passaria a gerar lucros. Sabe-se que o lucro é a diferença entre as receitas totais e os custos totais: **L = RT − CT**.

Como se observa, a empresa gera prejuízos até o nível de 40% de sua capacidade produtiva, passando a lucrativa em um "ponto" existente entre 40% e 60%; sua lucratividade será nula no exato momento em que o preço for igual ao custo médio unitário,

Quadro 7.6 Custos médios e unitários projetados (dados anuais)

Produção (milhões)	Custos totais ($ milhões)	Receitas e lucros totais	Custo médio total por unidade produzida ($)

Q	CF	CV	CT	RT	L	C' = CT/Q
20	40	36	76	50	-26	3,80
40	40	72	112	100	-12	2,80
60	40	108	148	150	2	2,47
80	40	144	184	200	16	2,30
100	40	180	220	250	30	2,20

o que, aliás, está sugerido no quadro anterior, quando o custo desce de $ 2,80 a $ 2,47, situando-se nesse intervalo a posição de "equilíbrio" entre custos e receitas. Vejamos graficamente como se dá essa intersecção do preço com o custo unitário:

Gráfico 7.4   Ponto de nivelamento.

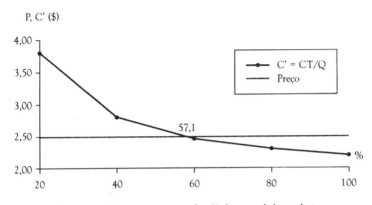

P = preço; C': custo unitário médio; % da capacidade produtiva

Observe-se que, se a empresa aumentar a produção, à direita da perpendicular que desce da intersecção do preço com o custo, mantendo-se constante o nível do preço, os lucros começam a surgir de forma crescente. O ponto de intersecção (aproximadamente 57,1%) reflete uma posição tal que as receitas igualam-se aos custos totais, não havendo lucros ou prejuízos; à esquerda desse ponto, a curva de custos encontra-se acima do preço, revelando uma situação de prejuízo.

Esse ponto de intersecção é denominado *ponto de nivelamento*, e seu cálculo pode ser efetuado mediante as seguintes expressões (com todas as variáveis com valores calculados para 100% da utilização da capacidade):

i) determinação da porcentagem de utilização da capacidade produtiva:

(CF / RT − CV) · 100

ii) determinação da *quantidade produzida* (Q'):

$$CF / p - v$$

onde p e v são, respectivamente, preço e custo variável unitários. Utilizando os dados dos custos e das receitas, teríamos:

a) (CF / RT − CV) · 100 = (40 / 250 − 180) · 100 = 57,14%
b) CF / p − v = 40 milhões / 2,50 − 1,80 = 57.142.857

Calculemos agora os custos e receitas totais desta unidade produtora. Para tanto, conhecemos os níveis absolutos de custos e de receitas e as quantidades produzidas serão iguais à demanda insatisfeita no mercado, até o limite máximo de 100 milhões de unidades. Assim, as quantidades (milhões) totais produzidas nos dez anos de vida útil serão:

- 17 no primeiro ano
- 37 no segundo ano
- 59 no terceiro ano
- 83 no quarto ano
- 600 do quinto ao décimo anos (com 100% de utilização da capacidade)
- 796 milhões = total produzido nos 10 anos

Como o preço é de $ 2,50, determinamos a receita total nos 10 anos:

$$RT = p · Q = \$\ 2,50 · 796 \text{ milhões} = \$\ \mathbf{1.990 \text{ milhões}}$$

Quanto aos custos totais, como sabemos que os fixos não variam, basta que se calculem os custos variáveis e se somem dez anos de CF. Dado que o custo variável é proporcional ao volume de produção, calcularemos seu valor por unidade produzida (com 100% de utilização da capacidade) para então multiplicá-lo (v') pelas quantidades produzidas nos dez anos:

1) v' = CV/Q = 180/100 = $ 1,80

2) $CV = Q \cdot v' = \$ 1,80 \times 796$ milhões = $\$ 1.432,8$ milhões
3) $CF = \$ 40$ milhões $\times 10 = \$ 400$ milhões

Assim, temos que os custos totais (nos dez anos) seriam em milhões:

- variáveis: 1.432,8
- fixos: 400
- custos totais: **1.832,8**

Com o que calculamos: **L = RT − CT** = 1.990 − 1.832,8 = **157,2** montante de lucros cuja média anual (157,2:10) de $ 15,72 milhões possibilitaria uma taxa média anual de lucros sobre o capital investido (L/K) de 7,86%, que se supõe neste exemplo uma rentabilidade líquida considerada satisfatória para nossos investidores.

Em linhas gerais, o que acabamos de ver nesses tópicos são os *critérios privados ou microeconômicos* de que se utilizam os organizadores da produção para realizar um investimento. No item seguinte, passaremos a discutir e analisar a inserção da unidade produtora no sistema econômico, basicamente de um ponto de vista macroeconômico.

7.2 A inserção da unidade produtora no sistema econômico

Neste tópico, nossa hipotética unidade produtora já está funcionando e a abordagem que se segue pode se referir a quaisquer unidades produtoras, novas ou já existentes, ou simplesmente à expansão da capacidade produtiva e da produção destas últimas. A avaliação do impacto da unidade produtora no sistema tem a ver não só com seus' efeitos macroeconômicos – quase todos quantificáveis – mas também com seus efeitos ambientais e com os chamados "efeitos sociais", ambos de menor possibilidade de quantificação. Tentaremos aqui apontar, embora de forma muito resumida, os principais efeitos gerados pela unidade produtora no sistema econômico.

7.2.1 Interdependência estrutural: oferta e demanda intermediária da empresa

Este efeito pode ser analisado e quantificado pelas relações entre os insumos comprados e o valor da produção (demanda derivada gerada pela unidade produtora nos demais compartimentos do sistema) e pelos insumos vendidos e o valor da produção (acréscimo de oferta intermediária da unidade produtora aos demais compartimentos do sistema). O quadro a seguir ilustra essas relações, utilizando dados da economia dos Estados Unidos, Itália e Japão, entre 1947-1951:

Quadro 7.7 Efeitos diretos para trás e para frente

Setores escolhidos	Compra de insumos/%VBP	Venda de insumos/%VBP
A – Produtos primários		
Petróleo e gás natural	0,15	0,97
Minerais não metálicos	0,17	0,52
B – Manufaturas intermediárias		
Ferro e aço	0,66	0,78
Produtos químicos	0,60	0,69
C – Manufatura final		
Construção naval	0,58	0,14
Maquinaria	0,51	0,28
D – Serviços		
Transportes	0,31	0,26
Comércio	0,16	0,17

Fonte: CHENERY, H. B.; WATANABE, T. International Comparisons of the Structure of Production, *Econométrica*, XXVI, n., 1958 (citado por CHENERY, H. B.; CLARK, P. G. *Economia Interindustrial*. 2. ed. México: FCE, 1964, p.239).

A primeira coluna (compra de insumos) expressa o grau de dependência da unidade produtora em relação aos demais compartimentos do sistema. Espelha também a pressão exercida pela empresa no sistema econômico, ao demandar os insumos necessários à sua produção. Se uma parte desses insumos for importada, esse efeito positivo será diminuído, pois parte dele será dirigida ao restante do mundo, via importações.

A segunda coluna (vendas de insumos) revela o grau de dependência que os demais setores produtivos têm em relação ao setor analisado, significando, pois, o fluxo de bens intermediários que a unidade produtora oferta às demais unidades do sistema. Quanto maiores os coeficientes de compra e de venda (ver grupo B), maior interdependência, gerando, assim, a unidade produtora, efeitos positivos tanto para "trás" como para a "frente" (demanda e oferta intermediárias).

Note-se os pequenos efeitos para trás gerados pelas atividades "primárias" – tipicamente fornecedoras de insumos – e os grandes efeitos para trás gerados pelas atividades produtoras de manufaturas finais (grupo C), constituídas estas, basicamente, pelas chamadas indústrias de montagem, como a automobilística, a de construção naval, a de máquinas e equipamentos etc. As atividades produtoras de serviços (grupo D), por sua vez, caracterizam-se pela pequena dinamicidade das transações intermediárias, tanto para trás como para frente.

O grupo B é o compartimento produtor de insumos básicos para todo o sistema, razão pela qual, se ele não crescer e se diversificar, pode comprometer o desenvolvimento do resto do sistema ou gerar pressões contínuas no balanço de pagamentos, pelas importações de insumos necessários ao compartimento industrial. Sua implantação e seu desenvolvimento constituem preocupação central em toda política de desenvolvimento econômico. Por exemplo, é a oferta de produtos químicos básicos que possibilita o avanço da agricultura, assim como é a oferta da metalurgia que possibilita o avanço da metalúrgica, da mecânica, de material de transporte e elétrico.

Embora as transformações tecnológicas tenham alterado esses coeficientes, suas novas dimensões não alteram as conclusões sobre o sentido maior ou menor de seus impactos para trás ou para frente.

Com a abertura comercial, a enxurrada de importações alterou abruptamente os coeficientes de importação e exportação de nossos setores industriais, como mostra o Quadro 7.8. Os de importação são explicados pelo câmbio barato, pela abertura comercial e pela baixa competitividade da indústria nacional. Os de exportação cresceram por várias razões: dificuldades no mercado interno (por baixo crescimento ou não competitividade com similar estrangeiro), comércio intrafirma (ou por ETs) aproveitando os baixos salários nacionais, como é o caso de veículos, autopeças e eletrônicos de comunicação.

Fica claro, assim, como a irrefletida política neoliberal de abertura comercial escancarou a economia, facilitando sobre-

Quadro 7.8 Indústria manufatureira: Coeficientes setoriais de exportações e importações (%), 1990-2004

Setores	1990	1993	1996	1998	1999	2001	2004
Coeficientes de exportação							
Calçados, couros e peles	23,8	43,3	38,5	42,9	53,8	74,9	80,0
Açúcar	13,8	20,1	27,1	31,2	44,0	46,0	42,7
Peças e outros veículos	16,2	21,1	18,6	26,5	39,5	45,0	47,3
Equipamentos eletrônicos	5,7	8,9	5,9	9,4	20,8	38,5	23,6
Madeira e mobiliário	4,4	12,1	10,5	11,8	19,5	24,1	38,1
Veículos automotores	9,3	15,8	7,2	17,2	18,5	23,1	27,3
Coeficientes de importação							
Equipamentos eletrônicos	13,9	31,0	40,1	57,5	98,6	122,7	85,4
Material elétrico	9,0	11,7	18,4	24,1	33,9	40,3	25,8
Peças e outros veículos	8,9	13,7	18,9	28,5	39,2	34,5	28,3
Farmacêutica e perfumaria	7,9	9,5	17,0	18,1	27,6	30,1	35,5
Máquinas e tratores	11,3	12,9	26,1	31,4	36,0	28,4	15,3
Veículos automotores	0,3	8,3	10,3	20,5	15,9	15,6	4,7

Fonte: FUNCEX – www.funcex.com.br – Banco de Dados; em 12-02-2007.
Nota: coeficiente de exportação – valor das exportações/valor da produção.
coeficiente de importação – valor das importações/valor da produção.

modo a importação de muitos insumos antes aqui fabricados, o que prejudicou seriamente a estrutura produtiva industrial, com fechamento de fábricas e desestruturação de cadeias produtivas.

7.2.2 A tecnologia e a geração de empregos

Vimos anteriormente que os organizadores da produção defrontam-se, de um lado, com uma série de alternativas técnicas de produção, e, de outro, com a disponibilidade e os preços de fatores e insumos existentes no sistema (ou no exterior). Assim, eles utilizam *critérios técnicos* e *critérios econômicos* para a escolha de um determinado processo produtivo. Evidentemente, tal escolha tem como elemento decisório a maximização do lucro ou, no "reverso da medalha", a minimização dos custos. Portanto, a escolha se orienta basicamente por critérios microeconômicos, ignorando, não raro, as condições estruturais do sistema econômico em que está inserida. O quadro a seguir, extraído do *Manual de projetos* da ONU (p.213), fornece uma ideia sobre alguns dos efeitos derivados da escolha de um processo produtivo têxtil:

Quadro 7.9 Economias de escala e alternativas técnicas

Alternativas técnicas	I Capital por operário $ rúpias	II Produção por operário $ rúpias	I / II Capital por unidade de produto
Fábrica moderna de grande tamanho	1.200	650	1,9
Tear mecânico em pequena escala	300	200	1,5
Tear automático em indústria caseira	90	80	1,1
Tear manual em indústria caseira	35	45	0,8

Fonte: LOKANATHAN, P. S. Cottage Industries and the Plan. *Eastern Economists*, 23.7.1943. Cit. por BELSHAW, Horace. *Population Growth and Levels of Consumption*. Londres: George Allen and Unwin Ltd., 1956.

O quadro apresenta quatro alternativas para a produção têxtil na Índia, desde a alternativa mais capitalizada até a mais empregadora de mão de obra (tear manual). Enquanto a produção por operário aumenta 14 vezes entre a quarta e a primeira alternativas, o investimento por operário aumenta quase 34 vezes. Essa observação tem grande importância para o mundo subdesenvolvido, pois nele existe normalmente abundância de mão de obra e escassez de capital, muito embora o empresário se oriente mais por critérios de produtividade e custo que por problemas sociais de desemprego.

Isso se torna ainda mais dramático sempre que o poder público, no intuito de promover o desenvolvimento, concede incentivos especiais ao setor privado, basicamente constituídos de "subsídios" ao custo do capital (p. ex. por meio de taxas de juros mais baixas ou negativas; isenção de impostos de importação etc.), o que torna este o fator "mais barato" e encarece relativamente – e artificialmente – o custo de mão de obra. O resultado disso é a crescente adoção de funções de produção cada vez mais capitalizadas, gerando pequena absorção de trabalho e aumentando, assim, o dramático problema do desemprego.

Quadro 7.10 Brasil: Taxa média anual de crescimento do PIB (Y), Emprego (E) e da Produtividade (Pt = Y/E.100)

	1950-1970			1970-1980			1980-2000		
	Y	E	Pt	Y	E	Pt	Y	E	Pt
Total	6,4	2,7	3,6	8,7	3,7	4,8	2,1	1,7	0,4
Agropecuária	4,4	1,4	3,0	3,8	–0,3	4,1	3,1	–1,4	4,6
Indústria	7,9	4,4	3,4	9,3	6,7	2,4	1,1	0,0	1,1
Serviços	6,4	3,8	2,5	8,0	5,9	2,0	2,5	4,0	–1,5

Fonte: (Dados brutos) FGV e IBGE.

O quadro anterior tenta demonstrar o resultado de longo prazo desse processo, apresentando as taxas médias de crescimento do produto (Y), da produtividade (Pt – produto médio por homem ocupado) e do emprego (E) no Brasil. Notem-se as radicais diferenças de crescimento do produto, do emprego e da produtividade, nos períodos: no de 1959-1970, quando consolidamos a indústria leve, na qual fizemos muita renovação tecnológica, e implantamos a indústria pesada, com o que o emprego apenas se aproximou do crescimento populacional do período (3%); no de 1970-1980 – o do "milagre" – em que a intensidade do crescimento superou largamente o crescimento demográfico (2,5%), embora o terciário tenha criado muitos empregos de baixo nível de produtividade; no de 1980-2000, da "década perdida" e do neoliberalismo, com medíocre crescimento do PIB, da produtividade e do emprego, que fica aquém do crescimento demográfico (1,8%). Note-se ainda que grande parte da expansão do terciário representou, na verdade, um verdadeiro escoadouro para o desemprego "disfarçado".

Nossas observações e opiniões não devem ser entendidas, obviamente, como críticas destrutivas ao progresso tecnológico; preocupamo-nos tão somente com a problemática do desemprego, que no longo prazo tende a agravar-se. Todavia, cumpre assinalar que, dado o atraso tecnológico em que se encontra o mundo subdesenvolvido, as inovações técnicas aqui introduzidas implicam necessariamente um aumento da dependência do país com relação ao resto do mundo, mais particularmente as nações desenvolvidas.

Entretanto, um dos mais perversos efeitos das transformações da Terceira Revolução Industrial é justamente o do desemprego, que hoje afeta não só os países desenvolvidos (35 milhões de desempregados na OECD, em 1992), mas também os subdesenvolvidos, neste início de reestruturação periférica internacional.

Talvez um dos exemplos mais gritantes, no caso brasileiro, seja o da indústria automobilística. Entre 1960 e 1980 – período de sua maturação – enquanto o emprego quadruplicava (passava de 38,5 mil trabalhadores para 153,9 mil) a produção de autoveículos crescia 8,7 vezes (de 133,0 mil veículos para 1.165,2 mil). Com a vinda da crise e do neoliberalismo, entre 1980 e 2005, enquanto a produção duplicava (2.528,3 veículos), o emprego sofria uma redução de 30%

(restando 107,4 mil empregados). Contudo, o quadro ainda vai piorar, pois a restruturação dessas plantas está sendo concluída: a Volks, recentemente, "negociou" com o Sindicato do ABC a demissão de mais 3.600 trabalhadores de sua planta em São Bernardo.[8]

7.2.3 Efeitos sobre o balanço de pagamentos

Desde que a unidade produtora tenha algum relacionamento com o resto do mundo, isso implicará um efeito positivo ou negativo sobre o balanço de pagamentos do país. Pode-se dividir esses efeitos em dois "momentos": aqueles derivados da própria instalação da unidade produtora (ou da expansão de sua capacidade produtiva) e aqueles derivados de seu funcionamento. Os primeiros referem-se a todo e qualquer gasto no exterior provocado pela instalação da empresa, como: equipamentos importados, licenças de fabricação, compra de direitos de uso de marca comercial etc. Tais gastos, constituindo uma parcela da inversão da empresa, têm a característica de ocorrer abruptamente antes e durante a instalação.

Os segundos poderão ser negativos ou positivos: negativos, os relativos aos gastos com importação de matérias-primas, pagamento de *royalties*, remessa de lucros, juros etc., e positivos, os resultantes de exportações efetuadas pela unidade produtora ou de produção por ela efetuada que substitua um produto antes importado. Somados os gastos externos líquidos de funcionamento (durante os n anos de vida útil da empresa), aos gastos de inversão, teremos um saldo líquido de longo prazo, medindo então o efeito líquido gerado pela empresa sobre o balanço de pagamentos do país.

7.2.4 Efeitos sobre o sistema monetário-financeiro

Vimos no item 7.1.4 de que forma a unidade produtora obtém recursos financeiros para suprir seus gastos de inversão e de funcionamento. Os primeiros dizem respeito ao capital fixo e os

---

[8] Os dados são da Anfavea. A notícia da Volkswagen foi veiculada na imprensa em 14.9.2006.

segundos, ao capital circulante. Desde que uma unidade produtora obtenha ambas as parcelas de recursos ao iniciar seu período de funcionamento e na hipótese de que não ocorram quaisquer modificações em seus programas de produção, considerando-se ainda que não ocorram modificações no sistema de preços (no sentido inflacionário), há grande possibilidade de que tal empresa não provocará quaisquer pressões adicionais sobre o sistema financeiro.

Mesmo que surjam algumas modificações nos preços, a empresa poderá gerar internamente recursos financeiros que possibilitem a ela manter intacto seu capital circulante. Por exemplo, por meio da constituição de reservas financeiras, com parte de lucros não distribuídos, de reservas de depreciação etc. Na vida real, contudo, e mormente nas inflacionárias economias subdesenvolvidas, essas hipóteses de regularidade no funcionamento e no comportamento das unidades produtoras não subsistem.

Por questões de má administração, simplesmente por ausência de planejamento ou, ainda, por causa de altas taxas inflacionárias, o capital circulante das unidades produtoras está permanentemente sendo corroído em termos reais, fazendo que a empresa peça socorro financeiro ao sistema bancário ou ao mercado de capitais. No entanto, lembremos que a expansão da capacidade produtiva das empresas, pelas razões expostas, também compromete o sistema financeiro no que se refere à procura de mais recursos financeiros para inversão.

Com o crescimento da produção nacional (normalmente acompanhado de certa dose de crescimento dos preços), o problema tende a se agravar, fazendo que essa procura de recursos por parte das empresas exerça fortes pressões no sistema bancário, desencadeando assim uma agravante ao processo inflacionário. Contudo, por causa da estrutura do sistema monetário-financeiro – em especial a do mercado de capitais – o processo passa a se constituir em um círculo vicioso, aumentando as pressões inflacionárias e, consequentemente, os próprios custos de produção derivados do preço do serviço financeiro (a taxa de juros).

Sobretudo, nos momentos em que as taxas de juros reais são francamente negativas ou altamente positivas, as empresas reagem tomando (no primeiro caso) ou aplicando (no segundo) recursos no mercado de capitais, obtendo, assim, altos ganhos não operacionais (financeiros), que, inclusive, mascaram suas taxas de lucros e podem tanto reduzir seu capital circulante próprio quanto ampliá-lo desnecessariamente. Finalizando este capítulo, queremos esclarecer que a avaliação dos efeitos gerados pela inserção da unidade produtora no sistema econômico não pode ser feita apenas com os critérios privados de análise, mas, fundamentalmente, devem-se utilizar os critérios sociais, isto é, os custos e benefícios sociais gerados por essa inserção. Exemplificando, não se deve julgar os efeitos gerados por uma atividade educacional ou de saúde pública por parâmetros como a taxa de lucros. Da mesma forma, torna-se muito difícil julgar duas unidades produtoras que apresentem iguais condições de rentabilidade, se seu produto tem uma característica bem diferenciada quanto à prioridade para o desenvolvimento: por exemplo, uma fábrica de refrigerantes comparada a uma usina siderúrgica. Na avaliação social, portanto, o critério de lucratividade deve ser posto em segundo plano, dando lugar a outros critérios mais importantes, como o nível de emprego, a distribuição de renda, a interdependência estrutural, o efeito sobre o balanço de pagamentos etc.[9]

---

[9] A avaliação social de projetos obedece a complexa e polêmica metodologia e escapa aos limites deste livro.

CAPÍTULO 8

REPARTIÇÃO E APROPRIAÇÃO DO PRODUTO SOCIAL

A repartição pode ser entendida como o terceiro elo da "cadeia do ciclo produtivo": a produção, a circulação e a apropriação do produto final. Embora possamos fazer cortes estáticos de estruturas repartitivas (dos salários, da renda, da propriedade fundiária etc.) e mesmo praticar uma "estática comparativa", confrontando os vários "momentos" em observação, o estudo da repartição exige uma análise dinâmica.

Em uma perspectiva dinâmica de longo prazo, cada "momento" repartitivo da renda, da propriedade e da estrutura fiscal gera efeitos sobre uma subsequente etapa de produção, a qual configurará um novo "momento" repartitivo (apropriação). Este, por sua vez, condicionará novamente a estrutura produtiva, em um processo interativo.

O estudo da repartição se reveste de grande relevância, pois fornece importantes informações para a análise e prospecção do crescimento e do desenvolvimento econômico, revelando de que forma a sociedade utiliza seu esforço produtivo, ou seja: em que medida a sociedade "decide" utilizar seu potencial produtivo em consumo ou investimento.

Isso nos obriga a introduzir, sucintamente, o conceito de excedente econômico. Segundo Baran,[1] o *excedente econômico* efetivo "é a diferença entre o produto social *efetivo* de uma comunidade e o seu *efetivo* consumo. É idêntico, por conseguinte, à poupança ou acumulação e se materializa em ativos de várias espécies, que se adicionam à riqueza da sociedade durante o período que se esteja considerando".

Vista por outro lado, a repartição indaga por que e como se gerou e utilizou tal excedente, analisando as formas e as proporções em que cada grupo da sociedade se apropria do produto social, derivando de tal apropriação não só a dimensão do excedente, mas também, e principalmente, seu destino.

Por exemplo, as sociedades primitivas utilizaram grande parte do excedente social em guerras e monumentos (como as pirâmides do Egito, p. ex.). As modernas também "destroem" grande parte de seu excedente potencial, não só pelas decisões macropolíticas, mas também pelos gastos militares e os supérfluos, que se manifestam basicamente pelo chamado consumo suntuário. O aprofundamento de tal questão nos conduziria obrigatoriamente à Teoria do Desenvolvimento Econômico, mas, para os objetivos deste texto, vamos nos restringir apenas a uma introdução à análise da repartição da renda social.

Abordaremos o tema em dois planos: o primeiro, referente aos *condicionamentos econômicos e institucionais* que perfilam uma dada distribuição, e o segundo, uma introdução ao problema de longo prazo da *distribuição e seus efeitos dinâmicos*. Eles serão vistos em uma ótica internacional e em uma nacional: a primeira diz respeito às transferências implícitas ou explícitas da renda entre os diferentes sistemas econômicos nacionais e às disparidades de suas rendas; a segunda tratará dos aspectos repartitivos da renda e do produto nacional, no que se refere à repartição regional ou setorial, à forma clássica, entre "proprietários e trabalhadores", e ainda à repartição e apropriação pessoal.

---

[1] BARAN, Paul. *A economia política do desenvolvimento*. 2. ed. Rio de Janeiro: Zahar, 1964. p.74-5.

8.1 Repartição e relações econômicas internacionais

Como vimos no Capítulo 4, toda economia aberta ao resto do mundo sofre maior ou menor grau de dependência econômica externa, no tocante às suas decisões de produção, consumo, inversão e de inserção internacional. Tal dependência se manifesta, de forma mais visível, pelos resultados de suas relações econômicas internacionais: os fluxos reais de bens e serviços (exportação e importação) e os fluxos de capitais.

Entretanto, o resultado líquido desses fluxos não mostra, "por inteiro", o exercício efetivo do poder político internacional que uma ou mais potências podem exercer sobre outros países. Até o final da Segunda Grande Guerra, esse poder se manifestava não só pela capacidade diplomática e militar de cada um dos principais países, mas também pela ação de suas grandes empresas e bancos internacionais, que nos impunham condições de comércio, de financiamento, de política econômica e de alinhamento político, quando não de total submissão, via colonialismo.

O reordenamento internacional resultante de Bretton Woods e da efetiva presença hegemônica dos Estados Unidos no sistema capitalista mundial alterou esse quadro, reforçando sobremodo o poder norte-americano – vis-à-vis as antigas potências debilitadas do pós-guerra. Até meados da década de 1960, os Estados Unidos exerceram, de fato, expressivo poder militar (e nuclear), diplomático, comercial, financeiro e de ciência e tecnologia. O mundo, contudo, vivia uma situação de bipolaridade, diante da grande expansão (territorial, populacional, econômica, política, bélica e nuclear) do bloco socialista, liderado pela URSS e China.

Entre fins de 1979 e 1983, a violenta alta de juros que os Estados Unidos praticaram conduziu à quebra financeira de todos os países endividados, obrigando Japão e Alemanha a canalizar, para aquele país, grandes excedentes financeiros para financiar o crescente endividamento norte-americano. Com isso, os Estados Unidos "restauraram" sua hegemonia, a qual atingiria sua plenitude a partir de 1989, com a derrocada da URSS e de quase todos os países socialistas, com o que a bipolaridade do poder mundial terminou. A partir daí, o mundo passaria a assistir, perplexo, à maior ação imperialista da história do capitalismo.

Já vimos que com a crise financeira internacional e as modificações econômicas e institucionais que ocorrem a partir da década de 1970, o papel das grandes empresas e bancos internacionais aumenta no âmbito de suas relações internacionais, criando a falsa aparência de que passavam a ser "autônomos" em relação a seus países de origem.

Na realidade, o exercício do poder internacional passou a ter representação mais diferenciada (e politicamente mais "conveniente" – a eles, é claro): não só os principais países o exercitam, mas também suas empresas e bancos, além das principais instituições internacionais criadas a partir de Bretton Woods (FMI, Bird, GATT – atual OMC – e BIS), nas quais o poder de fato é exercido pelos sete maiores países desenvolvidos (Estados Unidos, Canadá, Alemanha, Japão, Inglaterra, França e Itália), o **G7**.

Mostramos no Capítulo 4 que, com a Terceira Revolução Industrial e a implantação de políticas neoliberais, a constituição dos chamados "blocos" (a Tríade, que compreende os Estados Unidos, a União Europeia e o Japão) reforçou ainda mais esse poder. Antes, os países subdesenvolvidos ainda podiam exercer negociações internacionais bilaterais com diversos países, ao passo que hoje elas estão fortemente restringidas por aqueles blocos, devendo ser respeitadas ainda as regras e acordos impostos pelas instituições internacionais. Vimos também que o poder "monopólico" das ETs aumentou, sobremodo, a partir da década de 1980.

No âmbito econômico, o exercício desse poder se traduz nos seguintes fatos:

- os países desenvolvidos detêm o maior poder em ciência e tecnologia, o que lhes possibilita liderar telecomunicações, informática, engenharia espacial etc. e desenvolver uma avançada produção de bens de capital;
- com isso, constituem a vanguarda tecnológica mundial, tendo estruturas produtivas em que os setores de "ponta"

predominam, apresentando elevados níveis de produtividade e de salários;
* com tal base, exercem a liderança internacional nas exportações de produtos de maior complexidade tecnológica e de maior valor agregado;
* constituem a base do sistema financeiro internacional e, portanto, controlam o crédito aos países subdesenvolvidos; e
* em suas relações com os países subdesenvolvidos, pelas razões já explicadas anteriormente, são recebedores líquidos de rendimentos provenientes da propriedade de "fatores" (juros, lucros, *royalties*, aluguéis etc.), da prestação de serviços (transporte, seguro etc.) e gozam de relações de troca que lhes são quase sempre favoráveis.

Ao contrário, os países subdesenvolvidos são pagadores líquidos de tais rendimentos; são fortemente onerados – nas contas do balanço de pagamentos e na do orçamento público – com considerável soma de pagamentos de juros; sua estrutura produtiva está calcada na produção primária e na indústria menos complexa, salvo raras exceções, sendo importadores líquidos de bens de capital e insumos modernos; dependem de capitais forâneos para financiar boa parte de seus investimentos.

Sofrem também o chamado *efeito "demonstração"*, que é a indução ao consumo de seu segmento populacional de maior rendimento, via imagens (tv, cinema, rádio, imprensa escrita, turismo etc.) dos padrões de consumo dos países desenvolvidos. Com isso, a propensão a consumir de suas classes de alta renda tende ao consumo suntuário e a importações de supérfluos, o que diminui a capacidade de financiar o investimento.

Todos esses fatores provocam *transferência contínua de renda do Terceiro Mundo para os desenvolvidos*, reduzindo a capacidade de investir e a de crescer a taxas que, no longo prazo, pudessem diminuir o *gap* existente entre suas rendas médias e a dos países desenvolvidos. Isso é agravado pelo fato de que nossos países apresentam taxas de crescimento demográfico elevadas, o que lhes reduz ainda mais suas rendas médias por habitante. Por exemplo, Fetter assinalava, na década de 1960, que[2] em mais de um país latino-americano reputado como pobre de capital, as somas de dinheiro que seus cidadãos gastaram em Paris durante os últimos cinquenta anos seriam suficientes para dotá-lo de um moderno sistema de transporte e de uma bem equipada economia industrial.

O Quadro 8.1 mostra não só a grande distância que nos separa dos países desenvolvidos, mas, principalmente, quanto ela tem aumentado. As exceções do quadro são as da Coreia do Sul, por razões específicas, e as da Espanha e Portugal, em razão do ingresso

Quadro 8.1 PIB/Habitante

	1963	1976	1991	2004	2004 US$ correntes
Estados Unidos	100	100	100	100	39.650
Japão	36	62	121	92	36.501
França	63	83	92	83	32.984
Espanha	33	44	56	62	24.386
Portugal	21	21	27	41	16.063
Coreia do Sul	9	6	28	36	14.266
Argentina	38	20	17	10	3.988
Brasil	22	14	13	8	3.225
México	24	14	13	16	6.397
Chile	31	13	10	15	5.838
Índia	6	2	1,5	1,6	626

Fonte: BIRD e OECD. (Índices calculados pelos valores em US$ correntes)

---

[2] FETTER, Frank W. The Need for Postwar Foreign Lending. *The American Economic Review*, mar., 1943, p.343. Cit. por Baltra C., Alberto. *El Efecto "Demonstración" y las Economias Subdesarrolladas*, ILPES, 1965.

desses países na Comunidade Econômica Europeia.³ Quanto aos desenvolvidos, como individualmente têm condições estruturais mais adequadas ao crescimento e relacionamento mais equilibrado entre si, as grandes potências conseguiram fazer convergir suas rendas médias para níveis muito próximos às dos mais ricos.

Entretanto, os efeitos negativos gerados pelas relações internacionais (muitas delas necessárias e inevitáveis) não apenas aumentam aquela distância, como também geram efeitos regressivos na distribuição interna da renda, pelas seguintes razões:

- introjeções tecnológicas rápidas e maciças se chocam com a disponibilidade interna de fatores, possivelmente causando desemprego e sucateando antecipadamente capital, que é escasso em nossos países;
- substituição de insumos tradicionais por modernos – muitas vezes só produzidos nos países ricos – afeta também o nível de emprego, pela destruição de setores produtivos internos;
- o efeito demonstração força a mudança da estrutura produtiva na direção dos bens supérfluos, encarecendo custos e alocando fatores em produção menos priorizável;
- as dificuldades de aumentar nossas exportações de produtos de maior valor agregado inibem o aumento do emprego mais qualificado e de maior salário;
- as políticas indiscriminadas de abertura aumentam as importações de bens de consumo, não só destruindo setores produtivos, similares no país, mas também pressionando o balanço de pagamentos;
- o endividamento externo e sua contrapartida representada pela dívida pública interna não apenas transferem recursos escassos para o exterior, mas ainda pressionam o orçamento público, induzindo – pelas políticas ortodoxas – a cortes em gastos sociais que normalmente deveriam atenuar a regressividade distributiva.

---

³ As explicações para o caso coreano são complexas para serem tratadas neste livro; as da Espanha e Portugal se devem a seu ingresso na União Europeia e às políticas convergentes dessa instituição.

Ressalte-se que há possibilidade de o setor público nacional tentar corrigir algumas dessas "anomalias" por meio da manipulação dos instrumentos de política econômica. Contudo, a implementação das políticas neoliberais caminha exatamente em sentido contrário, agravando aqueles efeitos e inibindo o exercício da soberania nacional. Entre 1960 e 1980 os países subdesenvolvidos melhoraram suas participações no PIB mundial: a África passou de 3,3 para 3,9% e a América Latina, de 5,6 para 8,%. Contudo, a violência da crise da dívida e as políticas neoliberais reduziram drasticamente suas participações, as quais, em 1988, caíram para 2,1 e 4,6% respectivamente, abaixo, portanto, dos níveis de 1960. Em 2004, a África tinha caído ainda mais, para 1,9%, e a América Latina melhorara um pouco, subindo para 5,1%.[4]

8.2 Repartição e disparidades regionais

Dentro de cada país também se observam disparidades regionais de renda, que podem se agravar ao longo do tempo, dado que o desenvolvimento capitalista se manifesta desigualmente no espaço.

Nos países ricos, as regiões menos desenvolvidas são chamadas de "áreas deprimidas" ou "áreas-problema" e podem ser encontradas em países como Itália, Suécia, Inglaterra ou Estados Unidos, em que pese que tais áreas não representam graus de disparidade regional de renda tão acentuados como no mundo subdesenvolvido. O Quadro 8.2 mostra essas disparidades, confrontando o índice da renda média *per capita* na região mais pobre com as médias da nação e da região mais rica.

Observe-se que nos países desenvolvidos a distância entre a renda da região mais pobre e as médias da nação e da região

---

[4] Cf. SUMMERS, R.; Heston, A. *The Penn World Table* (Marks): an Expanded Set of International Comparisons, 1950-1988. *The Quarterly Journal of Economics*, 1991, apud MEDEIROS, C. A. O Debate sobre Convergência de Renda. *Monitor Público*, n.10, 1996, Rio de Janeiro. Dados de 2004: ONU.

Quadro 8.2 Disparidades extremas da renda regional por habitante (renda por habitante do país = 100)

	Estados Unidos			Brasil		
	Região de mais alta renda (A)	Região de mais baixa renda (B)	A/B	Região de mais alta renda (A)	Região de mais baixa renda (B)	A/B
	Connecticut	Mississippi		São Paulo	Piauí	
1960	127	52	2,4	194	24	8,1
1970	125	62	2,0	206	20	10,2
1980	117	71	1,6	178	21	8,4
1991	136	70	1,9	166	22	7,5
2005*	132	66	1,9	145	27	5,1

	Canadá			Reino Unido		
	Terras Novas	Territórios ocidentais	A/B	Sudeste	Irlanda do Norte	A/B
1990	162	70	2,3	121	76	1,6
2005**	238	92	2,6	116	80	1,4

Fonte: OECD; CEE, FIBGE; FGV. * Brasil: 2003; ** Reino Unido: 2004.

mais rica é sensivelmente menor do que a observada no mundo subdesenvolvido, refletindo a maior disseminação do desenvolvimento em todo o território nacional. Essas disparidades regionais de renda só podem ser explicadas historicamente pelas transformações que se processam na estrutura econômica de cada país.

É necessário advertir que os dados do Brasil, entre 1991 e 2003, só aparentemente mostram uma acentuada melhor na disparidade entre São Paulo e Piauí. As principais razões para isso foram:

i – suas taxas de crescimento populacional foram respectivamente 1,8 e 1,1%; ii – suas taxas de crescimento do PIB foram muito baixas, porém a do Piauí (em torno de 2,4%) foi bem maior do que a medíocre de São Paulo (1,4%). Assim a redução da disparidade entre ambos (de 7,4 para 5,1) é mais um "efeito estatístico" do que um resultado positivo de diminuição de desigualdade.

No mundo subdesenvolvido, durante o período primário--exportador, essas disparidades já eram observadas entre o compartimento produtor de exportações (a faixa litorânea açucareira do Nordeste brasileiro no século XVIII, ou o café no Sudeste, durante as últimas décadas do século XIX e primeiras décadas do século XX) e os setores de subsistência.

Mais tarde, com o processo de industrialização, embora ainda possam persistir as diferenças entre "setor exportador e setor de subsistência", surgem novas diferenças entre "polo industrial e periferia", territorialmente mais abrangentes do que aquelas. A economia passa, então, a apresentar maior heterogeneidade histórica com setores ou compartimentos em que o progresso técnico penetra "continuamente" e outras regiões em que a evolução técnica estagnou ou ficou muito defasada.

Acentuadas diferenças podem ser evidenciadas entre essas áreas, como o nível de produtividade por homem ocupado, os níveis salariais, a estrutura da propriedade, o nível de vida, a escolaridade etc. As de produtividade, da mesma forma que as da renda, são marcadamente maiores em nossos países do que nos desenvolvidos. Assim, enquanto a produtividade média do homem na agricultura dos países desenvolvidos equivale à metade da produtividade média do setor industrial ou do setor terciário, os desníveis setoriais no mundo subdesenvolvido são muito maiores.

No tocante à concentração da propriedade, o Quadro 8.3 é bastante ilustrativo.

Essa alta concentração agrária, associada a uma baixa produtividade por homem ocupado e a baixos níveis de renda e de vida, provoca um *fluxo migratório* (intra e inter-regional), notadamente das áreas rurais para as urbanas (ou mesmo áreas rurais de outras regiões), que, somente na década de 1950-60, totalizou 25% da

Quadro 8.3 Estrutura da propriedade agrária em alguns países latino-americanos (meados da década de 1960)

	Minifúndio		Latifúndio	
	Estabelecimentos %	Área %	Estabelecimentos %	Área %
Argentina	43,2	3,4	0,8	36,9
Brasil	22,5	0,5	4,7	59,5
Chile	36,9	0,2	6,9	81,3
Colômbia	64,0	4,9	1,3	49,5
Equador	89,9	16,6	0,4	45,1
Guatemala	88,4	14,3	0,1	40,8
Peru	88,0	7,4	1,1	82,4

Fonte: Comitê Interamericano de Desenvolvimento Agrícola (CIDA); extraído de BARRACLOUGH, Solon L.; DOMIKE, Arthur L.. *La Estructura Agrária en Siete Paises de America Latina*. Santiago: ILPES, 1967, p.6 (mimeo.).

população rural argentina, 19% da brasileira, 29% da chilena, 17% da equatoriana e da colombiana e 14% da peruana.

Passados mais de quarenta anos, os dados para o Brasil mostram que a concentração piorou, conforme se vê no Quadro 8.4: os minifúndios (até 10 hectares) representavam 31,6% dos imóveis rurais, mas ocupavam apenas 1,8% da área, enquanto os que tinham área acima de mil hectares, e representavam apenas 1,6% dos imóveis, concentravam 43,8% da área. No entanto, das metas governamentais do Programa Nacional de Reforma Agrária fixadas para o período de 1985 a 1989 (1,4 milhão de famílias), foram assentadas até 1991 apenas 91.700, ou 6,5% do objetivo.[5] Embora recentemente o número de famílias assentadas

---

[5] GRAZIANO DA SILVA, J. *A nova dinâmica da agricultura brasileira*. Campinas: Ed. Unicamp, 1996, p.122.

tenha crescido bem mais, a precariedade dessas informações, no tocante a reassentamentos, infraestrutura oferecida ou ocupações, nos impede de fazer uma avaliação qualitativa mais detalhada e profunda.[6]

Quadro 8.4 Brasil: Estrutura fundiária – 2003

Estratos de área (ha)	% Nº de imóveis	% de área	Área média (ha)
Até 10	31,6	1,8	5,7
De 10 a 25	26,0	4,5	17,2
De 25 a 50	16,1	5,7	35,3
De 50 a 100	11,5	8,0	69,3
De 100 a 500	11,4	23,8	207,6
De 500 a 1000	1,8	12,4	694,4
De 1000 a 2000	0,9	12,1	1381,8
Mais de 2000	0,7	31,7	4110,8
Totais absolutos	4,2 milhões	420,3 milhões/ha	99,2

Fonte: Incra-MDA; Estatísticas no meio rural, 2006.

Já o êxodo rural, com os trabalhadores dirigindo-se ao setor urbano em busca de melhores oportunidades de vida, defronta-se com um quadro pouco promissor, tendo em vista a fraca geração

---

[6] Dados quantitativos: famílias assentadas entre 1995 e 2002: cerca de 520.000; de 2003 a 2005: 244.000. Porém, a má qualidade dos dados sobre abandono, abastecimento de água, de eletricidade, estradas, assistência técnica etc. nos impede de fazer uma avaliação mais responsável sobre esses números.

de oportunidades de trabalho no setor industrial. Resulta disso a proliferação de empregos informais e de baixa produtividade, "acomodando" esse problema social.

Computadas apenas as migrações inter-regionais no Brasil, elas somavam 7,8 milhões de pessoas que em 1960 residiam em outras regiões distintas daquelas em que haviam nascido; em 1980 esse número passara a 16,5 milhões e em 2000, atingia 23 milhões, em que nordestinos somavam 9,7 milhões e os mineiros 4,1 milhões, perfazendo, juntos, 60% do total. Em São Paulo, em 2000, encontravam-se 8,8 milhões de não paulistas, no Centro-Oeste estavam 3,8 milhões de migrantes, no Rio de Janeiro, 2,5 milhões e na Amazônia outros 2,2 milhões.

Dado que é na região mais avançada (o "polo") que melhor se constituem e expandem as forças produtivas capitalistas, ela passa a desenvolver um crescente processo de concentração, diversificação e expansão produtiva. Isso, por exemplo, ocorreu com a região cafeeira paulista, que cedo se urbanizou e implantou – além do café – um extraordinário parque ferroviário, a indústria leve e a agricultura mercantil de alimentos e matérias-primas.[7]

À medida que o "polo" se desenvolve, nele vão se concentrando não só a infraestrutura como os investimentos em educação, ciência e tecnologia e os serviços modernos, formando e atraindo mão de obra mais qualificada e modernizando sua agricultura. Atingido certo nível de transformação econômica e social, o polo estenderá seus efeitos a partes da "periferia" nacional, integrando, ainda que parcialmente, o mercado nacional.

Essa integração poderá gerar três tipos de efeitos:[8]

- *de estímulo*, ao demandar da periferia importações de alimentos e matérias-primas necessárias à industrialização, em um

---

[7] Sobre esse processo, ver: CANO, W. *Raízes da concentração industrial em São Paulo*. 4.ed. Campinas: Unicamp/Inst. Economia, 1998.
[8] Para o caso brasileiro ver: CANO, W. *Desequilíbrios regionais e concentração industrial no Brasil*. 2. ed. Campinas: Unicamp/Inst. Economia, 1998.

primeiro momento, e, a longo prazo (quando a industrialização ali também penetrar), também produtos industriais;
- *de bloqueio*, uma vez que, ao instalar plantas industriais de grande porte – à escala nacional –, o polo inibe o aparecimento de plantas de produção similar na periferia, até que surjam condições que superem esse bloqueio; e
- *de destruição*, em casos especiais, em que as novas plantas do "polo", mais eficientes e produtivas, vencem, pela concorrência, plantas de produção similar da periferia, mais antigas, obsoletas e menos eficientes.

O conjunto dos contrastes apontados, associados à rigidez das estruturas da propriedade e da produção nos compartimentos e regiões atrasadas, faz que esse processo de concentração subsista e tenda a se agravar, ainda que os efeitos de estímulo predominem (como no caso brasileiro) e a periferia tenha crescimento econômico com taxas em torno da média nacional. Contudo, sua fragilidade econômica e a manutenção, ali, de padrões e atitudes conservadoras de suas elites agravarão seus baixos níveis de vida, obrigando grande parte da população a migrar.

O governo pode tentar corrigir alguns desses desequilíbrios (alta mortalidade infantil, baixa esperança de vida, baixa escolaridade, ineficiências produtivas, desemprego disfarçado etc.), mediante ação da política econômica, fixando preços mínimos agrícolas, realizando obras de infraestrutura na região periférica, criando incentivos para a desconcentração industrial, fazendo que o gasto público seja maior do que a receita pública local etc. Em síntese, tratar-se-ia de uma política de redistribuição regional (ou setorial) de renda, associada a um programa de desenvolvimento regional.

Assinalemos que também no polo marcadas diferenças surgem entre os compartimentos mais modernizados (*indústrias mais dinâmicas*: de bens de consumo durável, de capital e a maioria das indústrias produtoras de bens intermediários) e os chamados *mais tradicionais* (indústrias de bens de consumo não duráveis, como a têxtil e a alimentar, por exemplo), apresentando os primeiros ritmo de crescimento da produção e da produtividade maior do que os tradicionais, daí derivando diferenças relativas de níveis salariais, de oportunidades de inversão e de absorção de emprego humano.

Concluindo este tópico é necessário advertir que a pobreza e marginalidade social não estão circunscritas às regiões mais pobres (o Nordeste brasileiro, no caso), encontrando-se disseminadas por todo o território nacional, em graus variados. Por exemplo, em 2004, na Região Metropolitana de São Paulo, de seus 19 milhões de habitantes, 7,5 milhões viviam abaixo da linha de pobreza!

8.3 Repartição funcional: trabalhadores e proprietários

Em capítulos anteriores, vimos que na sociedade primitiva o homem (ou sua comunidade) detinha seus próprios instrumentos auxiliares de produção ("capital"), utilizava sua própria força de trabalho e acionava recursos naturais, que, à época, poderiam ser considerados "livres", sem propriedade privada. Assim, o resultado de seu esforço produtivo era diretamente apropriado por ele ou por sua comunidade. Com o decorrer do processo de divisão do trabalho e com a expansão do capitalismo, as relações de produção foram profundamente modificadas, separando-se a propriedade dos meios de produção de sua utilização. Na sociedade capitalista, a maior parte dos homens é proprietária unicamente de sua força de trabalho e a submete a outros homens que detêm a propriedade de recursos naturais, de capital, ou de ambos. Restam ainda hoje algumas formas antigas de produção (pré-capitalistas), representadas basicamente por unidades produtoras familiares ou individuais, nas quais quase sempre a propriedade dos três fatores produtivos pertence aos homens que, ao mesmo tempo, são organizadores e executores da produção.

A pequena propriedade agrícola familiar, o pequeno comércio varejista, pequenas unidades produtoras de serviços, médicos ou advogados em seus consultórios particulares, a produção informal de bens ou serviços etc. são exemplos dessas formas remanescentes. Assim, o que hoje predomina é a pequena, média e grande propriedade capitalista (agrícola, industrial etc.) em que se manifesta a clássica divisão entre proprietários e trabalhadores.

Neste tópico o estudo da repartição social da renda será tratado pelo prisma dos pagamentos aos fatores da produção, utilizando--se o critério *funcional* de separar o fluxo de renda (valor agregado) gerado no aparelho produtivo em dois segmentos: o *fluxo de renda pertencente à propriedade*, ou simplesmente renda derivada da propriedade (lucros, juros e aluguéis) e o *fluxo de renda do trabalho*, representado pela soma de salários, ordenados, honorários etc.

Essa divisão varia não só historicamente, mas também regional e setorialmente. *Historicamente*, pelas transformações sofridas pelas relações de produção (da economia primitiva à economia capitalista moderna e desenvolvida e a versão do capitalismo subdesenvolvido); *regionalmente*, pois em um mesmo país suas distintas regiões apresentam diferentes estruturas econômicas (predomínio da agricultura, baixos salários, produção familiar etc.) e *setorialmente*, pelo fato de que cada tipo de atividade produtiva utiliza formas específicas de produção e de técnica, combinando e remunerando distintamente os serviços de fatores produtivos nela utilizados.

Por exemplo, a agricultura utiliza basicamente recursos naturais e trabalho não qualificado, em contraposição à indústria, que utiliza mais capital e trabalho mais qualificado. Historicamente, entretanto, a agricultura vai sofrendo modificações profundas em suas funções de produção, passando a utilizar menos mão de obra e mais capital, como é o caso da agricultura dos países desenvolvidos, assim como a indústria têxtil sofreu radicais transformações ao substituir seus teares manuais por automáticos.

Assim, as proporções em que se reparte a renda (entre o trabalho e a propriedade) modificam-se em virtude das mudanças estruturais sofridas pela economia, condicionadas sobretudo pela *disponibilidade fatorial*, pela *tecnologia*, pelas *funções de produção*, pela *demanda e preços relativos dos fatores produtivos*, pela *estrutura da propriedade* e pelo próprio *condicionamento institucional do sistema*. O Quadro 8.5 mostra as modificações sofridas na repartição funcional do Brasil e dos Estados Unidos, a partir do momento histórico em que ambos passam a ter, na indústria, seu principal setor produtivo.

Quadro 8.5 Distribuição funcional da renda (%)

	Renda do trabalho (1)	Renda mista do trabalho e do capital (2)	(1) + (2)	Renda da propriedade
Estados Unidos				
1899-1908	59,2	25,0	84,2	15,8
1904-1913	59,8	23,8	83,6	16,4
1944-1953	71,0	17,4	88,4	11,6
1948-1957	72,6	15,2	87,8	12,2
1960	70,9	...	...	29,1
1970	75,5	...	...	24,5
1980	75,6	...	...	24,4
1994	73,4	...	...	26,6
2005	68,5	...	...	31,5
Brasil				
1947	56	26	82	18
1955	63	17	80	20
1960	65	15	80	20
1980	38,4	...	...	61,6
1985	42,4	...	...	57,6
2003	36,9	...	...	61,1

Fontes: Estados Unidos: 1899-1953: KUSNETZ, Simon. *Economic Development and Cultural Change*. vV, n.1, 1956. (apud CASTRO, A.; LESSA, C. *Introdução à economia*. 1. ed. Rio de Janeiro: Forense, 1967, p.143); 1960-2005: *Statistical Abstract of the United States*. Brasil (contas nacionais): 1947/60, FGV, compreende apenas a renda do setor urbano; 1980/2003, FIBGE, PIB total.

No Quadro 8.5, pela impossibilidade de separar da renda mista (coluna 2) as frações pertencentes ao trabalho e ao capital, adicionamo-la à renda do trabalho, uma vez que, como já vimos, ela tende a desaparecer a longo prazo, significando, com isso, que uma parte do aumento da renda do trabalho corresponde à transformação histórica de pequenos proprietários em assalariados. Observe-se no Quadro 8.5 a lenta modificação estrutural repartitiva da economia americana, evidenciando-se na coluna 3 a assimilação da renda mista pela renda do trabalho. O mesmo fato parece se verificar no caso brasileiro, o qual, entretanto, por se referir tão somente à renda das atividades urbanas (até 1960), seguramente refletia uma situação tipicamente diferenciada da estrutura repartitiva do setor não urbano, no qual a concentração da renda atinge proporções mais elevadas, basicamente por causa da renda derivada da propriedade da terra. O destaque maior do quadro, entretanto, é a enorme diferença distributiva entre um país desenvolvido (no caso os Estados Unidos) e um subdesenvolvido. Os dados mais recentes do Quadro 8.5 mostram os estragos das políticas neoliberais para a classe trabalhadora: a participação da renda do trabalho cai nos dois países, embora no Brasil a queda seja avassaladora, denunciando assim uma profunda deterioração na distribuição funcional da renda.

Examinemos agora os condicionantes anteriormente apontados. Apresentamos no tópico 2 (Quadro 8.3) a estrutura da propriedade agrária em sete países latino-americanos, mostrando a pequena quantidade de terra utilizada pela propriedade minifundiária (ou subfamiliar), em contraposição com a enorme concentração latifundiária, que variava de um mínimo de 37% (Argentina) a 82% (Peru) da área agrícola. Considere-se ainda que o latifúndio não ocupava mais do que 15% (em média) de sua área com atividade tipicamente agrícola, 50% com pastagens naturais, restando cerca de 35% com matas e outros usos.

Ao contrário, a pequena propriedade concentra o uso da terra em atividade agrícola, pouco restando para pastagens e outros usos. Disso decorre que o minifúndio detém alta produção física em relação à área que ocupa, pois nele a terra é trabalhada intensamente, empregando maior volume relativo de mão de obra, cerca de 22% da força de trabalho rural em 1960, ao passo que o latifúndio empregava apenas cerca de 18%.

Confrontadas essas cifras com as das áreas utilizadas pelos dois tipos de propriedade, em 1960 havia enorme concentração humana nos minifúndios (22% da população rural em 4% da área) e grande rarefação no latifúndio (18% da força de trabalho rural em 52% da área). Dado o baixo nível de operação tecnológica tanto no minifúndio como em grande parte dos latifúndios, conclui-se que no minifúndio grande parte da população ocupada tem baixa produtividade, o que implica baixo nível de renda e de vida.

A partir de 1990 a agricultura familiar no Brasil passou a ser melhor assistida com um programa especial de crédito (Pronaf), dada a importância econômica e social que representa (cerca de três quartos do emprego rural, menos de um terço da área e 38% do valor da produção, basicamente de alimentos). Em 2006 foram atendidas 1,5 milhão de famílias, cifra ainda baixa diante do total de famílias do meio rural, estimado em cerca de quatro milhões.[9]

O latifúndio, empregando menos pessoas por hectare, produz um resultado estatístico de alta produtividade por homem ocupado, em relação ao nível médio do setor rural. Como a maior parte da população latino-americana (e no mundo subdesenvolvido em geral) ainda se encontrava atrelada às atividades rurais e levando-se em conta que é alta a concentração da propriedade latifundiária (impedindo maior emprego produtivo de pessoas), pode-se deduzir, com isso, que a demanda de trabalhadores agrícolas era fortemente contida. Disso resultava excessivo número de homens dispostos a trabalhar, mas que não tinham acesso à terra, o que exercia enorme pressão para a queda dos salários dos trabalhadores do campo. É ilustrativo, nesse sentido, o Quadro 8.6.

Os dados do Quadro 8.6 revelam a situação em que se encontravam os trabalhadores rurais no Brasil até fins da década de 1950. Além de receber baixíssimos salários ainda sofriam descontos enormes e acima do permitido por lei. Hoje essa situação somente perdura em regiões onde o capitalismo pouco penetrou. A nova política do crédito rural a partir de 1965 dinamizou a

---

[9] Dados obtidos em DELGADO, G. C. *O setor de subsistência na economia e na sociedade brasileira: gênese histórica, reprodução e configuração contemporânea.* IPEA, Texto para Discussão n.1025, Brasília, jun./2004, e no site do Pronaf, em 9.10.2006.

Quadro 8.6 Variações entre salários mínimos legais e salários efetivos de trabalhadores rurais, em alguns estados do Brasil (1957)

Estado	Diferença porcentual entre salário legal e salário efetivo	Desconto do salário para habitação propocionada à mão de obra masculina	
	Mão de obra camponesa masculina	Autorizado por lei	Desconto efetivo
Ceará	31	30	48
Paraíba	31	27	42
Pernambuco	36	27	43
Minas Gerais	42	28	51
Espírito Santo	31	31	44
São Paulo	23	33	37
Rio Grande do Sul	8	24	36

Fonte: BARRACLOUGH; DOMIKE. Op.cit., p.34.

agroindústria exportadora e a implantação do programa do álcool carburante a partir da década de 1970 também mudou esse quadro: não para acabar com aquela injustiça, mas sim para acabar com a residência do trabalhador no próprio campo!

Com efeito, é desse momento em diante – com o reforço da introdução de direitos trabalhistas no campo, em 1962 – que ganha destaque, notadamente na agricultura moderna do Centro--Sul do país, a figura do "boia-fria", que é o trabalhador rural assalariado que não reside no campo. Em 1970 ele representava 52,4% da força de trabalho contratada na agricultura brasileira, cifra que saltaria para 66,2% em 1985. Contudo, se essa situação já era ruim, com a intensificação do progresso técnico na década de 1990, esse contingente de trabalhadores se reduziu para

54,5%, poupando trabalho e estimulando ainda mais o êxodo rural. Embora o trabalhador rural receba salários nominais bem acima do que recebia antes (e seja, em geral, sindicalizado), vive em péssimas condições de vida na cidade.[10] As transformações não se limitaram a isso: houve radicais mudanças na estrutura da produção e da propriedade, eliminando grandes quantidades de pequenas propriedades familiares, substituindo-as pela grande, "quimificada" e mecanizada (notadamente nos setores de soja, trigo e cana). Isso só fez aumentar o êxodo rural e agravar o desemprego e a marginalidade urbana. O atual Movimento dos Trabalhadores Sem Terra (MST) tem suas raízes nesse processo.

A esse respeito, a experiência histórica demonstra que o deslocamento humano do campo para a cidade se deu paralelamente às grandes inovações tecnológicas que se introduziam na cidade, indutoras de crescente emprego urbano. Tal processo, entretanto, ocorreu de forma mais harmônica no tempo do que o observado nos países subdesenvolvidos, onde a modernização via industrialização não é acompanhada por uma oferta de emprego capaz de compatibilizar nem mesmo o excedente populacional rural coexistente com uma tecnologia agrícola atrasada.

O processo de industrialização latino-americano, que ganha destaque a partir da grande crise mundial de 1929, provocaria profunda transformação na estrutura econômica da região. O dinamismo do crescimento industrial, contudo, dada a introdução de tecnologia atualizada poupadora de mão de obra, não gerou o volume de emprego urbano desejado, cujo ritmo de crescimento nem mesmo superou o do crescimento demográfico urbano.[11]

---

[10] Dados obtidos de STADUTO, J. A. R.; SHIKIDA, P. F. A.; BACHA, C. J. C. Alteração na composição da mão de obra assalariada na agropecuária brasileira. *Agricultura em São Paulo*, v.51, n.2, jul.-dez. 2004.

[11] Esse fato se deu entre as décadas de 1930 e 1960. Na de 1970, a excepcionalidade do "milagre brasileiro" reverteu o quadro. A partir daí, com o agravamento da crise econômica e social, o emprego da mulher aumentou sobremodo, com o que, no setor urbano, o emprego cresceu acima do crescimento demográfico.

A despeito de que a introdução de setores modernos ampliou rapidamente a demanda de trabalhadores mais qualificados, provocando aumentos salariais nessas categorias, isso foi insuficiente para conter o desemprego disfarçado e, mais tarde, o aberto. De um lado, porque houve resposta rápida do sistema, ampliando-se o ensino técnico e profissional que conteria parte das pressões altistas dos salários. De outro, porque a política de industrialização proporcionou uma série de incentivos (creditícios, fiscais, cambiais etc.) que contribuíram para que os custos do capital se tornassem artificialmente baixos. Como as tecnologias eram poupadoras de mão de obra, o efeito combinado desses dois fatores reduziu ainda mais o custo do trabalho.

O Quadro 8.7 mostra a relativa homogeneidade ocupacional agrária nos países assinalados, em um momento histórico seme-

Quadro 8.7 Estrutura ocupacional de alguns países no processo de desenvolvimento industrial: população economicamente ativa, segundo os setores produtivos (%)

País	Ano	Agropecuária	Indústria	Serviços	Ano	Agropecuária	Indústria	Serviços
Brasil	1960	52	13	35	2000	16	21	63
Peru	1960	54	15	31	2000	18	27	55
México	1960	53	17	30	2000	32	14	54
França	1886	51	29	20	2005	4	25	71
Itália	1871	52	34	14	2005	5	32	63
Irlanda	1841	51	34	15	2005	8	29	63
EUA	1880	50	25	25	2005	3	23	74

Fonte: Cepal, Simpósio Latino-americano de Industrialização, "El proceso de industrialización en América Latina", anexo estadístico, p.11 y 23, Santiago, 1966; apud CARDOSO, F. H.; REYNA, J. L. Industrialización, estructura ocupacional y estratificación social en América Latina. Santiago: ILPES, 1967 (mimeo.) p.15. Para 2000: Cepal e IBGE; 2005: OIT.

lhante, no que diz respeito ao uso tecnológico na agricultura (final do século XIX para os desenvolvidos e década de 1960, para nós), em flagrante contraste com o baixo nível relativo do emprego do setor industrial nos países latino-americanos.

Com efeito, a tecnologia do setor industrial dos países desenvolvidos refletia o estágio de conhecimento técnico-científico daquela época, ao passo que o setor industrial do mundo subdesenvolvido absorveu uma tecnologia do século XX, em contraposição a uma tecnologia atrasada no compartimento rural de suas economias. O outro contraste apresentado nesse quadro é a inversão dos pesos relativos do emprego do secundário e do terciário, que mais adiante abordaremos.

Deste descompasso histórico resulta que o mundo subdesenvolvido contém em seu aparelho produtivo uma heterogeneidade profunda em termos tecnológicos, econômicos e sociais, que em parte é refletida pelo menor volume relativo do emprego de mão de obra pelo setor industrial.

Obviamente a estrutura se alterou muito, pois introduzimos tecnologia em nossa agricultura, com o que reduzimos o emprego rural. Contudo, os efeitos da crise da década de 1980, os das políticas neoliberais e os decorrentes da tecnologia moderna industrial não permitiram que a indústria tivesse participação maior no emprego, ao contrário do ocorrido no mundo desenvolvido. Em face disso, grande parte do subemprego rural que eliminamos tem como escoadouro o setor de serviços, como mostra o Quadro 8.7.

Os dados do Quadro 8.8 parecem confirmar a tendência apresentada no Quadro 8.5 (repartição funcional). Enquanto a produção cresceu sete vezes, o emprego apenas dobrou e o salário médio real aumentou apenas 24%. Porém, essas mesmas estatísticas mostram que, no período 1955-1985, o custo total da mão de obra no valor bruto da produção manufatureira baixou de 14,4 para 8,4%. É evidente que a renda nacional concentrou-se ainda mais, com prejuízos para a renda do trabalho. Essa hipótese é reforçada pelo fato de que, ao longo do intenso processo de industrialização que ocorreu no Brasil entre 1920 e 1985, o peso dos salários totais no valor agregado bruto da indústria de transformação caiu de 26,1 para 18,2%. Lamentavelmente, as modificações metodológicas e estruturais que ocorreram entre

Quadro 8.8 Indústria de transformação

	Produto real	Emprego	Produto médio por homem	Salário médio real (2)	Módulo salário/ produtividade (2/1)
1955	100	100	100	100	100
1958	133	103	129	112	87
1962	197	130	152	114	75
1963	197	124	160	126	79
1964	206	127	162	126	78
1965	197	118	167	114	69
1975	532	190	280	128	46
1985	730	192	362	151	42
1990	738	200	369	124	34

Fonte: (1955/65): CANO, Wilson. Industrialização e absorção de mão de obra no Brasil. Revista Indústria e Produtividade, ano I, n.1, Rio de Janeiro, 1968 (1965/90). Série encadeada com os dados das estatísticas industriais, FIBGE.

fins da década de 1980 e hoje praticamente impedem a atualização de todos os dados do Quadro 8.8. Contudo, examinado o período 1996-2004, constata-se a continuidade do fenômeno: nesse período, a relação entre os índices do salário médio real e o da produtividade do trabalho cai de 1,0 para 0,69.[12]

Passemos agora a rápidas considerações sobre o setor terciário. O quadro da estrutura ocupacional anteriormente apresentado ressalta um volume de emprego de mão de obra em torno de 20% para os países desenvolvidos ao fim do século XIX, e de cerca de 30% para os países subdesenvolvidos na década de 1960. Embora hoje ele se situe em torno de 60%, nele está contido

---

[12] O encadeamento das séries do Quadro 8.8 é impossível. As cifras para 1996--2004 foram obtidas por meio dos dados das PIAs (Produção Industrial Anual) desses anos.

um forte contingente de subocupados. Como já mostramos em capítulo anterior, à medida que a industrialização avançou, diminuiu fortemente o peso do emprego agrícola. Hoje, no mundo desenvolvido, ele se situa entre 3 e 10% do total, mas, nos países subdesenvolvidos, ainda perfaz números bem mais altos.

Em uma economia em que o desenvolvimento se processa mais harmonicamente, as atividades terciárias aumentam seu peso relativo no emprego e na renda, paralelamente às transformações que se estão processando na agricultura e na indústria. Isto é, à medida que se desenvolve a indústria e se opera uma transformação quantitativa (aumento da procura e da produção alimentar e de matérias-primas) e qualitativa (inovações tecnológicas e liberação de mão de obra) no setor agrário, o sistema pressiona o terciário para que este desenvolva as atividades complementares e necessárias ao pleno desenvolvimento dos dois outros setores. Basicamente, nos referimos à implantação ou expansão das redes e serviços de transportes, bancárias, escolar, sanitária, habitacional, comercial etc. Dá-se então um crescimento complementar da produção de serviços (privados e públicos).

Tal processo, nos países subdesenvolvidos, não ocorre com a mesma "sincronia". Essa complementação se dá parcialmente (e "espasmodicamente"), surgindo daí sérios pontos de estrangulamento; em segundo lugar, continuam a subsistir formas arcaicas de produção de serviços, com baixos níveis de produtividade e de salários; em terceiro, o excedente da força de trabalho que não consegue ocupação no setor rural e no secundário "automaticamente" é condicionado a "trabalhar" no compartimento terciário. Como as atividades terciárias complementares não podem crescer para níveis superiores aos requeridos pelo sistema, surge então uma "válvula de escape" para o excedente de trabalho, na execução de tarefas ou serviços de baixo nível de produtividade e salarial, como o serviço doméstico, o comércio ambulante, lavar e guardar carros etc.

Essas ocupações de baixo nível de produtividade denominam-se *desemprego disfarçado*. Assim, o setor terciário de um país subdesenvolvido em boa medida é um verdadeiro escoadouro de parte do excedente de mão de obra, o que dificulta sobremodo a análise de sua estrutura e sua dinâmica. Resta ainda uma massa humana desempregada no setor urbano (desemprego aberto), que somada à população em condições de desemprego disfarçado constitui a chamada *marginalidade urbana*, cujo "cartão de visitas" é representado pelas favelas e cortiços brasileiros ou pelas *callampas* e *barriadas* dos demais países latino-americanos.

Outros tipos de condicionamentos institucionais agem no sentido de configurar um dado perfil distributivo. Os sindicatos, por exemplo, podem exercer pressões no mercado de trabalho a fim de criar mecanismos de defesa contra a baixa salarial e o desemprego. Já vimos, em capítulos anteriores, que esta ação é muito limitada nos países subdesenvolvidos. Entretanto, o governo, por meio da política salarial, poderia fixar níveis salariais mínimos mais condizentes com a realidade, impedindo com isso que o salário atingisse patamares inferiores ao mínimo de subsistência.

Outro tipo de ação governamental pode ser exercido pela política habitacional, coibindo aumentos exorbitantes de aluguéis e aumentando a oferta de habitações populares. A legislação da previdência social pode ainda constituir importante instrumento da política de redistribuição pública de rendas, como tem sido, no Brasil, após a Constituição Federal de 1988, que concedeu direitos a trabalhadores rurais e idosos que não tinham comprovação formal de contribuições previdenciárias feitas. Por outro lado, a política tributária (baixos impostos diretos) e a creditícia (juros subsidiados a setores não prioritários) podem também aumentar ou diminuir a regressividade distributiva.

O conjunto desses elementos negativos e positivos que afetam a distribuição funcional, aqui resumidamente apresentados, determina o perfil da distribuição pessoal da renda e, em consequência, o da demanda de bens e serviços correspondente a cada escalão social, que é o tema do tópico final.

8.4 Repartição pessoal da renda e apropriação pessoal do produto

Examinaremos aqui os níveis de renda recebidos pelos distintos grupos humanos, representados verticalmente em uma escala social, de conformidade com seus níveis absolutos e relativos de renda, e como isso condiciona a *apropriação pessoal* do produto real. Ou seja, examinaremos por que e como os distintos escalões sociais se apropriam do fluxo real de bens e serviços gerados pelo aparelho produtivo.

8.4.1 Repartição pessoal da renda

Lembremos que o fluxo real de bens e serviços produzidos pelo aparelho produtivo é adquirido pelos detentores do fluxo nominal de renda, que é determinado, em primeira instância, pelo processo de repartição funcional. Basicamente, aqueles mesmos condicionamentos existentes no sistema que configuram uma dada repartição funcional agem sobre a distribuição pessoal. Ao analisarmos a demanda fatorial do sistema, condicionada, entre outros pontos, pela tecnologia e pelos preços relativos dos fatores, vimos de que forma o rendimento gerado no aparelho produtivo se reparte entre o trabalho e a propriedade.

Analisemos agora de que forma a demanda fatorial provoca diferenciação pessoal nos níveis de rendimento dos detentores dos fatores produtivos. Além daqueles condicionantes citados – tecnologia e preços relativos –, é a estrutura da propriedade fatorial que constitui a parte principal do "cenário" distributivo. As famílias (ou as pessoas) são proprietárias de capital, de recursos naturais e de força de trabalho. Dada a evolução do capitalismo, algumas são mais tipicamente proprietárias de ativos (capital ou recursos naturais) do que outras, havendo, em outro extremo, aquelas basicamente proprietárias de fator trabalho.

Nos países desenvolvidos a propriedade dos ativos é muito menos concentrada, fazendo que a renda também seja menos concentrada. Por exemplo, a agricultura norte-americana configurou-se historicamente, e durante muito tempo, no regime da propriedade de tamanho familiar, ao passo que na maioria dos países subdesenvolvidos sua característica foi sempre a propriedade latifundiária, resultando disso uma escassez artificial de terras, baixo nível de emprego produtivo, níveis ínfimos salariais etc.

Nos países desenvolvidos, excetuada a fase inicial de industrialização (e o momento recente, em que as transformações da Terceira Revolução Industrial são muito poupadoras de trabalho), a evolução tecnológica se processou lentamente na produção, combinando mais equilibradamente disponibilidade fatorial e tecnologia, sem permitir a geração de grandes excedentes de força de trabalho. Lembremos que, no caso da Europa Ocidental (e em parte também no do Japão), as duas Grandes Guerras no século XX e as grandes emigrações internacionais a partir da segunda metade do século XIX (sobretudo para o Novo Mundo) colaboraram muito para com a não ampliação daquele excedente. No entanto, sabemos que, à medida que avançou a industrialização e a urbanização naqueles países, suas taxas de crescimento populacional passaram a declinar, contendo assim o crescimento de um excedente demográfico.

Acrescente-se ainda que, nos países desenvolvidos, os movimentos sociais dos sindicatos e dos partidos políticos progressistas desempenharam papel fundamental nas lutas pela melhoria do nível de salários e pelos direitos trabalhistas (férias, repouso semanal remunerado, seguro de acidentes de trabalho, regulamentação do trabalho feminino e infantil etc.), conduzindo à formação do *Welfare State*.

Na maior parte dos países subdesenvolvidos o sindicalismo teve sua origem em bases menos autênticas; em muitos deles, foram constituídos ou fortemente apoiados pelo Estado. Somente com a implantação da indústria pesada e com o crescimento da urbanização é que ganhou novas forças, mais conscientes e progressistas do que no passado, e mais organização reivindicativa e combativa. No caso brasileiro, a legislação social-trabalhista não só foi implantada (de cima para baixo) *a posteriori*, mas também abrangia, até recentemente, apenas parte dos trabalhadores urbanos.

Porém, os partidos progressistas raramente foram ao poder, predominando sempre coligações conservadoras. Por essas razões, e pelos esquemas repressores sempre vigentes, a luta dos movimentos trabalhistas sempre foi árdua e de curtos dividendos. Assim, dadas as condições de um excedente de força de trabalho rural e urbano, as pressões pela manutenção de baixos níveis salariais e pela sua redução real, em quase todas as políticas anti--inflacionárias, sempre predominaram no cenário econômico de nossos países, refletindo-se nitidamente na péssima distribuição da renda. Mesmo após a reabertura política (1985), notadamente a partir da introdução do neoliberalismo (1990), a vitória de partidos ditos progressistas – o PSDB (1994-2002), que se denomina "social democrático" e o PT (2002-2006), que se diz "dos trabalhadores" – não significou a "ida da classe trabalhadora ao paraíso". Ao contrário, várias reformas já executadas e outras em andamento retiraram direitos dos trabalhadores e dos aposentados, dadas as pressões empresariais por "maior flexibilização do mercado de trabalho" e o corte de gastos sociais e previdenciários para manter o orçamento capaz de pagar os juros da dívida pública. Para "compensar" os pobres, cresceram os programas do tipo Renda Mínima (no nosso caso, Bolsa-Família), que hoje atingem cerca de 10 milhões de famílias (cerca de 35 milhões de pessoas!), ao custo, em 2006, de cerca de R$ 8 bilhões, cifra minúscula, se comparada com os R$ 150 bilhões dos juros da dívida pública...

À luz da literatura sobre o tema e de pesquisas sobre a realidade dos países subdesenvolvidos, poderíamos distribuir as famílias de um país, segundo a acumulação privada da propriedade, em três grupos: de alta (**A**), média (**M**) e baixa (**B**) concentração, conforme se tenta mostrar no Quadro 8.9.

Quadro 8.9   Grupos de famílias, segundo a propriedade de ativos

	Quantidade relativa de fatores que possuem		
	A	M	B
Capital	maior	regular	insignificante
Recursos naturais	maior	regular	pequena
Trabalho qualificado	regular	maior	insignificante
Trabalho não qualificado	nenhum	pequena	maior

As famílias de tipo **A** detêm a maior parcela do capital, representada por ativos urbanos (ações, imóveis, empresas, títulos financeiros etc.), e da propriedade agrária; as do tipo **M** basicamente são proprietárias da maior parte do trabalho qualificado, detêm uma fração menor (porém não insignificante) dos ativos urbanos (imóveis e títulos, principalmente) e de recursos naturais (média propriedade agrária) e ainda reduzida fração do trabalho não qualificado; as famílias de tipo **B** são basicamente proprietárias de trabalho não qualificado, detendo insignificante fração do valor dos ativos urbanos e pequena parcela dos recursos naturais (minifúndio, por exemplo), sendo ainda proprietária de insignificante parcela do trabalho qualificado.[13]

Se associarmos o resultado gerado pela demanda fatorial do sistema, à estrutura da propriedade, resulta implicitamente uma estrutura distributiva pessoal da renda configurada em proporções muito próximas às da estrutura da propriedade. Assim, a classificação adotada (A, M e B) para as famílias, segundo sua propriedade fatorial, se aplica também aos níveis pessoais de renda recebida.

Dessa forma, as famílias **A** se encontram no topo da pirâmide distributiva, recebendo os maiores níveis relativos e absolutos de renda; as de tipo **M** recebem níveis intermediários de renda, próximos à média nacional; restam, na base da pirâmide social, as de tipo **B**, recebedoras dos menores níveis absolutos e relativos da renda, bem abaixo da média nacional. Cabe assinalar que tais famílias representam distintas frações do estoque populacional do sistema, totalizando as do tipo B cerca de 50% da população, as de tipo M cerca de 40 a 45%, perfazendo as famílias de tipo A não mais do que 5 a 10% da população.

O Quadro 8.10 mostra, com dados reais para a década de 1960, essa estrutura repartitiva, na qual, para os países latino-americanos, as famílias de *baixas rendas* (basicamente representadas por assalariados urbanos e por minifundistas rurais) representavam a metade da população e recebiam menos de 20% da renda. As

---

[13] A classificação aqui utilizada foi extraída de CASTRO, A.; LESSA. C. *Introdução à economia*. Op.cit.

camadas de *médias rendas*, perfazendo 40 a 45% da população, representavam a massa de trabalhadores urbanos mais qualificados e recebiam cerca da metade da renda. As de *altas rendas* perfaziam 5 a 10% da população e recebiam mais de um terço da renda. Como se observa no Quadro 8.10, os 5% superiores da população concentravam 33% da renda, enquanto os 50% inferiores detinham apenas 16%. Assim, a renda média da classe inferior equivalia a menos de um terço da média nacional, sendo vinte vezes menor do que a renda média do grupo superior. É oportuno cotejar isso com os padrões repartitivos, àquela época, observados nos Estados Unidos e na Europa Ocidental.

Quadro 8.10 Distribuição da renda pessoal na América Latina, Europa Ocidental e Estados Unidos (1960)

Grupos de renda	América Latina		Europa Ocidental		Estados Unidos	
	População (%)	Renda (%)	Média nacional = 100	Renda (%)	Média nacional = 100	Renda (%)	Média nacional = 100
Altas	5	33	660	22	436	20	400
Médias	45	51	113	56	124	57	127
Baixas	50	16	32	22	44	23	46

Fonte: Cepal: *El Desarrollo económico de América Latina en la post-guerra*. Santiago: 1963; extraído de SUNKEL, Osvaldo. *El Transfondo Estructural de los Problemas del Desarrolllo Latino-americano*. Santiago: ILPES, 1966 (mimeo.).

Como se vê no Quadro 8.10, a distribuição pessoal da renda também é desigual nas economias desenvolvidas, mas não tanto como no mundo subdesenvolvido: enquanto a disparidade era de 1 para 20 entre os estratos baixos e altos na América Latina, era cerca de 1 para 10 na Europa Ocidental e nos Estados Unidos. Entretanto – tomados os valores da década de 1960 – uma renda média de US$ 3.000 para os Estados Unidos mostrava que a renda média do estrato inferior seria de US$ 1.400 e a do superior US$ 12.000, ao passo que, na América Latina, seus valores seriam, respectivamente, de US$ 370, de US$ 120 e de US$ 2.440. Contudo, se distribuirmos a população em décimos, atribuindo-lhes suas respectivas frações de renda recebida, as desigualdades na distribuição se tornam ainda mais evidentes, como se vê no Quadro 8.11.

O Quadro 8.11 mostra pioras expressivas na distribuição às camadas mais pobres (no Brasil houve pequena melhora na década de 1990) e grandes aumentos na participação dos mais ricos. Dele também pode-se deduzir que:

- a renda média dos 10% mais ricos no México e na Argentina é, em 2002, cerca de, respectivamente, 7,7 e 11,3 vezes mais alta do que o decil médio dos 40% mais pobres, ao passo que no Brasil, em 2000, as duas rendas médias seriam de 1 para 23,5!
- estimados os dados recentes (década de 1990) para alguns países desenvolvidos, fica ressaltada a menor disparidade em cada um deles. A relação entre as rendas médias dos 10% mais ricos e dos 40% mais pobres é de 1 para 4 no Japão, 5,4 na Itália e 6,4 nos EUA.
- o confronto entre os dados de 1991 e 2000 para o Brasil – antes e após o plano de estabilização do governo federal (Plano Real) – tem induzido a um discurso oficial e da mídia calcado na suposta melhora do padrão distributivo. Contudo, uma análise mais cuidadosa mostra, conforme o Quadro 8.11, que:
  i. efetivamente, houve pequenas melhoras para os cinco estratos de menor renda, que, em conjunto, subiram de 11,2% para 12,9%, mas recebiam muito menos do que em 1960;
  ii. os estratos médios (sexto ao oitavo) tiveram em conjunto uma pequena perda, passando de 21,8% para 21,1%, mas tiveram perdas maiores em relação ao que recebiam em 1960. É o chamado "achatamento" da classe média;

Quadro 8.11 Distribuição pessoal da renda

População (ou domicílios) (%)	a) Dos domicílios urbanos					b) Pessoas com 10 anos de idade ou mais, com rendimentos				
	México			Argentina (*)		Brasil				
	1984	1992	2002	1980	1992	2002	1960	1970	1980	1991	2000
até 10%	3,2	2,7	3,1	2,8	2,3	1,8	1,2	1,2	1,1	1,1	1,0
mais de 10 a 20%	4,7	3,8	4,0	4,8	3,9	3,4	2,3	2,2	2,1	1,7	2,1
mais de 20 a 30%	...	...	...	...	...	...	3,4	2,9	2,9	2,1	2,4
mais de 30 a 40%	...	...	...	...	...	...	4,7	3,7	3,7	3,0	3,2
40% mais pobres	20,2	16,6	17,9	18,2	14,9	14,4	11,6	10,0	9,8	7,9	8,7
mais de 40 a 50%	...	...	...	...	...	...	6,1	4,9	4,4	3,9	4,2
mais de 50 a 60%	...	...	...	...	...	...	7,7	6,0	5,5	5,1	5,1
mais de 60 a 70%	...	...	...	...	...	...	9,4	7,3	7,2	7,0	6,7
mais de 70 a 80%	...	...	...	...	...	...	10,9	9,9	9,9	9,7	9,3
40% "médios"	38,6	33,0	35,6	37,4	35,1	30,7	34,1	28,1	27,0	25,7	25,3
mais de 80 a 90%	15,4	15,6	15,3	14,4	15,2	14,3	14,7	15,2	15,5	15,7	14,9
mais de 90 a 100%	25,8	34,8	34,3	30,9	34,8	40,7	39,6	46,7	47,7	50,7	51,1
TOTAL	100,0	100,0	100,0	100,0	100,0	100,0	100,0	100,0	100,0	100,0	100,0
5% mais ricos	...	...	...	...	...	...	27,7	34,1	34,9	37,4	38,1
1% mais rico	...	...	...	...	...	...	12,1	14,7	14,9	16,7	17,3

Fontes: Argentina e México: Cepal; Brasil: – 1960: LANGONI, C. G. *Distribuição de Renda e Desenvolvimento Econômico no Brasil.* Rio de Janeiro: Expressão e Cultura, 1973, demais anos: FIBGE (Censos).
(*) Em 1980 e 1992, apenas a Região Metropolitana; em 2002, 32 aglomerados urbanos.

iii. o nono estrato também teve pequena perda, mas continuou recebendo um pouco mais do que em 1960; e

iv. por último, o estrato mais rico teve pequenos ganhos, mas, em relação a 1960, situava-se 11,5 pontos percentuais acima.

A "melhora" recente, contudo, não mostra o lado perverso trazido por essa política de estabilização, que é a piora sensível que nos mostra o elevado desemprego, o colossal aumento do crime e da contravenção e a enorme deterioração dos serviços públicos essenciais, que afetam sobremodo as camadas de mais baixas rendas.

8.4.2 Apropriação pessoal do fluxo real de bens e serviços

Como já vimos, devemos subtrair e somar ao Produto Nacional Bruto aos Preços de Mercado (PNBpm) certas parcelas de renda para chegarmos à que efetivamente se torna disponível para que as famílias paguem seus gastos e suas dívidas ou poupem. Primeiro subtraímos as reservas para *depreciação*, cujos valores não são distribuídos aos proprietários das empresas, e sim retidos para que elas possam repor equipamentos desgastados ou obsoletos. Contudo, é necessário entender que isso não significa a subtração efetiva de renda dessas pessoas, e sim uma aplicação antecipada e direta de renda para manter o estoque de capital de sua propriedade.

Do total de lucros líquidos gerados pelas empresas (lucro total menos depreciação e imposto de renda pago pelas empresas), parte deles pode não ser distribuída. Assim, os *lucros retidos* nas empresas, embora pelo sistema de contas nacionais não sejam incluídos na renda disponível das famílias proprietárias de capital (ou de recursos naturais), também não significam uma diminuição de suas rendas, uma vez que representam uma aplicação antecipada de renda na aquisição de novos direitos de propriedade, pela distribuição de novas ações aos detentores do seu capital.

Sobre esse montante, entretanto, cabe deduzir e somar parcelas resultantes da intervenção governamental:

i. deduzimos os impostos indiretos e somamos os subsídios, pois ambos são parcelas de renda já apropriadas pelo governo ou transferidas por este aos usuários dos bens e serviços produzidos;

ii. deduziremos também o que as pessoas e as empresas pagam a título de imposto sobre a renda, os impostos sobre a propriedade (no caso brasileiro: IPTU, IPVA, ITBI, Imposto sobre herança etc.) bem como as *contribuições à previdência social*, e somamos as *transferências governamentais* que o governo faz às pessoas (pagamentos de pensões aos inativos, auxílios à natalidade, doações etc.). O resultado final dessas operações nos leva então ao agregado da *renda pessoal disponível*.

A "passagem" da análise da repartição para a da apropriação pessoal do fluxo real de bens e serviços (e de direitos de propriedade) se reveste de muita complexidade teórica e empírica. Daremos aqui apenas uma visão geral da questão, cujo estudo mais aprofundado é objeto de disciplina específica. A parte empírica, para estudos mais analíticos e detalhados, só se torna possível quando instituições de reconhecida competência e amplitude executam pesquisas específicas. Por isso, este tópico estará relativamente desequilibrado empiricamente, dada a ausência atual de pesquisas como as que foram feitas pela Cepal até o final da década de 1960.

A apropriação não depende unicamente da renda adquirida pelo trabalho ou derivada da propriedade. Por exemplo, embora este seja um caso extremo, há pessoas que vivem da caridade sem possuir renda originada da forma acima. No entanto, como vimos em capítulos anteriores, as "imperfeições" do mercado atuam sobre os consumidores, alterando-lhes a estrutura de consumo por meio de publicidade, preços diferenciados, vários controles de mercado etc. Um morador de bairro periférico e longínquo do centro comercial, que não tenha facilidades de transporte, pode estar sujeito a usar instituições locais de comércio e serviços que não raro cobram preços mais elevados e distribuem bens e serviços de menor qualidade.

A pesada incidência, nos estabelecimentos comerciais, de juros sobre o crédito ao consumidor, ao mesmo tempo em que dá a este acesso ao consumo do bem "X", se apropria de parte considerável de sua renda, impedindo-o, de fato, de ter acesso a outros bens e serviços. Sabemos também que o Estado, via gasto público, pode eliminar parte da regressividade distributiva por meio do fornecimento de serviços básicos de saúde, educação, transporte etc., gratuitos ou a preços subsidiados; também pode atuar nesse sentido subsidiando os juros dos financiamentos de habitações populares, regulamentando preços de bens e serviços de primeira necessidade etc.

O Estado pode ainda instituir os chamados *programas de renda mínima* (como um imposto de renda "negativo"), seja na versão original dos liberais, que com isso "resolveriam" o problema dos pobres, dando-lhes aquele mínimo para que o mercado lhes atendesse, mas cortando gastos sociais do Estado, ou na versão reformista, como as praticadas no Brasil, por diferentes instituições governamentais.

Vimos no capítulo sobre o setor público que a incidência dos impostos indiretos é regressiva e no caso dos países subdesenvolvidos esse fato é mais grave. O Quadro 8.12 mostra como eles

Quadro 8.12 Utilização da renda em alguns países latino-
-americanos (média de países selecionados; década
de 1960); renda total de cada estrato = 100%

Grupos de população	Impostos diretos e indiretos e contribuições à previdência social	Poupança	Consumo
I (50% + pobres)	13,0	–3,0	90,0
II (45% seguintes)	20,0	3,5	76,5
III (3% seguintes)	16,5	9,5	74,0
IV (2% + ricos)	21,0	21,0	58,0
Total (média)	18,4	6,6	75,0

Fonte: Cepal, O desenvolvimento econômico da América Latina no pós-guerra, 1963. Apud: FURTADO, C. *Formação econômica da América Latina.* Rio de Janeiro: Lia, 1969, p.108.

incidem diferentemente, segundo os níveis pessoais de renda, e como esta se distribuía entre consumo e poupança.

O Quadro 8.12 também mostra como a estrutura tributária latino-americana era (e é) fortemente regressiva, fazendo que todos os grupos de renda paguem frações quase semelhantes de suas rendas a título de impostos diretos e indiretos e contribuições sociais. Mostra ainda a alta propensão ao consumo dos grupos I e II, dados seus minguados níveis médios de renda e a baixa propensão a poupar resultante disso. Observe-se a semelhança da carga tributária do grupo II (mais alta do que a do grupo III) com a do IV, que reflete uma situação concreta de injustiça fiscal.

Quadro 8.13 Brasil: (total de áreas metropolitanas): Impostos indiretos sobre a renda (em salários mínimos: SM) e o consumo (%)

	Até 2 SM	5 a 6 SM	10 a 15 SM	+ de 30 SM
Alimentação	9,81	5,04	3,36	1,48
Despesas pessoais	1,09	0,78	0,51	0,25
Saúde	2,17	0,91	0,64	0,27
Fumo	4,18	1,62	1,02	0,29
Habitação	3,14	1,21	0,53	0,22
Lazer	0,95	0,84	0,92	0,72
Vestuário	2,43	1,68	1,48	0,86
Transportes	2,45	1,70	1,33	0,90
Total	26,21	13,78	9,79	5,00

Fonte: VIANNA, S. W. et al. Ver nota 10

O Quadro 8.13, com resultados de pesquisa feita pelo IPEA, sobre a Pesquisa Orçamentária Familiar (POF) de 1995/96 do IBGE, mostra que a incidência de impostos indiretos sobre o consumo das famílias de baixa renda é altamente regressiva. Como se pode observar, o total de impostos incidentes sobre aqueles itens, para as famílias que ganham até dois salários mínimos, é, proporcionalmente, cinco vezes maior do que a incidência sobre a renda das famílias que ganham mais de trinta salários mínimos.[14] Contudo, o governo poderia redistribuir parte dessa carga injusta ao realizar seus gastos de consumo e investimento. Vejamos de que forma pode ser feita essa redistribuição, cotejando-se os tributos arrecadados em cada grupo com os serviços governamentais distribuídos a cada um deles:

Quadro 8.14 Total de impostos arrecadados e serviços públicos prestados em alguns países latino-americanos, segundo os diferentes grupos de renda* (média de países selecionados; década de 1960) dados em porcentagem do PIB

	Total ou média	I	II	III	IV
(A) Impostos	15,2	1,7	8,4	1,9	3,2
(B) Serviços	5,4	1,7	3,2	0,3	0,2
– educação	1,8	0,2	1,1	0,3	0,2
– saúde	1,2	0,7	0,5	–	–
– outros	2,4	0,8	1,6	–	–
A – B	9,8	–	5,2	1,6	3,0

Fonte: Cepal, O desenvolvimento econômico da América Latina no pós-guerra, 1963, apud FURTADO, C. Formação econômica da América Latina. Rio de Janeiro: Lia, 1969, p.108.
(*) Os grupos I a IV são os mesmos definidos no Quadro 8.12.

Sabemos que o grupo I perfazia 50% da população e recebia apenas 16% da renda; pagava, contudo, mais de 10% de sua renda (1,7%) em impostos, ao passo que o grupo III, com apenas

---

[14] Os dados dos Quadros 8.13 e 8.17 foram extraídos de VIANNA, S. W. et al. *Carga tributária direta e indireta sobre as unidades familiares no Brasil: Avaliação de sua Incidência nas Grandes Regiões Urbanas em 1996*. IPEA, Texto para Discussão n. 757, 2000.

3% da população, recebia 19% da renda, mas pagava de impostos quantia quase igual à do grupo I (1,9%) e ainda recebia mais serviços de educação (0,3%) do que o grupo I (0,2%). Por outro lado, os 2% mais ricos da população (19% da renda) recebiam em serviços de educação a mesma quantia recebida pelo grupo I.

O grupo II, cuja renda média era de US$ 400, pagava 65% a mais de impostos (8,4%) do que os grupos III e IV juntos, cujas rendas médias se situavam em torno de US$ 1.750 e US$ 3.500, respectivamente; ao receber serviços em um montante de 3,2% da renda, proporcionava saldo de 5,2% ao governo, com que este financiava parte do investimento público (e outros gastos), o qual, como já vimos, é fonte permanente de economias externas para o investimento privado.

Com isso apontamos mais uma das facetas da regressiva estrutura tributária dos países subdesenvolvidos, que reforça a concentração privada, tanto no que tange à possibilidade efetiva de satisfação de necessidades pessoais quanto no que se refere ao acúmulo privado de capital. Embora não estejam disponíveis dados atuais com esse detalhamento, o exame sumário dos orçamentos públicos dos subdesenvolvidos mostra claramente, a partir de 1990, a crescente carga de juros da dívida pública (apropriados pelos bancos, grandes empresas e famílias mais ricas) e os drásticos cortes nos chamados gastos sociais, que tornaram ainda mais perverso esse processo.

Cumpre ressaltar, entretanto, que a ação governamental sobre o perfil distributivo pode também ter traços positivos, modificando os preços relativos de certos bens e serviços ou transferindo implicitamente renda, como nos seguintes casos:

i. ao restringir os níveis de taxas de juros, possibilitando com isso, por meio das vendas a prestações, o acesso de parte das camadas inferiores de renda ao mercado de bens de consumo;
ii. ao regular os preços do serviço de aluguéis;
iii. ao conceder subsídios à produção de determinados bens e serviços, tornando-os mais baratos;
iv. ao fixar tetos aos preços de certos bens considerados de primeira necessidade;

v. ao prestar serviços gratuitos de educação e saúde pública, sendo a gratuidade condição para que as camadas inferiores se beneficiem de sua utilização.

Da mesma forma que classificamos as famílias em três grupos, de acordo com a estrutura da propriedade e com a renda pessoal, em altas, médias e baixas, nos utilizaremos da classificação proposta por Castro e Lessa,[15] diferenciando os bens e serviços em:

- bens e serviços de primeira necessidade, tais como alimentos básicos, artigos de uso pessoal pouco dispendiosos, diversões e transportes coletivos;
- bens e serviços característicos de um padrão médio de bem-estar;
- serviços e objetos de luxo, alimentos e bebidas requintadas, turismo internacional etc.

Adotada essa classificação, poderíamos compor um quadro referencial:

Quadro 8.15 Utilização da renda em proporções de bens e serviços

Famílias, segundo o nível de renda	De primeira necessidade	"Médios"	De luxo	Poupança
altas rendas	pequena	regular	grande	grande
médias rendas	regular	grande	mínima	pequena
baixas rendas	grande	mínima	nula	nula ou negativa

---

[15] Introdução à economia., op.cit., p.155.

Em uma tentativa de quantificar os níveis absolutos do consumo segundo os escalões familiares de renda, a Cepal formulou hipótese sobre essa distribuição do consumo na América Latina[16] com base em estimativas de orçamentos familiares, valor da produção de bens e serviços de consumo e estratificações de rendas. Os resultados são os apresentados a seguir:

Quadro 8.16 América Latina: uma hipótese sobre o nível e a composição do consumo privado por estratos de renda, 1960 (milhões de dólares)
Estratos segundo níveis de renda

Porcentagem	Baixo	Médio	Alto	Total
da população	50	45	5	100
da renda total	16	50	34	100
do consumo	19	52	29	100

Nível e composição do consumo	Baixo	Médio	Alto	Total
Consumo total	13.000	35.000	20.000	68.000
• alimentos:	9.700	17.000	2.800	29.500
industrializados				8.200
não industrializados				21.300
• manufaturados não duráveis	1.700	7.600	5.350	14.650
• manufaturas duráveis	–	1.000	2.850	3.850
• serviços	1.600	9.400	9.000	20.000

O Quadro 8.16 mostra, para a década de 1960, que as famílias de baixa renda utilizavam seus recursos basicamente em gastos com alimentação, totalizando esse item cerca de 75%, distribuindo-se os 25% restantes entre manufaturas não duráveis (tecidos, roupas, calçados, bebidas, fumo, produtos farmacêuti-

---

[16] Cepal. El proceso de industrialización en América latina. Nueva York: Naciones Unidas, 1965, p.138.

cos etc.) e serviços (habitação, transporte, diversões etc.). As famílias médias gastavam 49% do total em alimentação, 22% em manufaturas não duráveis, 3% em bens de consumo duráveis e os restantes 27% em serviços, item que, nesse estrato, é acrescido dos chamados serviços domésticos, de alguma quantidade de turismo etc. As famílias de alto nível de renda, por sua vez, distribuíam seus gastos de consumo de forma radicalmente distinta, destinando apenas 14% a alimentação, 27% a não duráveis, 14% a duráveis (aqui incluídos os bens duráveis de luxo), restando--lhes ainda uma utilização de 45% em serviços, neles incluindo-se as viagens internacionais, serviços médicos especiais (plástica, psicanálise etc.) e outros.

Padrões de renda e estruturas de consumo variam com o tempo, acompanhando mudanças econômicas (emprego, salário, urbanização, política econômica etc.), mas também mudanças institucionais e comportamentais.

Quadro 8.17 Brasil (todas as áreas metropolitanas): gastos mensais em % da renda (em salários mínimos: SM) mensal familiar: 1996

	Até 2 SM		5 a 6 SM		10 a 15 SM		+ de 30 SM	
	1988	1996	1988	1996	1988	1996	1988	1996
Alimentação	40,2	32,8	32,1	26,1	23,4	18,9	11,0	10,3
Habitação	19,7	25,6	18,3	24,8	17,1	22,7	14,5	17,8
Vestuário	7,8	5,3	10,3	5,8	11,4	5,7	8,3	3,8
Transportes	6,9	8,9	8,5	10,2	10,7	10,5	11,7	8,9
Higiene/Saúde/ Educação/Cultura	10,8	14,4	11,2	13,1	13,0	14,3	12,3	13,3
Total	85,4	87,0	80,4	80,0	75,6	72,1	57,8	54,1
Saldo (*)	14,6	13,0	19,6	20,0	24,4	27,9	42,2	45,9

Fonte: VIANNA, S. W. et al. op. cit.
(*) Para aumentar e diversificar o consumo e acumular ativos.

O Quadro 8.17 mostra como mudou aquela estrutura de gastos, graças ao crescimento do PIB *per capita*, do emprego e da renda, bem como às melhorias na produção e distribuição, que podem resultar em preços menores a longo prazo. Ainda assim, ele põe a nu o problema da distribuição: as famílias mais pobres são obrigadas a dedicar 87% de sua renda ao consumo de primeira necessidade, enquanto as de maior renda gastam com os mesmos itens (embora de qualidade e quantidade maiores) apenas 54%, restando-lhes ainda 46% da renda para sofisticar ainda mais o consumo ou aumentar seus ativos.

Dado o baixo nível de renda e sua alta concentração, forma--se um determinado perfil de demanda, muito limitado aos gastos com primeira necessidade. A deterioração que vem se dando nos serviços públicos nos últimos 25 anos está agravando ainda mais esse quadro, que resulta na manutenção de taxas ainda altas de analfabetismo, evasão escolar, mortalidade infantil etc.

Contudo, lembremos que em 1960 apenas 45% da população brasileira vivia em áreas urbanas, enquanto em 2000 a cifra já era de 81%, alterando-se "compulsoriamente", nesse transcurso, as estruturas de consumo, fenômeno ainda mais reforçado pelo bombardeio diário da mídia, que amplia o "efeito demonstração". Dada a baixa renda, o acesso aos novos bens só se dá via crédito ao consumidor, o que restringe ainda mais o consumo básico e endivida as famílias pobres e "médias", isto é, compromete suas futuras rendas.

Completemos esta análise com a do papel desempenhado pela estrutura da oferta de bens e serviços de consumo que se dirige ao mercado, estabelecendo os preços e os tipos de bens e serviços produzidos. Em uma visão estática, diríamos que o perfil de demanda efetiva, dado pela estrutura distributiva da renda, condicionaria o aparelho produtivo para que este respondesse àquela demanda, apresentando oferta final de consumo "ajustada" estruturalmente ao perfil distributivo.

Entretanto, uma visão dinâmica desse processo nos leva a perceber um mútuo condicionamento, uma vez que o aparelho produtivo, ao estabelecer um sistema de preços (por exemplo, preços mais altos para os bens de luxo ou mesmo para alimentos mais nobres) no mercado, fixa as "regras do jogo", estabelecendo uma tipologia estrutural do consumo para as famílias, já que são os produtos de preços mais altos que – regra geral – oferecem a maior lucratividade relativa.

Tentemos resumir os pontos centrais do processo distributivo e redistributivo:

- a estrutura da propriedade, de um lado, e as funções de produção adotadas pelo aparelho produtivo, de outro, provocam confronto diferenciado entre necessidades e disponibilidades de fatores produtivos, disso resultando um determinado perfil distributivo, configurando-se a alta concentração na estrutura repartitiva funcional do sistema, modificada em parte por ações do Estado (legislação social e trabalhista, por exemplo);
- essa distribuição funcional da renda, parcialmente modificada pela ação fiscal do poder público, conduz a um dado perfil pessoal da renda, que se dirige então ao mercado de bens e serviços de consumo para satisfazer suas necessidades. Os baixos níveis de renda da imensa maioria da população lhe dão apenas acesso às classes mais simples de bens, constantemente "modificados" (novas embalagens, marcas, cores etc.) pelo aparelho produtivo, que os converte de produtos tradicionais e baratos em produtos "novos" e caros;
- lembremos que o Estado, por meio da tributação indireta e dos subsídios, pode tornar a distribuição e a apropriação mais progressivas ou regressivas. A oferta de serviços públicos de saúde, educação, habitação, transporte coletivo etc. constitui peça-chave no processo apropriativo;
- pela tributação direta, o Estado pode coibir níveis muito elevados de renda, ajustando, para menos, suas disparidades pessoais;
- o baixo nível de renda, relacionado ao perfil da oferta de bens e serviços, faz que as camadas inferiores da população tenham pouco acesso aos serviços de educação e saúde, com o que permanecem com baixo potencial produtivo, quer do ponto de vista físico, quer do ponto de vista in-

telectual, continuando em condições inferiores na disputa existente no mercado de serviços de fatores;
- ao contrário, as famílias mais ricas, por adquirirem serviços caros de educação (no país e no exterior) ou terem condições de maior acesso ao ensino público, estarão mais capacitadas a concorrer pelos melhores postos no mercado de trabalho;
- para estas, depois de atendidas suas necessidades essenciais e conspícuas de consumo, resta ainda substancial fração de suas rendas, que utilizarão em aquisições de ativos, com o que aumentarão ainda mais a concentração da propriedade;
- o aparelho produtivo, por sua vez, pode alterar a estrutura da oferta de bens e serviços de consumo, para isso se valendo até do chamado "efeito demonstração", por ele ativado por meio da propaganda e publicidade, condicionando o mercado de bens e serviços de consumo não só quanto aos preços, mas também quanto aos tipos de bens e serviços ofertados.

Vimos ao longo deste capítulo que a regressividade na distribuição da renda piorou a partir da década de 1960. Por meio das políticas econômica e social, o governo poderia atuar sobre esse processo, tentando atingir melhor equidade distributiva. Para tanto, necessitaria não só de um conjunto de leis que promovessem a equidade, mas, sobretudo, deveria ter vontade e capacidade política para fazer as reformas estruturais indispensáveis (reforma agrária, tributária, educacional, urbana etc.). Tributar mais as rendas pessoais elevadas, a propriedade fundiária improdutiva, a herança e a doação é um meio eficaz nos países desenvolvidos, mas pouco usado em nosso meio.

A piora nesse processo se traduz não apenas nos indicadores de recebimento da renda, mas, principalmente, na crise do *Welfare State* e na adoção das políticas neoliberais, que estão acentuando os efeitos perversos sobre a crise social brasileira.

É difícil prever os rumos desse processo no futuro imediato, mas as pistas disponíveis nos conduzem ao pessimismo. Vejamos seus principais indícios:

- tanto as novas tecnologias quanto as políticas macro-econômicas de estabilização têm gerado efeitos combinados de baixo crescimento com desemprego crescente no mundo desenvolvido;
- naqueles países, o peso político dos sindicatos tem diminuído pela crise, pelo desemprego crescente ou pela diminuição da cobertura de sindicalização (trabalhadores sindicalizados/ total de trabalhadores);
- muitos dos partidos políticos progressistas (comunistas, socialistas, social-democratas) de vários países – desenvolvidos ou não – que no passado lutaram pelas conquistas sociais estão hoje administrando essas políticas neoliberais, ou então já o fizeram, e hoje guardam o ostracismo do poder;
- o resultado dessas políticas, nos países subdesenvolvidos, e mais recentemente no Brasil, tem sido destruição de empresas e de empregos, regressão mercantil e aumento das desigualdades entre as pessoas. Isso, por sua vez, está dividindo ainda mais nossas sociedades em duas: uma camada superior, com rendas mais altas, que apoia essas políticas e delas se locupleta, e outra – a maioria da população – cada vez mais marginalizada, mais afastada da correta informação pela manipulação da mídia e da totalidade dos partidos conservadores.

É difícil, concluindo, prever-se não o futuro, mas, sim, a capacidade de tolerância que tal situação pode permitir e durante quanto tempo. A expansão avassaladora do crime, os paliativos repressivos, a inconsequente "política de segurança" da classe média estão abrindo cada vez mais as fendas da sociedade. Na década de 1920, nunca é demais lembrar, ela trilhou os tortuosos caminhos do nazifascismo.

SOBRE O LIVRO

Formato: 14 x 21 cm
Mancha: 23,7 x 42,6 paicas
Tipologia: Goldy OlSt BT 11/13
Papel: Off-white 80 g/m² (miolo)
Cartão Supremo 250 g/m² (capa)
3ª edição: 2012
3ª reimpressão: 2018

EQUIPE DE REALIZAÇÃO
Edição de textos
Angélica Ramacciotti (Revisão)
Barbara Eleodora Benevides Arruda (Diagramação)

Impresso por :

Tel.:11 2769-9056